第四次气候变化国家评估报告

气候变化与国家安全

张海滨　等　编著

商务印书馆
创于1897　The Commercial Press

图书在版编目（CIP）数据

气候变化与国家安全/张海滨等编著. —北京：商务印书馆，2022
（第四次气候变化国家评估报告）
ISBN 978-7-100-20582-5

Ⅰ. ①气… Ⅱ. ①张… Ⅲ. ①气候变化—影响—国家安全—研究报告—中国 Ⅳ. ①D631

中国版本图书馆 CIP 数据核字（2022）第 013319 号

（第四次气候变化国家评估报告）
气候变化与国家安全
张海滨 等 编著

商 务 印 书 馆 出 版
（北京王府井大街 36 号邮政编码 100710）
商 务 印 书 馆 发 行
北 京 新 华 印 刷 有 限 公 司 印 刷
ISBN 978-7-100-20582-5

2022 年 6 月第 1 版　　开本 787×1092　1/16
2022 年 6 月北京第 1 次印刷　　印张 19 1/4
定价：128.00 元

本书作者

指导委员	潘家华	研究员	中国社会科学院城市发展与环境研究所
	何建坤	教　授	清华大学
领衔专家	张海滨	教　授	北京大学国际关系学院

首席作者

第一章	张海滨	教　授	北京大学国际关系学院
第二章	董　亮	助理研究员	外交学院亚洲研究所
第三章	赵行姝	研究员	中国社会科学院美国研究所
第四章	胡王云	讲　师	北京语言大学国际关系学院
第五章	王瑜贺	讲　师	北方工业大学马克思主义学院
第六章	李志斐	副研究员	中国社会科学院亚太与全球战略研究院
第七章	于宏源	研究员	上海国际问题研究院公共政策研究所

主要作者

第一章	黄晓璞	北京大学国际关系学院
	王志芳	商务部国际贸易经济合作研究院
	杉　宇	北京大学国际关系学院

龙应显　　国务院发展研究中心国际合作局
欧阳瑞泽　北京大学国际关系学院
第二章　李翠芳　　中国社会科学院大学马克思主义学院
温维刚　　外交学院外交学与外事管理系
缪高意　　中国社会科学院大学政府管理学院
第三章　陈晓径　　中国国际问题研究院欧洲研究所
张海滨　　北京大学国际关系学院
杨明杰　　中国社会科学院台湾研究所
第四章　陈婧嫣　　清华大学公共管理学院
谭秀杰　　武汉大学国际问题研究院
贾　莉　　科技部21世纪议程管理中心
刘铁娃　　北京外国语大学北外学院
金　彪　　北京语言大学国际关系学院
潘翻番　　清华大学公共管理学院
张浩然　　瑞典皇家理工学院工业工程与管理学院
雷子慧　　剑桥大学经济学院
王英杰　北京师范大学政府管理学院
胡瀚文　武汉大学资源与环境科学学院
李晶晶　上海交通大学国际与公共事务学院
第五章　刘培龙　北京大学公共卫生学院

余欢欢　北京大学马克思主义学院
胡王云　北京语言大学国际关系学院
王梓旭　辽宁大学外国语学院
第六章　王　婧　中国社会科学院大学亚洲太平洋研究系
沈桂花　江西科技师范大学教育学部
第七章　李坤海　上海财经大学法学院
李凌志　中国海洋大学法学院
邱　越　上海国际问题研究院比较政治和公共政策所
关成龙　上海国际问题研究院比较政治和公共政策所
王小悦　上海国际问题研究院比较政治和公共政策所
汪万发　中国人民大学国际关系学院
李　威　河南工程学院能源资源环境法律与政策研究中心
李　品　上海交通大学中国城市治理研究院
李倩瑗　西北工业大学外国语学院

前　言

国际社会关注气候变化对国家安全的影响最早可追溯至20世纪80年代。小岛国对气候变化导致海平面上升近而淹没其国土，威胁其国家安全的担忧促使小岛国在1980年代后期频频在联合国平台上发出呼吁，呼吁国际社会采取行动应对气候变化。1988年由联合国环境规划署和世界气象组织联合建立了政府间气候变化专门委员会，其重要使命之一是为各国政府定期提供气候变化的影响和未来风险的科学评估，同时为国际气候谈判提供科学依据。随着国际气候谈判进程的推进，政府间气候变化委员会对气候变化的影响和风险评估的范围日益扩大，2014年，政府间气候变化委员会第五次评估报告第二工作组报告首次对气候变化对国家安全的影响进行评估，标志着国际科学界对气候变化影响的认识和研究进一步扩展和深化，同时也深刻揭示了气候变化问题的复杂性和系统性。2016年中国《第三次气候变化国家评估报告》出版，首次将气候变化对中国国家安全的影响纳入评估范围。近年来，气候变化对国家安全的影响受到国际社会越来越多的关注，气候变化问题安全化的趋势日渐凸显。自2007年以来，联合国安理会已围绕气候与安全的关系举行了多次辩论，2021年，北大西洋公约组织首脑会议首次将应对气候变化纳入其安全战略之中。气候变化问题的性质正在发生重大变化，即正在从气候问题和气候挑战转化为气候危机，当下，全面深入评估气候变化对中国国家安全的影响和未来风险，对于全面理解全球气候危机的内涵，准确识别中国面临的气候安全风险，深刻理解中国践行总体国家安全观和“双碳”（碳达峰与碳中和）目标战略，积极参与并引领全球气候治理至关重要。

评估气候变化对国家安全的影响总体上属于气候变化影响和风险评估的范畴。本研究报告立足上述国际、国内环境的重大变化，以总体国家安全观为评估框架，从国土安全、军事安全、经济安全、社会安全、生态安全、周边区域气候安全风险等六个方面系统评估了气候变化对中国国家安全的影响，在此基础上提出了对策建议，充分体现了气候变化的安全影响和风险评估的中国视角、中国特色、中国气派和中国贡献。

本报告是国内外第一个系统评估气候变化对中国国家安全的影响的综合研究报告，编写组全体成员为此付出了巨大努力，作出了突出贡献。

本报告得到《第四次气候变化国家评估报告》的支持，同时也感谢中国21世纪议程管理中心和商务印书馆的大力支持与帮助。

本书作者

2022年2月18日

目　　录

摘　要

进入 21 世纪以来，伴随国际气候谈判和全球气候治理进程的推进，气候变化对安全的影响日益受到国际社会的关注和重视，相关研究显著增加。联合国政府间气候变化专门委员会（Intergovernmental Panel on Climate Change, IPCC）在 2014 年发布的第五次评估报告中首次从人类安全的角度系统评估气候变化对安全的影响，是国际社会对气候变化影响的认知不断拓展和深化的重要标志。但该报告并未评估气候变化对各国的国家安全的影响。2015 年中国发布的《第三次气候变化国家评估报告》开始关注气候变化对中国国家安全的影响。本报告旨在系统评估气候变化对中国国家安全的影响。

评估框架

本报告将习近平总体国家安全观作为评估框架，从国土安全、军事安全、经济安全、社会安全、生态安全，以及周边安全等六个方面系统评估气候变化对中国国家安全的影响，最后提出政策响应措施。评估框架见图 1。

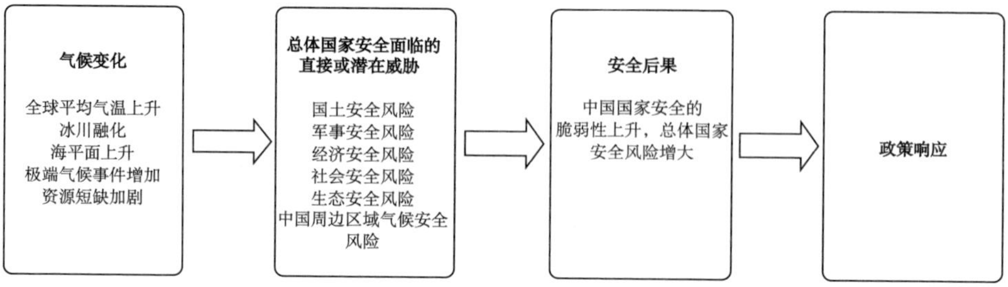

图 1　基于总体国家安全观的气候变化对中国国家安全影响评估框架

主要影响

一、气候变化对中国国土安全的影响的主要表现

1. 中国国土面积日益受到侵蚀。气候变化引起的海平面上升及海岸线后退，导致中国部分陆地领土被淹没，并危及中国沿海大城市及其海域疆界，沿海发达地区面临更大的潜在生存威胁。

2. 气候变化加剧中国土壤退化的速度，加重粮食安全风险，由此可能导致更为严重的系统性陆上国土安全风险。

3. 极端气候事件发生频率和强度增加，威胁陆上国土安全。2019 年，全国干旱受灾面积占气象灾害总受灾面积的 41%，暴雨洪涝占 35%，气象灾害造成农作物受灾面积 1 926 万公顷，死亡失踪 909 人，直接经济损失 3 271 亿元。

4. 气候变化威胁中国的海洋安全，对海洋安全战略、海洋主权、海洋生态系统保护、沿海及海上设施和海洋经济等都产生了一定的负面效应。此外，气候变化使领海主权维护面临更加复杂的局面。

二、气候变化对中国军事安全的影响的主要表现

1. 在气候变化背景下，海平面上升与极端气候事件的增加直接威胁国防设施与军事装备的安全；同时，气候变化对交通、电力等基础设施产生直接影响，有可能进一步对依赖这些经济、社会网络的军事与安全部门产生重大影响。

2. 军队是一国能源消耗的重要组成部分，军事能源领域也成为低碳能源转型的一个重要领域。

3. 气候变化对中国的军事活动影响日益凸显，集中表现在增加了中国军队国内外灾难救援和人道主义救援的任务和压力，增加了国际社会对中国参加维和行动的需求，增加了中国维和人员和装备的安全风险及完成维和任务的难度。

三、气候变化对中国经济安全的影响的主要表现

1. 气候变化现实且显著地威胁到中国经济安全。按购买力平价计算，1998～2017 年，中国因极端天气和气候事件遭受的年均经济损失约 366 亿美元，远高于全球平均水平。气候变化对中国沿海地区经济安全和城市生命线系统的威胁将严重制约中国东部和沿海发达地区社会经济的可持续发展；国内、国际巨灾则有可能成为“黑天鹅”事件，造成极为重大的人员和资产损失。

2. 气候变化对粮食安全影响显著。2000 年以来，中国每年因气象灾害造成的农田受灾面积占全国耕地面积的 40%～50%，农业所受损失占整个农业 GDP 的 15%～20%。气候变化将从国内生产运输供给、国际贸易流通两个方面威胁中国粮食安全，相当程度的不良后果。一方面，可通过农业适应措施

减缓气候变化对粮食安全的不利影响，保障国内生产供给；另一方面，应警惕极端气候事件冲击国际粮食市场而造成可能的震荡。

3. 气候变化对于中国经济安全的影响总体上弊大于利，具有显著的非均衡性和长期压力效应，这种影响和国际地缘政治相互作用，使中国的海洋经济、制造业部门、金融保险业、能源行业具备了新属性，凸显转变治理思维的必要性。其一，海洋经济开发同时服务于国家海洋强国战略和可再生能源发展，担负政治和能源安全职能，却受到气候变化现实而显著的威胁。其二，在无适应措施的情景下，到 21 世纪中叶，气候变化将导致中国制造业年均产出下降 12%，损失总值为 395 亿（以 2007 年美元估值）。制造业是国际贸易和中美战略博弈的重要环节。国际地缘政治环境变迁突出了制造业部门长期适应气候变化能力建设和加快低碳经济建设的重要性。其三，未来气候变化对金融、保险领域的影响或将带来系统性风险。考虑到金融保险行业的外溢性，应同时应对气候变化背景下的内生、外生金融风险。其四，气候变化对能源安全的损害可能对国民经济社会的关键领域构成串联式影响。到 2050 年，极端降水将有 6%的概率（目前为 2.5%）导致中国煤矿、道路等基础设施关闭，抬高产业链下游的产品价格。考虑到气候变化对国内能源供需关系的影响、对国际能源地缘政治的影响，应分领域、有针对性地开展能源自主能力建设或创新可再生能源国际合作。

4. 气候变化对重大工程和基础设施的影响不仅体现为潜在的效率损失，更与安全风险密切相关，涉及国土安全、军事安全、经济安全、社会安全、生态安全等多个安全领域。尤其是气候变化与重大生态工程之间存在互馈式影响，通过经济和社会路径对区域安全构成新挑战。

四、气候变化对中国社会安全的影响的主要表现

1. 气候变化导致极端气候事件频发，严重危及中国民众的生命安全和生

活质量。

2. 气候变化影响社会经济转型，改变了人们的生活方式和消费方式，可能通过增加气候移民等加剧社会不稳定和民生问题。

3. 在公众健康方面，气候变化增加了公众的健康风险，影响身体健康的同时也对心理健康造成负面影响，这种影响在长期积累演变后会愈加明显。气候变化是新发传染性疾病增加的主要原因。

五、气候变化对中国生态安全的影响的主要表现

1. 气候变化加剧了中国水资源分配不均的状况，增加了极端灾害出现的频率和强度，尤其是区域性大旱引发的澜沧江—湄公河等跨国界河流径流量减少，成为下游国家和美国等西方国家攻击中国水电开发的借口，可能影响中国的周边关系和国际形象。

2. 气候变化导致中国境内冰川数量持续减少，短时期内增加了发源于青藏高原等地区的河流径流量，但从中长期来看，伴随冰川融化，澜沧江—湄公河、雅鲁藏布江—布拉马普特拉河、伊犁河等跨境河流将面临径流量减少的局面，进而影响到中亚、南亚和东南亚等 17 个跨境河流共享国的水资源状况。

3. 气候变化凸显了林业的生态服务价值，提升了林业在中国应对气候变化和参与全球气候治理中的战略地位。造林目标是中国政府减排承诺的主要内容之一，助推中国的林业治理国际合作。

4. 气候变化导致草原生态系统的退化和生态价值下降，影响了边境牧民的生存空间，对国家的经济、生态和社会安全造成消极影响。边境地区的草原牧区连接着南亚和中亚等 11 个国家和地区，是中国“一带一路”沿线与南亚、中亚、中东、欧洲之间重要的陆路通道。草原生态系统的退化，例如土地沙化等，可能会超出边境线对周边国家造成负面影响，成为“中国威胁论”的借口。

5. 气候变化对中国的生态安全的影响总体上是弊大于利。

六、气候变化对中国周边地区安全的影响的主要表现

1. 在气候变化影响下，全球在水、能源和粮食之间形成了一种彼此影响、相互制约并极具敏感性和脆弱性的安全纽带。

2. 在中国周边，南亚地区水、能源和粮食问题突出，跨境水冲突频发，印度能源对煤炭依赖严重。整个区域在能源—粮食—水之间的安全纽带互动中具有极强的安全敏感性和脆弱性。加快能源转型和应对气候变化成为治理关键。东南亚气候变化下的安全纽带包括洪涝等极端灾害频发、土地盐碱化严重、水电—粮食开发冲突增加等，将气候变化下的安全纽带纳入澜湄等合作机制、区域发展机制是治理关键。中亚因气候变化导致粮食减产，能源开发与水资源冲突等安全问题突出，需要加强地区政治合作。

七、应对气候变化符合中国国家安全利益

综上所述，气候变化对中国的国土安全、军事安全、经济安全、社会安全、生态安全和周边安全的影响是广泛而复杂的，影响程度不一，在有的领域，如生态安全领域会产生一些局部的积极影响；但总体而论，在以上领域都产生了重要的、现实的不利影响，弊大于利。不过需要明确的是，目前气候变化尚未对中国的国家生存构成现实威胁。展望未来，气候变化带来的这些不利影响可能会增大。具体结论详见表 1。因此，应对气候变化符合中国国家安全利益。这是本报告的一个重要结论。

表 1　气候变化对中国国家安全的影响一览表

安全类型	主要影响路径	典型不利影响
国土安全	1. 中国国土面积日益受到侵蚀。气候变化引起的海平面上升及海岸线后退，导致中国部分陆地领土被淹没，并危及中国沿海大城市及其海域疆界，沿海发达地区面临更大的潜在生存威胁； 2. 气候变化加剧中国土壤退化的速度，加重粮食安全风险，由此可能导致更为严重的系统性陆上国土安全风险； 3. 极端气候事件发生频率和强度增加，威胁陆上国土安全。2019 年，全国干旱受灾面积占气象灾害总受灾面积的 41%，暴雨洪涝占 35%，气象灾害造成农作物受灾面积 1 926 万公顷，死亡失踪 909 人，直接经济损失 3 271 亿元； 4. 气候变化威胁中国的海洋安全，对海洋安全战略、海洋主权、海洋生态系统保护、沿海及海上设施和海洋经济等都产生了一定的负面效应。此外，气候变化使领海主权维护面临更加复杂的局面	1. 1980～2019 年，中国沿海海平面上升速率为 3.4 毫米/年，高于同期全球平均水平； 2. 海平面上升导致陆地面积减少。珠江三角洲地区，长江三角洲和苏北沿岸地区，黄河三角洲、渤海湾以及莱州湾地区分别是中国沿海气候变化和海平面上升的三个主要脆弱区。预计 2050 年，中国三大脆弱区因淹没造成的经济损失为 30.9 万亿元。上海作为中国极为重要的城市之一已经受到水患威胁，气候变化的负面影响正侵蚀它的心脏地带及周边的许多城市； 3. 自 2000 年以来，超强台风、风暴潮和赤潮等致灾事件的发生频次呈显著增加趋势，且 2016～2018 年，中国沿海地区的海表温度和气温不断出现有记录以来的最高值，并造成海洋经济的巨大损失。每年各类海洋灾害总损失仍高达百亿元量级，年均直接经济损失则达到约 120 亿元
军事安全	1. 在气候变化背景下，海平面上升与极端气候事件的增加直接威胁国防设施与军事装备的安全；同时，气候变化对交通、电力等基础设施产生直接影响，有可能进一步对依赖这些经济、社会网络的军事与安全部门产生重大影响； 2. 军队是一国能源消耗的重要组成部分，军事能源领域也成为低碳能源转型的一个重要领域； 3. 气候变化对中国的军事活动影响日益凸显，集中表现在增加了中国军队国内外灾难救援和人道主义救援的任务和压力，增加了国际社会对中国参加维和行动的需求，增加了中国维和人员和装备的安全风险及完成维和任务的难度	1. 2014 年 9 月 22 日，台风“凤凰”登陆象山鹤浦，港内支离破碎的渔船、蓝色浮桶随波逐流，航标移位、损坏，沉船等障碍物给舰艇航行造成严重安全隐患，当时，一艘渔船还与回港避台风的舰艇“擦伤”； 2. 2015～2017 年，马来西亚、缅甸和斯里兰卡遭遇严重洪灾，中国军队迅速出动，参与救援； 3. 中国在马里、苏丹和南苏丹参加的联合国维和行动所处区域面临极高的气候变化风险

续表

安全类型	主要影响路径	典型不利影响
经济安全	1. 气候变化现实且显著地威胁到中国国家经济安全。按购买力平价计算，1998～2017 年，中国因极端天气和气候事件遭受的年均经济损失约 366 亿美元，远高于全球平均水平。气候变化对中国沿海地区经济安全和城市生命线系统的威胁将严重制约中国东部和沿海发达地区社会经济的可持续发展；国内、国际巨灾则有可能成为“黑天鹅”事件，造成极为重大的人员和资产损失； 2. 气候变化对粮食安全影响显著。2000 年以来，中国每年因气象灾害造成的农田受灾面积占全国耕地面积的 40%～50%，农业所受损失占整个农业 GDP 的 15%～20%。气候变化将从国内生产运输供给、国际贸易流通两个方面威胁中国粮食安全，可能导致诸多问题。一方面，可通过农业适应措施减缓气候变化对粮食安全的不利影响，保障国内生产供给；另一方面，应警惕极端气候事件冲击国际粮食市场而造成可能的震荡； 3. 气候变化对于中国经济安全的影响总体弊大于利，具有显著的非均衡性和长期压力效应。这种影响和国际地缘政治相互作用，使中国的海洋经济、制造业部门、金融保险业、能源行业具备了新属性，凸显转变治理思维的必要性。其一，海洋经济开发同时服务于国家海洋强国战略和可再生能源发展，担负政治和能源安全职能，却受到气候变化现实而显著的威胁。其二，在无适应措施的情景下，到 21 世纪中叶，气候变化将导致中国制造业年均产出下降 12%，损失总值为 395 亿（以 2007 年美元估值）。制造业是国际贸易和中美战略博弈的重要环节，国际地缘政治环境变迁突出了制造业部	1. 近年来，中国高速公路交通事故死亡人数平均每年约 12 万人，其中近 70%是由灾害性天气造成的；2000 年以来，中国每年因气象灾害造成的农田受灾面积占全国耕地面积的 40%～50%，每年因气象灾害造成的农业损失占整个农业 GDP 的 15%～20%； 2. 在气候变化的背景下，台风、巨浪、海啸等极端气象事件和灾害发生更为频繁，其巨大的破坏力甚至可能导致新建岛礁护岸、防波堤、水下构筑物等涉水结构设施直接失稳、失效或遭到破坏，造成岛礁珊瑚砂的淘刷、侵蚀甚至导致岛礁本体破坏，给岛礁带来极其严重的安全风险； 3. 2017 年，中国南方经历了长时间的强降雨过程，武汉市 780 万居民受到影响，34 处设施受到损坏，32 000 间房屋倒塌，41 000 间房屋损坏严重，造成 241.2 亿元的直接经济损失； 4. 1998～2017 年，中国平均每年因气候灾害造成的直接经济损失达 366.01 亿美元，占 GDP 比例为 0.288%

续表

安全类型	主要影响路径	典型不利影响
	门长期适应气候变化能力建设和加快低碳经济建设的重要性。其三，未来气候变化对金融、保险领域的影响或将带来系统性风险。考虑到金融保险行业的外溢性，应同时应对气候变化背景下的内生、外生金融风险。其四，气候变化对能源安全的损害可能对国民经济社会的关键领域构成串联式影响。到 2050 年，极端降水将有 6%的概率（目前为 2.5%）导致中国煤矿、道路等基础设施关闭，抬高产业链下游的产品价格。考虑到气候变化对国内能源供需关系的影响、对国际能源地缘政治的影响，应分领域、有针对性地开展能源自主能力建设或创新可再生能源国际合作； 4. 气候变化对重大工程和基础设施的影响不仅体现为潜在的效率损失，更与安全风险密切相关，涉及国土安全、军事安全、经济安全、社会安全、生态安全等多个安全领域。尤其是气候变化与重大生态工程之间存在互馈式影响，通过经济和社会路径对区域安全构成新挑战	
社会安全	1. 气候变化导致极端气候事件频发，严重危及中国民众的生命安全和生活质量； 2. 气候变化影响社会经济转型，改变了人们的生活方式和消费方式，可能通过增加气候移民等加剧社会不稳定和民生问题； 3. 在公众健康方面，气候变化增加了公众的健康风险，影响身体健康的同时也对心理健康造成负面影响，这种影响在长期积累演变后会愈加明显。气候变化是新发传染性疾病增加的主要原因	1. 中国每年因极端天气造成的平均死亡人数及经济损失分别居全球第 4 位和第 2 位，每年极端天气事件造成的平均死亡人数高达 1 200 人； 2. 温度是海南省登革热流行的决定性因素之一； 3. 截至 2020 年 7 月 9 日，2020 年洪涝灾害造成安徽、江西、湖北等 27 省（区市）3 020 万人次受灾，140 人死亡或失踪，2.2 万间房屋倒塌，农作物绝收 297 千公顷，直接经济损失 617.9 亿元； 4. 内蒙古地区的达茂旗 20 世纪 60 年代还是优良牧场，但到 2007 年底全旗天然草原退化、沙化、盐渍化面积高达 85%，绝大部分

续表

安全类型	主要影响路径	典型不利影响
		草场已不具备载畜能力，草原生态系统的退化严重削弱了达茂旗经济发展的自然基础，也进一步恶化了当地居民的生存条件，人、草、畜矛盾日益突出，迫切需要调整人口和经济布局。截至 2014 年底，2 065 人完成生态移民搬迁。
生态安全	1. 气候变化加剧了中国水资源分配不均的状况，增加了极端灾害出现的频率和强度，尤其是区域性大旱引发的澜沧江—湄公河等跨国界河流径流量减少，成为下游国家和美国等西方国家攻击中国水电开发的借口，可能影响中国的周边关系和国际形象； 2. 气候变化导致中国境内冰川数量持续减少，短时期内增加了发源于青藏高原等地区的河流径流量，但从中长期来看，伴随冰川融化，澜沧江—湄公河、雅鲁藏布江—布拉马普特拉河、伊犁河等跨境河流将面临径流量减少的局面，进而影响到中亚、南亚和东南亚等 17 个跨境河流共享国的水资源状况； 3. 气候变化凸显了林业的生态服务价值，提升了林业在中国应对气候变化和参与全球气候治理中的战略地位。造林目标是中国政府减排承诺的主要内容之一，助推中国的林业治理国际合作； 4. 气候变化导致草原生态系统的退化和生态价值下降，影响了边境牧民的生存空间，对国家的经济、生态和社会安全造成消极影响。边境地区的草原牧区连接着南亚和中亚等 11 个国家和地区，是中国“一带一路”沿线与南亚、中亚、中东、欧洲之间重要的陆路通道。草原生态系统的退化，例如土地沙化等，可能会超出边境线对周边国家造成负面影响，成为“中国威胁论”的借口； 5. 气候变化对中国的生态安全的影响总体上是弊大于利	1. 2019 年，澜沧江—湄公河从上游到下游均出现了严重干旱过程，对整个流域的生产生活造成了严重影响，并引发外交争议； 2. 从 1985 年到 2014 年，占锡林郭勒草原国家级自然保护区面积 90%的草地面积在持续减少，减少的草地主要转化为沼泽地、耕地、沙地和盐碱地。草地地上生物量变化的 52.5%是由气候变化引起的降水量和温度变化造成的，保护区每十年因气候变化损失的生态系统服务价值至少为 9.5 亿元； 3. 冰川的加剧退缩影响着水资源的时空演化和利用，在短期内会使河水径流增加，但从长远和可持续发展的角度来看，河川径流在将来很可能会大量减少

续表

安全类型	主要影响路径	典型不利影响
中国周边区域气候安全纽带风险	1. 在气候变化影响下，全球在水、能源和粮食之间形成了一种彼此影响、相互制约并极具敏感性和脆弱性的安全纽带； 2. 在中国周边，南亚地区水、能源和粮食问题突出，跨境水冲突频发，印度能源对煤炭依赖严重。整个区域在能源—粮食—水之间的安全纽带互动中具有极强的安全敏感性和脆弱性。加快能源转型和应对气候变化成为治理关键。东南亚气候变化下的纽带安全包括洪涝等极端灾害频发、土地盐碱化严重、水电—粮食开发冲突增加等，将气候变化下的安全纽带纳入澜湄等合作机制、区域发展机制是治理关键。中亚因气候变化导致粮食减产，能源开发与水资源冲突等安全问题突出，需要加强地区政治合作	1. 中亚地区能源与水资源分布极不均衡，这导致了地区资源开发合作矛盾重重。在中亚广袤的区域内，仅有两条主要河流，即阿姆河和锡尔河，地区内四分之一以上的土地是荒漠。由于自然地理条件特殊，生态环境脆弱，政治关系敏感复杂，中亚地区正面临严重的跨境水合作挑战，气候变化下中亚的人口增长及城镇化的发展进一步加剧了中亚的生态危机； 2. 印度在南亚水问题上大致居于中心，其他国家位于边缘，南亚各国在涉水领域互信不足，政策冲突，矛盾突出

政策建议

当前，中国已经形成了一套比较完善的应对气候变化的政策体系和行动方案，但要有效应对气候变化对中国国家安全的不利影响，中国不仅应该把应对气候变化纳入国民经济和社会发展规划，还应该将其置于总体国家安全观的框架下统筹规划，更充分地体现应对气候变化政策的战略性、全局性、系统性和前瞻性。

1. 提高思想站位。要牢固树立气候变化事关中国国家安全的观念，从维护国家安全的高度看待应对气候变化。在联合国安理会讨论气候安全问题时应争取更大的话语权。

2. 完善气候治理理念，明确将气候安全纳入国家安全体系。当前，在讨论绿色低碳发展的时候，我们强调要重视技术，重视国家治理体系和能力的现代化，重视统筹国内国际两个大局等。除此之外，从国家安全角度看，还应把气候安全明确纳入中国国家安全体系，只有这样才能更有效地应对气候变化，更有力地维护中国国家安全。

3. 加强军民协同。总体国家安全观强调，要统筹传统安全和非传统安全。气候变化对中国的传统安全和非传统安全均构成现实威胁，应对气候变化，人人有责。中国在国防建设中不可避免地要消耗能源资源，排放一部分温室气体。在与气候变化有关的灾害救援中，中国军队发挥的作用越来越大。进一步加强中国军民应对气候变化协作，形成军民一体的应对气候变化格局至关重要。建议在国家应对气候变化领导小组中增设军队的代表。

4. 推动军队建设“低碳化”。随着中国国家利益的不断扩展和延伸，对国防的需求日益上升。当前，中国军队现代化建设正致力于从机械化向信息化转变。从美国军队的发展来看，在气候变化背景下，作战和救援向低碳化方向加速发展，低碳化将是未来军队战斗力生成的重要因素。中国军队对此动向应予以高度关注，并采取积极行动，努力打造成一支高效低碳的现代化军队。

5. 加快气候立法，扎实推进碳达峰、碳中和工作。依法治国乃国之根本。依法治理环境与应对气候变化是中国不可或缺的重大举措，在国外已有成功经验。中国前几年已开始着手气候变化立法，但目前的进度难以适应中国应对气候变化的需要。应加快气候变化立法进程，尽早出台气候变化法，确保中国在 2030 年前实现碳达峰，2060 年前实现碳中和。

6. 建立中国气候变化早期预警和防御系统。该系统主要包括影响和风险评估、科学预测、预警方案制订、有效的通信方式以及全社会协同的响应能力等部分。这对减少中国面临的气候安全威胁和灾害损失至关重要，对亚洲区域气候变化早期预警和防御系统、世界气候变化早期预警和防御系统的建设均有重要意义。

7. 高举气候外交大旗，积极推动和引领全球气候治理进程。气候变化是最典型的全球性问题之一。在气候变化的背景下，世界上没有安全的孤岛，也没有任何一个国家能独自应对气候变化的挑战。唯有加强国际合作，全球气候治理才有希望。中国应将气候外交置于中国特色大国外交和构建人类命运共同体总体布局中更优先的位置，全力推进国际气候合作，主动引领全球气候治理，有力维护中国的国家安全和全球生态安全，为共同构建人类命运共同体作出更大贡献。

第一章　气候变化对中国国家安全的影响评估：背景、进展与评估框架

本章首先对气候变化与国家安全的研究的历史进行述评，并在此基础上介绍和评析国内外已有的气候变化对国家安全的影响评估框架，最后介绍本报告所采用的评估框架——基于总体国家安全观的气候变化对中国国家安全影响评估框架的内容及其意义。主要结论如下：

第一，随着国际气候谈判和全球气候治理的演进，气候变化对国家安全的影响评估和分析日益受到重视。迄今国内外已出现不少关于气候变化对国家安全影响的评估框架，显示气候变化的安全影响和风险问题正成为气候变化研究和气候决策研究的一个重点和热点。

第二，目前气候变化对国家安全的影响评估与分析还存在评估依据缺乏统一标准，定量分析不够充分等问题。传统安全视角和非传统安全视角的有机结合，定性研究与定量研究的有机结合是未来评估气候变化对国家安全影响的发展趋势。

第三，国际社会政治意愿不足是当前全球气候治理面临的最大挑战，深化有关气候变化对国家安全影响的理解和认识有助于提高全球对气候变化议题的关注程度，从而提升国际社会合作应对气候变化的政治意愿。

第四，鉴于中国在全球气候治理中所扮演的关键角色，运用好基于总体

国家安全观的气候变化对中国国家安全的影响评估框架，将产生广泛的国际影响，有望成为全球气候治理“中国贡献”的重要组成部分。

第一节　背　景

一、气候变化与国家安全研究的缘起

将环境问题与国家安全挂钩，其历史最早可追溯到1972年的联合国人类环境会议。会议通过的《联合国人类环境宣言》原则26指出：“人类及其环境必须免受核武器和其他一切大规模杀伤性武器的影响。各国必须努力在有关的国际机构内就消除和彻底销毁这种武器迅速达成协议。”这实际上已开始涉及环境与安全的某些方面（张海滨，2008）。

严格地说，最早将气候变化视为国家安全威胁的，既非大国，也非联合国和欧盟等国际组织，而是散布于各大洋上的小岛屿国家。在20世纪80年代，当全球变暖还只是一个有趣的假设的时候（The Norwegian Nobel Committee，2007），一些小岛屿国家就开始意识到气候变化对国家生存的影响。比如，1987年在第42届联合国大会上，马尔代夫总统加尧姆（Gayoom）发言强调：“对我的祖国马尔代夫而言，海平面平均上升两米，就可以完全将马尔代夫整个国家1 190个岛屿统统淹没。因为绝大多数岛屿海拔高度都在两米以下。那将是一个国家的灭亡。即使海平面只上升一米，一场风暴也将是灾难性的，甚至可能是致命的。”（Gayoom，1987）20世纪90年代以来，在每年的联合国大会上，小岛屿国家领导人都言必称气候变化对本国安全的影响。但明确将气候变化与安全相联，具体探讨气候变化的安全含义，则是冷战结束之后的现象（Schubert *et al.*，2007；张海滨，2008）。冷战的结束使长期被传统安全掩盖的非传统安全问题开始受到国际社会的广泛关注。而1990

年正式启动的联合国气候谈判进程则始终是推动国际社会不断深化对气候变化与安全之间关联性认知的一条主线。1992年达成的《联合国气候变化框架公约》将其最终目标定义为："根据本公约的各项有关规定，将大气中温室气体的浓度稳定在防止气候系统受到危险的人为干扰的水平上。这一水平应当在足以使生态系统自然地适应气候变化、确保粮食生产免受威胁并使经济发展能够可持续地进行的时间范围内实现。"这一目标表明，从国际气候谈判一开始，国际社会就意识到，气候变化与生态安全、粮食安全和经济安全等三大非传统安全领域密切相关。在此背景下，美国、加拿大和欧洲一些国家较早开展了气候变化与安全的研究。在20世纪90年代，一些欧美学者，如加拿大学者霍默-狄克逊（Homer-Dixon）的研究已经显示气候变化可能导致冲突（Homer-Dixon，1994）。

二、气候变化与国家安全研究的发展

进入21世纪，气候变化与国家安全研究日益受到重视，气候变化对国家安全的影响备受关注。联合国、欧盟等国际组织和一些国家在推动气候变化"安全化"方面发挥了重要作用。联合国安理会于2007年、2011年、2017年、2019年和2021年五次举行气候变化与安全的公开辩论，有力地将各国政府对气候变化与安全问题的关注聚焦。2007年6月，联合国环境规划署发表了《苏丹：冲突后环境评估》报告。报告对苏丹达尔富尔地区的冲突成因进行了调查和分析。结论之一是气候变化等环境问题是达尔富尔地区冲突的重要潜在因素。其作用机制如下：气候变化和其他环境问题大大加剧了苏丹干旱地区的贫困，贫困加剧了资源短缺和人口迁徙。对资源的争夺和移民最终导致苏丹达尔富尔地区的冲突（UNEP，2007）。这一结论现已成为联合国主张将气候变化问题安全化的关键例证（Butler，2007）。

2007年10月，诺贝尔委员会将诺贝尔和平奖授予美国前副总统戈尔和联合国政府间气候变化专门委员会，以表彰他们“在创造以及传递更多的有关人为气候变化知识方面所付出的巨大努力，以及在应对气候变化问题所需要的各种措施方面所打下的坚实基础”。诺贝尔委员会强调：“显著的气候变化可能威胁和改变众多人口的生活条件，可能导致大规模移民，加剧对地球资源的争夺。气候变化将使那些世界上最脆弱的国家背上特别沉重的负担。国内和国际之间的暴力冲突和战争发生的危险性将会增加。”（The Norwegian Nobel Committee，2007）诺贝尔委员会此次授奖进一步在国际上强化了气候变化与安全密切相关这一认知。

2008 年 3 月，欧盟委员会向欧洲理事会提交了《气候变化与国际安全》报告，同年 6 月该报告公开发布。报告指出，气候变化通过七大威胁影响国际安全：资源竞争导致的冲突、沿海城市和重大基础设施被破坏造成的经济损失、领土丧失导致的疆域争端、环境恶化导致的移民、国家生存能力下降、能源供应紧张带来的冲突和国际治理面临更大的压力等（Council of the European Union *et al.*，2008）。

在政府层面上，澳大利亚和美国等国政府率先将气候变化纳入国家安全战略。2008 年 12 月，澳大利亚发布《国家安全报告》强调：“从长远看，气候变化对澳大利亚构成最根本的国家安全挑战……这是一个新兴的领域，需要我们把气候变化正式纳入澳大利亚国家安全政策。”（Rudd，2009）美国国防部在 2010 年发布的《四年防务评估报告》中增设气候变化一节。气候变化对美国国家安全的威胁和挑战第一次被美国军方正式予以确认（Broder，2009）。

从研究角度看，真正产生广泛影响的是 2004 年 2 月美国国防部出资委托美国全球商业网络咨询公司完成的一份题为《气候突变的情景及其对美国国家安全的意义》的报告。该报告强调，气候变化导致天气剧变，天气剧变所引发的压力会导致暴力和分裂，严重影响到地区的稳定和地缘政治环境，进而对国家安全造成巨大的威胁。由于这些可怕的潜在后果，气候突变的风险尽管不确定性很大，而且发生的可能性很小，但是完全应该将对其的关注提高到美国国家安全的高度，而不应仅仅停留在科学争论上。报告引起世界舆论的普遍关注，成为国际上有关气候变化与国家安全研究的重要推动因素。此后，欧美国家发布了一系列相关研究报告。2008 年英国牛津研究小组发表了题为《一个不确定的未来：法律执行、国家安全和气候变化》的研究报告，重点分析了气候变化对安全的影响，指出气候变化导致三大安全威胁：国内动荡、族群间暴力和国际冲突，强调应对气候变化必须用预防战略取代反应战略（Abbott，2008）。2007 年德国全球变化咨询委员会发布题为《气候变化：安全的风险》的报告。该报告提出了气候变化导致冲突的四个机制，即气候导致的淡水资源短缺引发冲突，气候导致的粮食减产引发冲突，气候导致的风暴和洪水灾害引发冲突，环境恶化导致的移民引发冲突，并由此列出了对国际安全的六大威胁：第一，气候变化可能导致世界上脆弱国家的数目增加，脆弱国家往往难以有效管理国家，特别是无法有效垄断武力的使用；第二，气候变化加大全球经济发展的风险；第三，气候变化加大国际上气候变化的主要责任者和受害者之间的分配性冲突；第四，气候变化加大了发达国家侵犯人权和作为全球治理角色的合法性下降的风险；第五，引发和加剧移民；第六，使传统的安全政策力不从心。最后，报告提出了应对气候威胁的一系列建议。

2008 年美国国家情报委员会完成的《国家安全与气候变化威胁》报告强调，气候变化从三个方面对美国国家安全构成威胁：气候变化带来的环境变化（极端气候事件、洪涝灾害、海平面上升、冰川消融、生物栖息地的改变及威胁生命的疾病的快速传播等）改变了人类维护自身安全的方式；导致并加剧了其他地区的不稳定，使美国可能更多地卷入地区冲突；国外因气候变化引起的移民潮和难民潮威胁到国内稳定（Fingar，2008）。这一时期一些在美国比较有代表性的研究成果包括：2007 年 4 月由一批美国退役高级将领组成的美国海军分析中心军事咨询委员会发表的报告——《国家安全与气候变化威胁》；2007 年 11 月美国战略与国际问题研究中心和美国新安全研究中心推出的报告——《后果降临的年代：全球气候变化对外交政策和国家安全的含义》；2007 年 11 月美国对外关系委员会推出的报告——《气候变化与国家安全：一份行动纲领》；美国德克萨斯大学学者布斯比（Busby）2008 年秋季在《安全研究》杂志发表的题为《谁关注气候？气候变化与美国国家安全》的论文等。

需要强调的是，2014 年发布的 IPCC 第五次评估报告首次从人类安全的角度开展了气候变化的影响评估，这在 IPCC 评估历史上具有重要的创新意义。第二工作组完成的《气候变化 2014：影响、适应和脆弱性》评估报告在第 12 章中从经济与生计、文化、移民与流动性、气候变化与武装冲突、国家完整与地缘政治对抗等五个方面系统评估了气候变化对人类安全的影响。报告指出，气候变化主要通过破坏生计、损害文化和认同、增加非自愿的移民和挑战国家提供人类安全的能力等途径对人类安全构成威胁。气候变化对一些国家，比如小岛屿国家的领土完整构成主要挑战，气候变化的一些影响加剧了国家间的对抗，强调气候变化将不断塑造安全环境和国家安全政策（Adger *et al.*，2014）。

近年来，德国和英国对气候变化与国家安全之间的关联性十分关注，比较有代表性的研究成果是 2020 年 6 月由德国智库阿德菲（adelphi）和波茨坦气候影响研究所（Potsdam Institute for Climate Impact Research）联合发布的题为《有关气候影响与和平的 10 个见解》的报告和由英国国防部资助、兰德公司（RAND Corporation）完成的题为《正在变化的气候：探讨气候变化对英国国防与安全的影响》的报告。《有关气候影响与和平的 10 个见解》综合了现有的科学证据，阐述了当前对气候变化、脆弱性和冲突之间相互联系的认识。报告指出，气候变化本身很少是冲突的直接原因，然而，有充分的证据表明，其通过加剧冲突和脆弱性的重要驱动因素与背景因素，从而对国家和社会的稳定构成挑战。该报告强调，第一，气候变化对国际和平与安全构成的风险是当前真实存在的；第二，气候变化影响土地和水等自然资源的竞争与冲突；第三，气候变化影响破坏了生计，影响了人类的流动性，并迫使人们采取非法应对机制；第四，气候变化影响导致粮食价格飙升和粮食不安全；第五，极端天气事件挑战政府的有效性与合法性；第六，设计不当的气候和安全政策所带来的意外后果存在其自身的风险；第七，在治理机制薄弱或失效的地区，与气候相关的安全风险尤其突出；第八，人们很可能低估了与气候相关的安全风险的规模和范围；第九，与气候相关的安全风险将在未来成倍增加；第十，人类评估和管理与气候相关的安全风险的能力落后于不断变化的风险格局。评估工具和早期预警系统很少解决与气候相关的安全风险。报告特别强调，在联合国维和行动中，冲突预防与建设和平需要对气候更敏感（Detges *et al.*，2020）。《变化的气候：探讨气候变化对英国国防与安全的影响》从概念与学说、培训、人员、基础设施、装备、信息、机构、互操作（interoperability）和后勤等九方面评估了气候变化对英国发展防线（Defence Lines of Development，DLODs）的影响，并针对气候变化给英国国防部（Ministry of Defence，MOD）带来的挑战和机遇提出六条建议（Cox *et al.*，2020）。这两份报告代表了西方国家对气候变化与国家安全关联性的最新认知。

第二节　进　　展

一、国外关于气候变化对中国国家安全影响的评估进展

国外的相关研究最早见于美国 2004 年发布的《气候突变的情景及其对美国国家安全的意义》报告。该报告多处谈到气候变化对中国国家安全的影响。报告当时预计，2010～2020 年间，因为中国需要给其庞大的人口提供粮食，

所以受到越来越飘忽不定的季风雨的打击增大。中国的南部，一场大干旱会从 2010 年开始，一直持续到 2020 年。粮食减产、淡水短缺会导致混乱和国内的反抗。报告强调，天气的剧变使得地球本来就已经濒临极限的承载能力进一步受到破坏，导致国家间围绕食物、水和能源的争夺加剧，冲突和战争的可能性大增。报告预测 2030 年前中国由于气候变化可能会卷入多起国际冲突。这份报告一经公布就在国际上产生了轰动性影响，引起中国领导人和科学界的高度重视。当然，由于该报告以最坏的设想为基础，追求的是耸人听闻的效果，不少地方都有夸大其辞之嫌，具体结论的可靠性和可信度受到中国专家学者的普遍质疑。

2007 年 10 月德国全球变化咨询委员会发表的题为《气候变化：安全的风险》的报告分析了气候变化对中国国家安全的影响，认为中国是受气候变化影响特别大的国家。气候变化将导致中国冰川消融、土地退化、耕地减少、淡水短缺、极端气候事件和旱灾时间增加以及海平面上升。根据 IPCC 的报告，海平面上升 30 厘米，中国沿海地区 8 000 平方千米的土地将被淹没。这些问题对中国不同地区的影响程度是不同的，但现有的生态和社会问题可能加剧，经济的活力受到影响，最后影响中国的政治稳定。具体而言，上述问题从内外两个层面对中国的政治架构和中国政府的合法性提出了主要挑战。从对外角度看，随着中国经济实力的增强和政治影响力的上升，中国不仅正成为美国的主要对手，而且正被迅速看作国际气候事务中的关键角色。围绕温室气体减排责任的国际争论愈演愈烈，使国际体系面临的压力加大，可能导致外交事务中的冲突和紧张局势。从国内看，中国可能面临无法同时应对环境恶化、社会贫富分化、经济和政治自由化等问题的风险。他们已经意识到问题的严重性并建立了应对环境破坏和气候变化的机制。中国要想防止气候变化引发的冲突转化成暴力，关键在于在经济能力、治理能力和社会承受力三者之间保持平衡。报告特别提到，当代中国社会的一大特点是地区差异大。最落后的地区基本上是少数民族聚居区。这些地区占了中国领土面积的

60%。由于主要依赖农业，这些地区特别容易受到森林砍伐、荒漠化和冰川融化的影响。比如，在新疆淡水和土地资源短缺已成为民族之间不和睦的主要因素。另外，中国向周边国家（如俄罗斯和蒙古国）移民和在这些国家的资源开发活动所产生的环境问题也导致国家之间的外交摩擦。

2007 年 11 月美国战略与国际问题研究中心和美国新安全研究中心推出的报告——《后果降临的年代：全球气候变化对外交政策和国家安全的含义》也分析了气候变化对中国国家安全的影响。报告认为，中国温室气体的快速增加主要是由于中国以煤炭为主的能源结构，这对全球环境构成长期的威胁。中国温室气体的排放将加剧其已有环境问题，如加剧荒漠化、水资源短缺、大气污染等挑战，而这无疑将导致国内的动荡和冲突。冲突的来源之一是因环境问题引发的移民。这种移民主要表现为从农村到城市的流动，因而会加大本已超过承载能力的城市的压力。另外，中国的一些雨水较多的地区也需关注来自缺水地区的人口流入问题。最后，气候变化的加剧也增大了中国面临作为“国际负责任成员”的国际压力。

二、国内关于气候变化对中国国家安全影响的评估进展

2004 年美国的《气候突变的情景及其对美国国家安全的意义》报告发布以后，引发中国政府和学术界开始关注气候变化与中国国家安全之间的关联性。曲格平（2004）明确提出，气候变化问题应被视为中国的安全问题，予以高度重视。解振华（2005）则将气候变化列为中国国家环境安全的重要威胁。此后，出现了一批研究成果。这些研究成果围绕气候变化对中国国家安全的具体影响，主要从三个视角展开：第一，从传统安全视角来看，有关研究考查了历史上中国发生的战争与气候变化之间的关联性，对工业革命前的气候变化造成的战争爆发和人口下降的影响进行了大尺度的量化研究，结论是包括中国在内的世界各地的战争与和平的交替主要是由长期的气候变化所

致（Zhang *et al.*，2007）。第二，从非传统安全角度看，有的研究从气象灾害角度探讨了气候变化对中国国家安全的影响（张海东等，2006）。另外一些研究认为，以全球变暖为突出标志的全球环境变化正在发生，可能对中国国家安全产生影响，突出表现在两方面：①作为经济快速增长的人口大国，中国温室气体排放的总量和增长速度均引人注目。如何解决中国特殊的利益问题，在环境外交中争取主动，需要科学的解释；②近年来，中国的污染物排放、国际河流水资源的开发已引起下游国家的质疑。预计未来中国与邻国之间因区域环境资源问题而产生的争端会不断增多，如何避免冲突需要深入研究（刘燕华等，2006）。第三，从传统安全与非传统安全相结合的视角来看，气候变化对中国国家安全的影响主要表现在五个方面：①气候变化导致海平面上升，会使中国陆地领土面积减少，并威胁中国沿海大城市及其海域疆界；②气候变化加剧中国荒漠化，使中国领土的质量严重下降，挤压中国的生存空间；③气候变化对中国水资源和粮食生产产生负面影响，极端气候事件不断增加的频率和强度对中国国民的生命、财产和生活质量产生严重负面影响；④气候变化使中国面临日益增大的国际国内压力，政府的自主选择空间日益受到挤压，治理能力受到进一步挑战；⑤气候变化对中国的重大国防和战略性工程及军队建设的负面影响正在显现。此外，中国西部冰川的融化导致河川径流量减少，可能会引发跨境水资源的争夺和跨国移民潮，导致国际争端和冲突。总之，气候变化对中国国家安全的影响是广泛的，但目前还主要是潜在的。其影响程度将随时间的推移而与日俱增，需要在国家安全的框架下加以统筹考虑（张海滨，2010）。

中国军方对气候变化与国家安全关联性的认知变化令人关注。2008 年，原中国人民解放军副总参谋长、中国国际战略学会会长熊光楷将军在阐述中国的安全政策时，认为中国国家安全的内涵应不断扩展，包括气候安全（熊光楷，2008）。经总参谋部批准，军队气候变化专家委员会于 2008 年 11 月 6 日在北京成立，主要为军队科学应对气候变化提供决策支持和技术支撑，有效指导部队作战训练和防灾救灾等任务。有军队学者从军事角度分析了气候变化对国防安全可能产生的影响，介绍了军方应对气候变化威胁所采取的对策（刘学亮等，2011）。

在上述研究的基础上，中国《第三次气候变化国家评估报告》开始将气候变化对国家安全的影响纳入评估范围（《第三次气候变化国家评估报告》编写委员会，2015）。近年来，有关气候变化对中国国家安全的影响的研究受到越来越多的关注（王志芳，2015；张文木，2016）。

第三节 评估框架

分析气候变化对国家安全的影响与一般性地分析气候变化对经济、社会和环境的影响不同，其重点在于分析气候变化同国内和国际间的冲突与不稳定之间的关联性，以及那些发生概率低但影响重大的气候事件。目前，国内外分析气候变化对国家安全的影响主要有七种评估框架。

一、国外关于气候变化对国家安全的影响评估框架

国外目前主要有五种气候变化对国家安全影响的评估框架。

（一）2003 年由美国国防部资助完成的《气候突变的情景及其对美国国家安全的意义》报告所建立的气候变化—承载能力降低—国家安全意义的评估框架

该评估框架采用比较简明的因果链条，即气候变化→承载能力降低→国家安全意义（图 1–1）。

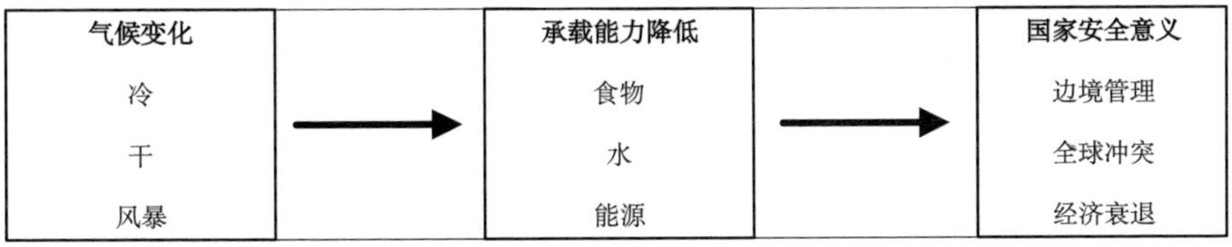

图 1–1　气候变化对国家安全的影响

资料来源：施瓦茨等（Schwartz *et al.*，2003）。

（二）2007 年德国全球变化咨询委员会发布的题为《气候变化：安全的风险》报告所提出的评估框架

该报告提出了气候变化导致冲突的四个机制，即气候导致的淡水资源的短缺引发冲突，气候导致的粮食减产引发冲突，气候导致的风暴和洪水灾害引发冲突，环境导致的移民引发冲突，最后导致社会的不稳定和国际体系的不稳定与不安全（图 1–2）。

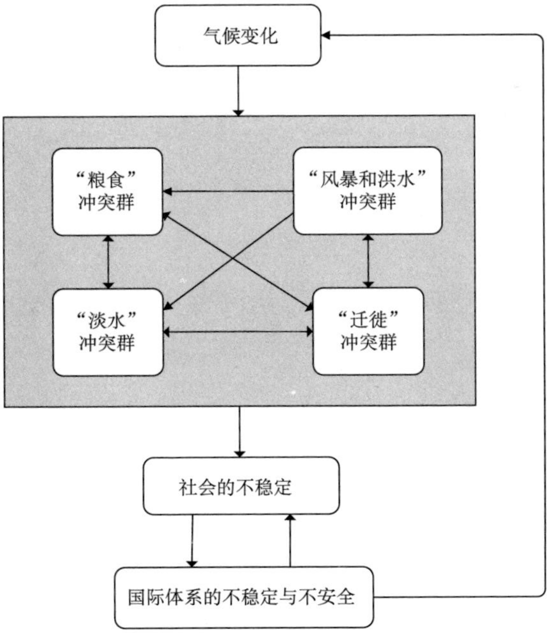

图 1–2　气候变化对国家安全的影响

资料来源：舒伯特等（Schubert *et al.*，2007）。

（三）2008 年英国牛津研究小组发表的题为《一个不确定的未来：法律执行、国家安全和气候变化》报告所提出的评估框架

该报告重点分析了气候变化对安全的影响，指出气候变化导致三大安全威胁：国内动荡、族群间暴力和国际冲突（图 1–3）。

图 1–3　气候变化对国家安全的影响

资料来源：阿博特（Abbott，2008）。

（四）2008 年挪威学者比海于格等人完成的报告《气候变化对武装冲突的影响》所提出的评估框架

该报告的主要特色在于提出了气候变化与武装冲突的关系链（图 1– 4）。

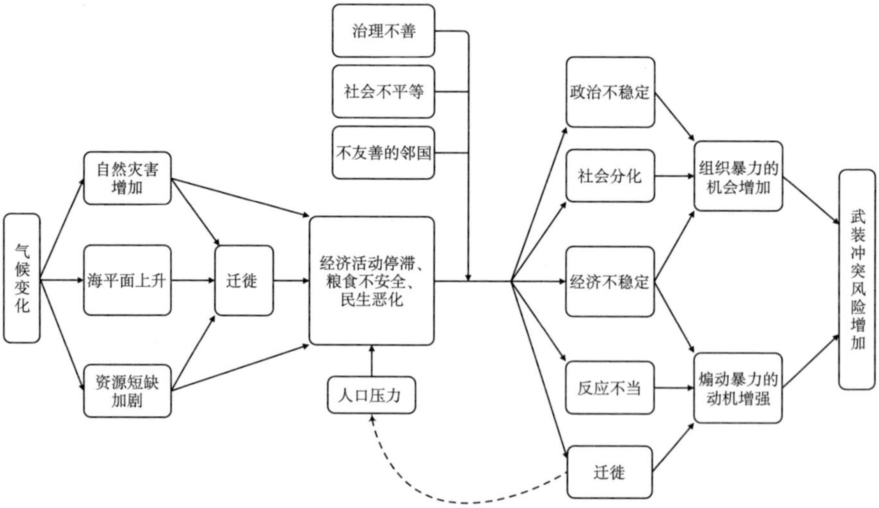

图 1– 4　气候变化对国家安全的影响

资料来源：比海于格等（Buhaug *et al.*，2008）。

（五）2011 年美国参议院在一份有关预防亚洲水资源战争的研究报告中提出的评估框架

该评估框架将气候变化对国家安全的影响过程分为气候影响、气候效应和气候威胁三个阶段，然后从气候变化的自然生态影响、潜在的社会政治影响、对安全和稳定性的潜在威胁以及脆弱性等层面递进分析（图 1–5）。

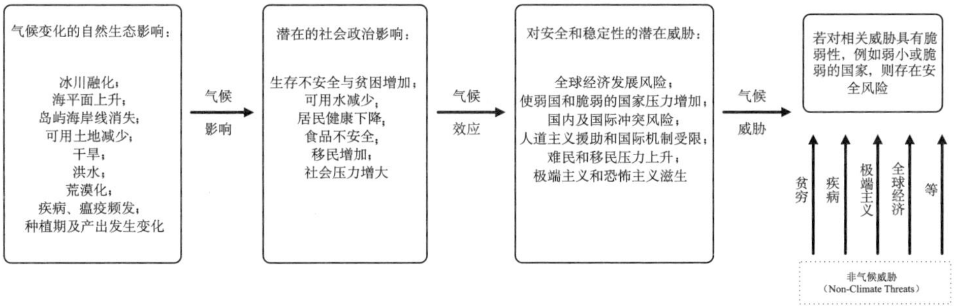

图 1–5 气候变化对安全的影响途径和机制

资料来源：美国参议院（U.S. Senate，2011）。

二、国内关于气候变化对国家安全的影响评估框架

中国学者在分析气候变化对国家安全的影响时提出了如下两种评估框架。

（一）由中国学者张海滨于 2010 年出版的《气候变化与中国国家安全》一书提出的评估框架

该框架提出评估气候变化对一国国家安全影响的五大指标，即：①是否导致国家的领土面积减少或领土质量大幅度下降；②是否导致国家较大范围

内的居民的生命、财产和健康受到严重影响，生活质量短期内急剧下降；③是否导致国家政局动荡和社会的不稳定；④是否导致一国政府的内外自主权受限，选择空间受到严重挤压和约束；⑤是否危及国家的重大国防和战略性工程及军队建设。并在此基础上对气候变化如何影响中国国家安全进行了评估（张海滨，2010）。

（二）基于 CyberGIS®的气候变化与国家安全风险评估模型

由中国学者李琦等人 2016 年在《气候变化与国家安全风险分析关键技术探索》一文中提出。该文提出了 CyberGIS®模型方法，探讨气候变化对中国国家安全风险问题的参数化建模和形式化表达（图 1–6）。

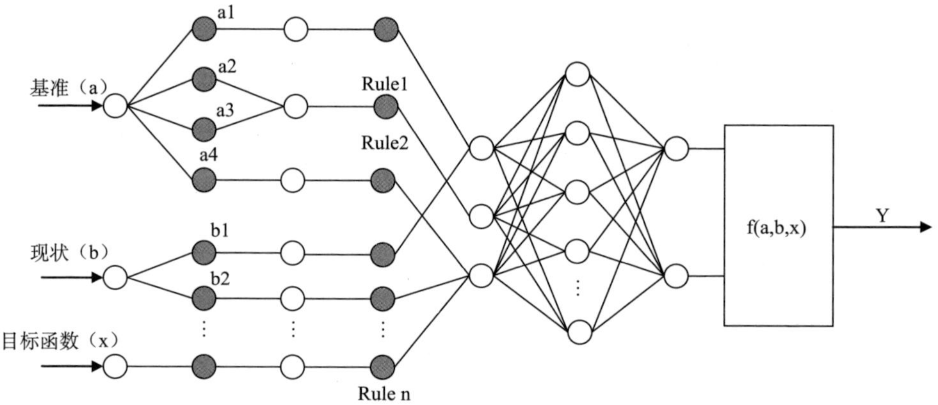

a1为水风险数据；a2为空气质量数据；
a3为人口迁移数据；a4为热应力数据。

图 1–6　气候变化与国家安全风险评估模型

资料来源：李琦等（2016）。

综上所述，进入 21 世纪以来，各国政府、国际组织和国内外学术界及智库围绕有关气候变化所引发的国家安全影响的分析和评估取得不少进展，进一步拓展和加深了国际社会对气候变化影响的认识，有利于提升各国参与国际气候谈判和全球气候治理的政治意愿。但是，迄今的相关研究还是初步的，存在不少问题。其一，对国家安全的内涵存在不同的理解，因此评估的框架和依据存在很大的差异；其二，迄今为止缺少被国际社会普遍认可和接受的影响评估框架，这在一定程度上妨碍了国际共识的达成；其三，有关气候变化对于国家安全影响的定量分析尚不成熟，不确定性较大，很难对政府的决策形成有力支撑。

三、本报告的评估框架及其意义

从以上对各国的评估框架的综述不难看出，由于国情不同，各国对国家安全的内涵存在不同理解，因此，从各自国情出发展开评估是必要的。本报告在评估气候变化对中国国家安全的影响时，将依据中国政府的国家安全观——习近平总体国家安全观来评估气候变化对中国国家安全的影响，即采用基于总体国家安全观的气候变化对中国国家安全的影响评估框架。

（一）总体国家安全观的内涵

2014 年 4 月 15 日，中央国家安全委员会主席习近平主持召开中央国家安全委员会第一次会议并发表讲话，首次提出总体国家安全观。他强调，要准确把握国家安全形势变化新特点新趋势，坚持总体国家安全观，走出一条中国特色国家安全道路。既重视传统安全，又重视非传统安全，构建集政治安全、国土安全、军事安全、经济安全、文化安全、社会安全、科技安全、信息安全、生态安全、资源安全、核安全等于一体的国家安全体系（习近平，2014）。2014 年 11 月 28 日，在中央外事工作会议上，习近平强调，当前和今后一个时期，中国对外工作要贯彻落实总体国家安全观。在 2020 年 2 月举行的中央全面深化改革委员会第十二次会议上，习近平指出，要把生物安全纳入国家安全体系（习近平，2020）。

（二）以总体国家安全观为依据设计气候变化对中国国家安全的影响评估框架的意义

总体国家安全观的提出对评估气候变化对中国国家安全的影响有重要的指导意义。首先，总体国家安全观的综合性和整体性比以往的分析框架更强，视野更开阔。总体国家安全观强调外部安全与内部安全的统一，国土安全和国民安全的统一，传统安全和非传统安全的统一，安全问题和发展问题的统一。这种宏大视野有利于更全面和更准确地认识中国面临的气候变化安全风险。其次，总体国家安全观有很强的针对性。针对中国当前面临的国内和国际复杂的安全形势，总体国家安全观清晰界定了中国国家安全体系的基本内容，提出构建集政治安全、国土安全、军事安全、经济安全、文化安全、社会安全、科技安全、信息安全、生态安全、资源安全、核安全等于一体的国家安全体系。这就使我们在评估气候变化对中国国家安全影响时有了明确的参照系和着力点。再次，总体国家安全观的权威性使我们在评估气候变化对中国国家安全影响时更易于凝聚各方共识，形成主流观点，为国家决策提供智力支撑。总体国家安全观是当前及今后相当长时期中国国家安全战略的指导思想，其主导地位和权威性毋庸置疑。以此作为评估依据来评估气候变化对中国国家安全的影响，更易于形成全国共识，提升全民的环境和气候安全意识，助推中国的低碳绿色发展战略和生态文明建设。最后，鉴于中国在全球气候治理中所扮演的关键角色，如果运用好以总体国家安全观为依据而设定的气候变化对中国国家安全的影响评估框架，将产生广泛的国际影响，有望成为全球气候治理“中国贡献”的重要体现。

（三）基于总体国家安全观的气候变化对中国国家安全的影响评估框架

总体国家安全观提出以后，中国一些学者已经开始以总体国家安全观为依据设计评估框架，评估气候变化对中国国家安全的影响（张海滨，2015；刘长松等，2018）。本报告以总体国家安全观为指导，综合考虑传统安全和非传统安全因素，国内安全与国际安全因素，按照先传统安全、后非传统安全，先国内安全、后国际安全的顺序，依次选择总体国家安全观中受气候变化影响较大的国土安全、军事安全、经济安全、社会安全、生态安全，以及周边安全作为评估对象，系统评估气候变化对中国国家安全的影响，最后提出政策响应措施。具体评估框架见图 1–7。

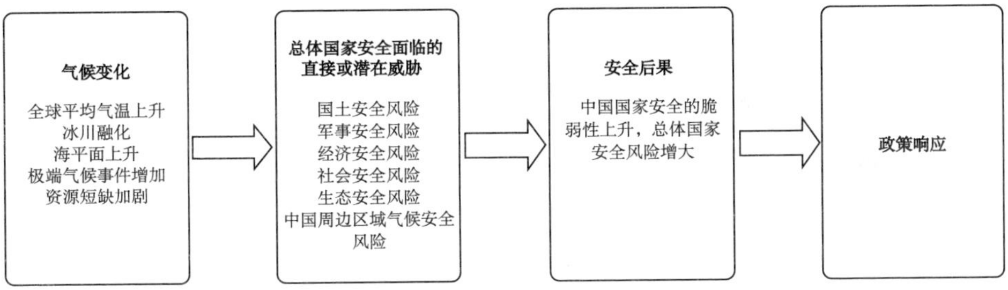

图 1–7　基于总体国家安全观的气候变化对中国国家安全的影响评估框架

参考文献

Abbott, C. 2008. An Uncertain Future: Law Enforcement, National Security and Climate Change. Briefing Paper, Published by Oxford Research Group, January.

Adger, W. N., J. M. Pulhin, J. Barnett, *et al*. 2014. Chapter 12: Human Security. In: Climate Change 2014: Impacts, Adaptation, and Vulnerability. Part A: Global and Sectoral Aspects.

Contribution of Working Group Ⅱ to the Fifth Assessment Report of IPCC. https://www.ipcc.ch/site/assets/uploads/2018/02/WGIIAR5-Chap12_FINAL.pdf.

Broder, J. M. 2009. Climate Change Seen as Threat to U.S. Security. *New York Times*, August 8.

Buhaug, H., N. P. Gleditsch, O. M. Theisen. 2008. Implications of Climate Change for Armed Conflict. Paper Commissioned by the World Bank Workshop on Social Dimensions of Climate Change, February 25.

Butler, D. 2007. Darfur's Climate Roots Challenged. *Nature*, 447.

Council of the European Union, the European Commission. 2008. Climate Change and International Security: Paper from the High Representative and the European Commission to the European Council. https://op.europa.eu/en/publication-detail/-/publication/489ee3e8-41d1-4af1-bdcf-fa42f3355af1/language-en#.

Cox, K., A. Knack, M. Robson, *et al*. 2020. A Changing Climate: Exploring the Implications of Climate Change for UK Defence and Security. Report Published by RAND Europe, June.

Detges, A., D. Klingenfeld, C. König, *et al*. 2020. 10 Insights on Climate Impacts and Peace. Report Published by adelphi and Potsdam Institute for Climate Impact Research, June.

Fingar, T. 2008. National Intelligence Assessment on the National Security Implications of Global Climate Change to 2030. Testimony Before the Permanent Select Committee on Intelligence and the Select Committee on Energy Independence and Global Warming, House of Representatives, June 25.

Gayoom, M. A. 1987. Friends of Maldives Is One of the Few Groups Focussing Tsunami. Speech Before the Forty Second Session of the United Nations General Assembly on the Special Debate on Environment and Development, October 19.

Homer-Dixon, T. F. 1994. Environmental Scarcities and Violent Conflict: Evidence from Cases. *International Security*, 19(1).

Rudd, K. 2009. The First National Security Statement to the Australian Parliament. *Australian Journal of Emergency Management*, 24(1).

Schubert, R., H. J. Schellnhuber, N. Buchmann, *et al*. 2007. Climate Change as a Security Risk. German Advisory Council on Global Change, June 6.

Schwartz, P., D. Randall. 2003. An Abrupt Climate Change Scenario and Its Implications for United States National Security. Pentagon Study on Climate Change and US National Security, October.

The Norwegian Nobel Committee. 2007. The Nobel Peace Prize for 2007. http://nobelprize.org/nobel_prizes/peace/laureates/2007/press.html.

UNEP. 2007. Sudan: Post-Conflict Environmental Assessment (Vol. 1), UNEP/Earthprint.

U.S. Senate. 2011. Avoiding Water Wars: Water Scarcity and Central Asia's Growing Importance for Stability in Afghanistan and Pakistan. Report prepared for the use of the Committee on Foreign Relations United States Senate, 112th Congress, February 22.

Zhang, D. D., P. Brecke, H. F. Lee, *et al*. 2007. Global Climate Change, War, and Population Decline in Recent Human History. *Proceedings of the National Academy of Sciences of the United States of America*, 104(49).

《第三次气候变化国家评估报告》编写委员会：《第三次气候变化国家评估报告》，科学出版社，2015 年。

李琦、张成、冯道等："气候变化与国家安全风险分析关键技术探索"，《测绘科学》，2016 年第 4 期。

刘长松、徐华清："对气候安全问题的初步分析与政策建议"，《宏观经济管理》，2018 年第 2 期。

刘学亮、张万蛟、丁宗川等："气候变化对国防安全的影响"，《气象水文装备》，2011 年第 4 期。

刘燕华、葛全胜、方修琦等："全球环境变化与中国国家安全"，《地球科学进展》，2006 年第 4 期。

曲格平：《关注中国生态安全》，中国环境科学出版社，2004 年。

王志芳："中国建设'一带一路'面临的气候安全风险"，《国际政治研究》，2015 年第 4 期。

习近平："坚持总体国家安全观 走中国特色国家安全道路"，新华网，2014 年 4 月 15 日。

习近平："完善重大疫情防控体制机制 健全国家公共卫生应急管理体系 李克强王沪宁韩正出席"，新华网，2020 年 2 月 14 日。

解振华主编：《国家环境安全战略报告》，中国环境科学出版社，2005 年。

熊光楷："当今中国的安全政策"，《国际战略研究》，2008 年第 4 期。

张海滨："有关世界环境与安全研究中的若干问题"，《国际政治研究》，2008 年第 2 期。

张海滨：《气候变化与中国国家安全》，时事出版社，2010 年。

张海滨："气候变化对中国国家安全的影响——从总体国家安全观的视角"，《国际政治研究》，2015 年第 4 期。

张海东、罗勇、王邦中等："气象灾害和气候变化对国家安全的影响"，《气候变化研究进展》，2006 年第 2 期。

张文木："21 世纪气候变化与中国国家安全"，《太平洋学报》，2016 年第 12 期。

第二章　气候变化对中国国土安全的影响

全球气候变化对中国陆地和海洋系统的巨大影响，正在威胁着中国国土安全，由此引发的地缘政治、经济与社会后果已经显现。近百年来，中国陆地平均增温和沿海海平面上升速率均高于全球平均水平。通过评估和分析2014～2019年间的国内外相关研究，本章认为气候变化已经对中国国土安全产生了多维负面影响，不利于中国政治稳定、经济发展与社会安全。本章的基本结论如下：

第一，中国国土日益受到侵蚀。1958～2018年，中国近海的海表温度呈现持续上升的趋势，是全球海洋变暖最明显的区域之一，且区域性特征显著。气候变化引起海平面上升及海岸线后退，进而导致中国部分陆地领土被淹没，并危及中国沿海大城市及其海域疆界，沿海发达地区面临更大的潜在生存威胁。1980～2019年，中国沿海海平面变化总体呈波动上升趋势，上升速率为3.4毫米/年，高于同期全球平均水平。2019年，中国沿海海平面为1980年以来的第三高位，较1993～2011年平均值高72毫米，较2018年升高24毫米。近30年长江口平均海平面上升速率为2.6毫米/年，预计至2030年，长江口滨海湿地处于轻度脆弱和中度脆弱的比例分别为6.6%和0.1%；至2050年，轻度脆弱和中度脆弱的面积比例将分别增至9.8%和0.2%。在气候变化等多种因素的共同影响下，未来中国沿海海平面将持续上升，对国土安全的威胁也将随之上升。

第二，气候变化加剧中国土壤退化的速度，由此可能导致更为严重的系统性陆上国土安全风险。特别是荒漠化可能会威胁到中国生物圈的安全和经济可持续发展，并可能会减少中国的生存空间，最终导致人口迁移加剧。与此同时，气候变化可能加重粮食安全风险。随着中国的太阳辐射减弱，冬小麦主产区中的黄淮海麦区和长江中下游麦区产量显著下降。尽管近年来中国荒漠化和沙化面积持续减少，但是中国沙区自然条件差，被破坏的植被难以恢复，自我调节和恢复能力差。因此，如果对现有的具有明显沙化趋势的土地保护利用不当，这些土地极易成为新的沙化土地；中国沙区生态修复仍处于初级阶段，后续巩固与恢复任务繁重。

第三，极端气候事件发生频率升高、强度增加，威胁陆上国土安全。气候变化增加了水循环，改变了降水的区域分布，从而可能导致洪水、干旱、雪灾、台风等极端气候事件的发生。2019 年，全国干旱受灾面积占气象灾害总受灾面积的 41%，暴雨洪涝占 35%，气象灾害造成农作物受灾面积 1926 万公顷，死亡失踪 909 人，直接经济损失 3 271 亿元。同时，由于极端干旱事件对陆地生态系统影响具有滞后性，如造成植被死亡、火灾、虫害等，因此，其对碳循环的影响呈非线性特征。

第四，气候变化同样威胁到中国的海洋安全，对海洋安全战略、海洋主权、海洋生态系统保护、沿海及海上设施和海洋经济等都产生了一定的负面效应。20 世纪 80 年代以来，中国大陆入海河流的径流量出现明显变化。海河、黄河、闽江及珠江等流域呈现减少趋势，其中海河的减少最为明显。红树林面临群落衰退，中国大陆和海南岛的近岸珊瑚消失了 80%，而在南海的近海环礁和群岛上，在 2012 年之前的 10 至 15 年间，珊瑚覆盖率从平均超过 60%下降到了 20%左右。2016～2018 年，中国近海的海表温度不断出现有记录以来的最高值，各类海洋灾害造成年均直接经济损失约 120 亿元。此外，气候变化使领海主权维护和中国的海洋安全战略复杂化。

第一节　基本概念与评估内容

国土安全是传统的国家生存空间范围的安全，是国家安全中极为重要的一个组成部分。国土是国家主权与主权权利管辖范围内的地域空间，包括国家的陆地、陆上水域、内水、领海以及它们的底土和上空。狭义的国土是主权国家管辖下的领土、领海和领空的政治地域概念。因此，国土安全对任何国家的主权维护来说都至关重要。

一、基本概念

国土安全，主要指一个国家主权范围内的领陆、领水、领空和底土四个方面的安全，这是传统的国家生存空间范围的安全。随着科学技术发展和经济发展需要，国家生存空间领域也在不断拓展，网域、天域等空间的安全也需要引起重视。国土安全的内容也包括国家政权、主权、统一和领土完整、人民福祉、经济社会可持续发展和国家其他重大利益相对处于没有危险和不受内外威胁的状态，以及保障持续安全状态的能力（中华人民共和国国防部，2015）。"国土安全"概念源于国家或民族利益所受安全威胁的因素，如大规模杀伤性武器，特别是简易核装置以及生化武器；恐怖或极端民族主义分子对政治、经济或基础设施的袭击；大规模的网络攻击以窃取金融、商业秘密，使国际经济秩序陷入混乱；流行疾病、特大自然灾害（如地震、飓风等）对人类安全造成的威胁。

环境安全和生态安全是国土安全的重要维度，其中，气候变化是最终的灾难风险倍增器（O'Sullivan，2015；Anderson，2012；Banusiewicz，2014；Butts，2014；Floyd，2008；Samuel *et al.*，2019）。领土包括一个国家的陆地、

河流、湖泊、内海、领海、领空等，是主权国家管辖的全部疆域。因此，气候风险的识别与评估是保障国土安全的关键之一。

从政策制定角度，“国土安全”概念首次正式出现于 2001 年 2 月美国政府公布的“21 世纪国家安全委员会”（U.S. Commission on National Security/21st Century，USCNS/21，1998）报告中。2002 年，美国白宫在其公布的《国土安全国家战略》报告中，将国土安全定义为：“统一协调全国资源，以防范美国境内的恐怖袭击，降低美国对恐怖主义的脆弱性，减少恐怖袭击带来的损害，并能在受到袭击后迅速复原。”美国国土安全的使命、任务与定位大致确定为：政府除应保障人民生命及财产安全外，也应维护民主、自由、安全、经济、文化等五大核心价值，并以此作为指导美国政府增强国土安全的战略思维。以反恐安全体系为例，大致可分为以下几大类核心能力：建立完善的情报与预警系统；改革边界和运输安全系统，建立“智慧边境”；加强本土反恐措施，将防止恐怖分子在境内活动作为首要任务；保卫关键基础设施及重要资产，制订重要基础设施保护方案，并要确保网络安全；预防有关核武器、生化武器的灾难性威胁；建立统一的全国性应急反应体系。2002 年 11 月美国政府部门重组，当时总统乔治·沃克·布什（即小布什）把 22 个行政机构并入一个新部门，即国土安全部。因此，2001 年之前，由于没有一个既有共识的有关国土安全概念、范围、标准与方法的知识体系，因此高等院校没有国土安全名称的课程。

“9·11”事件后，随着国土安全法通过及国土安全部成立，国土安全课程与研究才逐渐发展起来。而国土安全概念也因为《国土安全战略报告》的提出及接续的《四年国土安全评估报告》等内容的充实，才比较明确地确定下来。从美国来看，国土安全是一个涵盖术语，它包含美国为抵挡恐怖分子活动而采取的所有措施。具体来说，国土安全是指以一国之合力，去防范美国境内的恐怖袭击、增强美国抵抗恐怖主义的能力、减低破坏等内容。国土安全的范畴总括有：①紧急情况的部署以及对策（不论是由于恐怖分子还是自然灾害），包括志愿医疗、警察、紧急事务管理及消防人员；②国内和国际情报活动，多由联邦调查局管理；③关键基础设施与周边安保；④边境安全（陆上、海上、关口）、跨国犯罪、恐怖主义；⑤运输安全，包括飞机及船艇；⑥天然灾害、技术灾害或人为灾害等非传统安全威胁因素；⑦生物病原害防卫、生态环境、疾病蔓延；⑧侦察放射性物质；⑨研究新一代安保技术。

2010 年，美国国土安全部公布了《四年期国土安全评估报告》，并提出三项基本概念作为国土安全体系的基础：①安全，就是要保护国家和人民的重大利益与生活方式；②复原，促进个人、社群与体系的健全、适应力及快速复原能力；③海关与交流，促进并推动合法贸易、旅游与移民等法定程序的施行。由此可以认为：所有的国土安全活动必须建立在确保安全与复原能力的基础之上，同时有助于社会的稳定、日常活动以及与世界交流的顺利进行。

中国国土安全概念主要包括三个内容：①国土安全，国土不受威胁、不受其他国家的侵犯；②中国国土不被分离主义、不被分裂势力所分裂；③中国国土之上的重要基础设施，不会遭受到人为的重大毁坏、破坏等（余飞，2014；黄强等，2013）。“国土安全”与“领土安全”的概念相似，强调国家领陆、领海、领空的完整性，强调领陆、领海、领空不受威胁、不受恐怖主义袭击、不受大规模杀伤性武器的影响，同时还强调保证国家关键基础设施，如电厂、公路、铁路、机场的安全；“国土安全”可以理解为“国家领土安全”。按照政治学基本原理，国家的基本构成要素包括人口、领土、主权和政府。与此对接起来，国民安全、国土安全、政治安全就是国家安全最基本的构成要素。因此可以说，传统的国土安全，是国家安全中的第二个基本构成要素（刘跃进，2014）。

总之，国土安全是传统的国家生存空间范围的安全，是国家安全中最为重要的一个组成部分。全球变暖所造成的环境危害与国土安全风险之间存在着重要的联系（O’Sullivan，2015；Butts，2014）。当前，越来越多的研究已经表明：气候变化与一些人类环境压力（人口、污染和资源消耗增长）、自然灾害、环境危害、经济和政治动荡之间的相互作用正在不断强化。因此，气候变化对国土安全的影响需得到进一步的认识和分析。

二、评估内容

本章通过分析气候变化对中国国土安全的影响，主要以陆地和海洋领土为评估对象，对其近年来的变化及安全效应进行系统性评估。从国土安全角度看，全球气候变化对中国的多重负面效应已经显现，对中国陆地和海洋安全构成严重威胁，并有可能导致中国政治、经济与社会的不稳定局面。

中国的陆上安全受到气候变化的多维负面影响。这些安全问题包括：受气候变化导致的海平面上升和海岸线后退的影响，中国的国土面积将受到侵蚀，导致中国陆地领土面积减少，中国沿海大城市及其海域疆界还将面临更大的潜在威胁；气候变化加剧中国土壤退化的速度，加重人们流离失所的风险。同时，气候变化导致中国灾害频发，极端气候事件发生频率和强度的增加导致国土安全受损，并给人类财产和生活带来巨大损失。

气候变化同样威胁到中国的领海安全，对海洋安全战略、海洋主权、海洋基础设施等方面产生了负面影响。海洋安全包括海洋领土（岛屿主权）、领海、海洋资源、海洋运输通道等诸多方面。全球气候变暖使得海水增温膨胀、陆源冰川和极地冰盖融化（Trombetta，2019），最终导致全球海平面上升。从中国近海海洋气候变化的情况看，1958～2019 年，中国近海的海表温度（Sea Surface Temperture，SST）呈现显著上升的趋势，是全球海洋变暖最显著的区域之一，且区域性特征显著（Blunden *et al.*，2018；自然资源部海洋预警监测司，2020）。中国正日益增强对海洋权益的重视与维护，积极发展预警系统和相关监测系统，完善海堤、港口码头设计标准。当前，保护城市的基础设施免受气候变化带来的极端灾害的影响，将对国土安全的维护至关重要。

第二节　气候变化对中国陆上国土安全的影响

近年来，相关研究认为，全球气候变化对中国陆上国土安全的影响呈现出多维性和复杂性的特征。对陆地面积、土壤质量、受灾程度和频率等陆上国土安全问题产生了诸多负面影响（Hobson *et al.*，2014；Wischnath *et al.*，2014；Burke *et al.*，2015；张海滨，2015；Chen *et al.*，2016；Bo，2016；Yin *et al.*，2016；董亮，2018；马欣等，2019）。

一、气候变化对中国陆地面积和土地质量的影响

近百年来中国陆地平均增温和沿海海平面上升速率均高于全球平均水平。根据《第三次气候变化国家评估报告》的评估结果，1909～2011 年来中国陆地区域平均增温 0.9～1.5 摄氏度（《第三次气候变化国家评估报告》编写委员会，2015），这一增温幅度高于全球平均水平。到 21 世纪末，增温可能达到 1.3～5.0 摄氏度，升温对荒漠化和耕地面积产生影响。同时，中国沿海海平面 1980～2019 年期间平均上升速率为 3.4 毫米/年，高于全球海平面平均上升速率。2010～2019 年平均海平面处于近 40 年最高位，比 1980～1989 年平均海平面高约 100 毫米（自然资源部海洋预警监测司，2020）。海平面上升威胁沿海重要城市与经济区，海岸侵蚀导致陆地面积减少，使中国国土安全受到气候变化的威胁。

（一）气候变化导致海平面上升

2019 年，全球平均温度较工业化前水平高出 1.1 摄氏度，过去五年（2015～2019 年）是有完整气象观测记录以来最暖的五个年份（中国气象局气候变化

中心，2020）。在全球变暖趋势持续的背景下，中国沿海海平面变化具有明显的趋势性和波动性特征，总体呈波动上升趋势。1980～2019 年中国沿海海平面上升速率为 3.4 毫米/年，高于全球同期平均水平。2019 年，中国沿海海平面为 1980 年以来的第三高位，较 1993～2011 年平均值高 72 毫米，较 2018 年升高 24 毫米。中国沿海平均高潮位和平均低潮位总体均呈上升趋势。沿海平均高潮位每年上升 4.9 毫米，其中，杭州湾沿海上升速率最大；沿海平均低潮位每年上升 1.9 毫米，其中，山东龙口沿海上升速率最大（自然资源部国家海洋信息中心，2019）。2017 年，渤海、黄海、东海和南海沿海海平面较 1993～2011 年平均值分别高 42 毫米、23 毫米、66 毫米和 100 毫米（自然资源部海洋预警监测司，2018）。

自 20 世纪 90 年代以来，中国海平面上升趋势明显，近 7 年海平面均处于 40 年来的高位（自然资源部海洋预警监测司，2020）。近 40 年来中国海平面平均上升速率为 3.3 毫米/年，近 10 年来上升趋势明显加快。考虑地面沉降后，长江三角洲的相对海平面上升速率高于 10 毫米/年，渤海湾的相对海平面上升速率甚至大于 25 毫米/年（Wang *et al.*，2019）。中国沿海海平面变化总体呈现波动性特征，极端气候事件发生的频率和强度增加。高海平面加剧了中国沿海风暴潮、滨海城市洪涝、咸潮、海岸侵蚀及海水入侵等灾害，给人们的财产带来巨大损失，给沿海地区社会经济发展和人民生产生活造成了不利影响，威胁人的安全（Wischnath *et al.*，2014；董亮等，2016；董亮，2018）。

海平面上升首先是对东部发达地区的安全造成影响，这使中国东部的部分陆地面临被淹没的现实和潜在威胁。从 1980 年到 2018 年，沿海气温平均每十年上升 0.37 摄氏度。2018 年中国沿海海平面比 1993～2011 年的平均水平高出 48 毫米，冬季浮冰减少（赵熙熙，2019）。根据中国国内的研究估计，海平面上升 1 米将淹没中国 92 000 平方千米的海岸，从而使 6 700 万人流离失所（赵熙熙，2019）。海平面上升的可能淹没范围主要集中在长三角及苏北沿海、珠三角和环渤海等滨海平原地区，其中可能淹没范围最大的是江苏、上海等长三角地区。未来几十年里，海平面上升可能导致中国4 500万沿海人口被迫迁徙，沿海城市的建筑可能面临海水冲刷的危险。珠江三角洲地区，长江三角洲和苏北沿岸地区，黄河三角洲、渤海湾以及莱州湾地区分别是中国沿海气候变化和海平面上升的三个主要脆弱区。预计2050年，中国三大脆弱区因淹没造成的经济损失为30.9万亿元（尹慧，2014）。

（二）气候变化增加海水入侵风险

由于气候变化、地下水的过度开采、疏浚和其他因素的综合作用，海水入侵风险正在增加（Holland *et al.*，2017；方正飞，2018）。2018年国家海洋局组织开展的全国首次海岸侵蚀重点岸段监测与灾害损失评估监测结果显示，中国砂质海岸和粉砂淤泥质海岸侵蚀严重。根据岸线位置变化速率和岸滩下蚀速率，岸段海岸侵蚀强度等级分为稳定、微侵蚀、侵蚀、强侵蚀和严重侵蚀五级（自然资源部海洋预警监测司，2019）。

砂质海岸侵蚀严重地区主要分布在辽宁、河北与广东监测岸段，其中辽宁绥中监测岸段平均侵蚀速度为4.9米/年；粉砂淤泥质海岸侵蚀严重区域主要分布在江苏监测岸段，江苏盐城滨海灌溉总渠南侧监测岸段平均侵蚀速度为35.0米/年。与2017年相比，辽宁砂质岸段侵蚀海岸长度明显增加，广东砂质岸段平均侵蚀速度有所增长；江苏粉砂淤泥质岸段平均侵蚀速度有所增长（自然资源部海洋预警监测司，2019）。

海水入侵导致中国的陆地面积逐年减少。对海平面上升风险暴露度而言，高暴露度等级的区域仍集中于长三角及苏北沿海、珠三角、环渤海地区，其中广州是暴露度等级最高的城市（高超等，2019）。至2015年，海水入侵严重地区主要分布于渤海滨海平原，46%以上监测区海水入侵距离为距岸10～43千米，分布在河北、山东沿岸；黄海和东海滨海地区海水入侵范围总体较小，约86%监测区海水入侵距岸在5千米以内；南海滨海地区海水入侵范围小、程度低，90%监测区海水入侵距离为距岸0.5千米以内（于福江等，2016；

国家海洋信息中心，2019）。2018 年，渤海滨海平原地区海水入侵依然较为严重，主要分布于辽宁锦州地区。与 2017 年相比，河北秦皇岛、唐山以及山东潍坊部分监测区海水入侵范围有所扩大，海水入侵距离一般为距岸 13～25 千米（自然资源部海洋预警监测司，2019）。在多种因素的共同影响下，未来中国沿海海平面将持续上升（时小军等，2008；陈特固等，2013），海岸将进一步遭到侵蚀。

2017 年，通过海堤和沿海低地的多时相遥感岸线解译、地面测量验证和高程测量，天津和河北沿海实测区域已经低于平均海平面的超过 100 平方千米，无法承受 100 年一遇的风暴潮。地面沉降严重地区主要集中在天津、河北和长三角地区。天津、河北沿海地区平均沉降速率为 20～30 毫米/年，部分地区沉降速率超过 50 毫米/年，这种情况将显著影响津冀沿海地区的地表高程（Wang *et al.*，2019）。

可预见的是，气候变化导致的海水入侵将对中国东部沿海许多城市的安全产生重大负面影响（Stanway，2019）。由于中国海岸线漫长，人口密集，一些经济最发达的城市，如上海、天津和广州均处在沿海范围内（Dell *et al.*，2014）。2019 年发表在《自然—通讯》（*Nature Communications*）上的一项研究显示，到 2050 年，海平面上升对人类的影响将是之前预计的三倍，这可能会淹没世界上一些重要的沿海城市。这一研究指出，上海作为中国最为重要的城市之一已经受到水患威胁，气候变化的负面影响正侵蚀它的心脏地带及其周边的许多城市（Kulp *et al.*，2019）。上海已经制订了应急计划，并正在考虑建造新的排水隧道和潮汐闸来应对海平面上升的威胁。

（三）气候变化导致荒漠化问题复杂化

大风吹蚀、流水侵蚀、土壤盐渍化等造成的土壤生产力下降或丧失，以及湿润和亚湿润区的石漠化都属于荒漠化范畴（中国林业网，2015）。气候变化和人类活动等自然和人为因素导致中国荒漠化问题呈现出日益复杂化的趋势，造成了干旱、半干旱和亚湿润地区的土地退化（Bagozzi *et al.*，2017），也使东北亚荒漠化情况变得更加复杂（UNCCD，2019）。

第五次全国荒漠化和沙化土地监测结果显示，截至 2014 年，全国荒漠化土地面积 261.16 万平方千米，占国土面积的 27.20%；沙化土地面积 172.12 万平方千米，占国土面积的 17.93%；有明显沙化趋势的土地面积 30.03 万平方千米，占国土面积的 3.12%。实际有效治理的沙化土地面积 20.37 万平方千米，占沙化土地面积的 11.8%（中国林业网，2015）。监测结果表明中国荒漠化和沙化面积持续减少，全国荒漠化土地面积由 262.37 万平方千米减少到 261.16 万平方千米，净减少 12 120 平方千米，年均减少 2 424 平方千米；沙化土地由 173.11 万平方千米减少到 172.12 万平方千米，净减少 9 902 平方千米，年均减少 1 980 平方千米。与第四次监测期内年均减少 1 717 平方千米相比，减少的幅度有所增加，为年均减少 1 980 平方千米（中国林业网，2015）。

目前在中国的沙漠化土地中，已经沙漠化了的土地为 17.6 万平方千米，存在潜在沙漠化危险的土地有 15.8 万平方千米，在湿润地带的风沙化土地有 1.9 万平方千米。其中，新疆、内蒙古、西藏、甘肃、青海五省（自治区）荒漠化土地面积占全国荒漠化土地总面积的 95.64%（国家林业和草原局政府网，2015）。中国沙漠化土地面积从原来的 13.7 万平方千米增加到 17.6 万平方千米，有 5 000 余万人口、近 400 万公顷的旱农田和 500 万公顷的草场受沙漠化影响，表明中国面临的土地资源被侵蚀的形势十分严峻（中华人民共和国应急管理部，2019）。

中国土壤荒漠化速度的区域差异较明显。在中国北方，干旱以及不利的工业和水资源政策等因素造成了土地迅速退化（国家林业和草原局政府网，2015）。华北及东北南部增温显著，干旱加剧，土壤沙化面积逐年扩展；而在西北大部分地区，平均降水量较以往偏多，土壤沙化程度呈逆转态势（胡静霞等，2017）。值得注意的是，由于气候变化的影响，近年来中国西北地区呈现变暖变湿的新趋势。西北地区的暖湿化趋势有利有弊，易导致极端天气多发，但同时有利于改善农业结构（沈永平等，2018）。

然而，中国沙区自然条件差，自我调节和恢复能力差，气候变化引起的降水和气温的非常规变化不利于植被恢复，并且可能加剧水土流失风险，加速荒漠化进程（Chen, Y. *et al.*，2016；Yin *et al.*，2016）。未来全球气候变化对中国西南、华中和华南等地区的森林影响较大。森林生产力虽呈现不同程度的增加，但由于气候变化可能引起病虫害暴发范围扩大、森林火灾发生频率增加，因此森林生物量不一定增加，某些树种适宜面积还将缩小。现存的具有明显沙化趋势的土地为 30.03 万平方千米，如果保护利用不当，极易成为新的沙化土地；沙区生态修复仍处于初级阶段，已初步有效治理的沙化土地面积占 55%，后续巩固与恢复任务繁重（国家林业和草原局政府网，2015）。

（四）气候变化影响耕地面积及土壤质量

气候变化引起的全球变暖导致中国干旱区面积增大，中国土地结构发生变化。地表土壤温度的明显增加，加大了蒸发量并降低了土壤湿度，而长时间持续的土壤干旱增加了土壤风蚀发生的频次，进一步加重土地荒漠化。1961～2018 年，中国年平均地表温度呈显著上升趋势，平均每十年上升 0.32 摄氏度。2018 年，中国年平均地表温度为 13.4 摄氏度，较常年值偏高 0.5 摄氏度，其中黑龙江中北部、吉林中部、内蒙古东部部分地区偏高 2 摄氏度以上（中国气象局气候变化中心，2019）。

耕地和粮食安全事关国家的稳定和发展大计，气候变化将使中国可耕种土地面积逐渐减少，粮食出现减产。气温升高使得荒漠化面积增大、农耕区减少，农牧交错带不断发生变化。此外，由于气候变化加剧了中国的荒漠化，中国可耕种土地面积减少、可耕种土地的质量严重下降，影响粮食的产量和质量。在气候变暖促进复种指数增加的同时，导致小麦和玉米单产分别下降 1.27%和 1.73%，并导致耕地质量总体下降，农作物病虫害总体呈加重态势。预估在不考虑主要农作物品种改良和农业生产管理技术进步的情况下，未来因气候变暖导致的区域性水资源短缺将是限制农业可持续发展的最主要因素，将造成中国粮食自给率下降，粮食安全风险增加（郑景云等，2018）。由此，气候变化易对农业生产造成负面影响，造成小麦、水稻、玉米产量下降，改变农业生产布局，导致粮食安全风险增加。

气候变化通过改变土壤的碳氮组成影响农田土壤质量。气候变化会以许多不同的方式加剧土地退化，土地退化反过来又会加剧气候变化（IPCC，2019）。作为关键资源的土地，在干旱导致其退化时，生产力就会降低，从而会减少可以耕作的土地并降低土壤吸收碳的能力。二氧化碳浓度和温度的升高，会使土壤有机碳输入增加，进而增加土壤碳库（Zhu *et al.*，2016）；同时也会加快土壤呼吸，加速有机质的分解，减少土壤碳库（熊正琴等，2011）。因此气候变化对土壤碳库的影响，取决于上述两方抵消的结果。气候变化还会对土壤微生物的结构和功能产生影响，改变土壤的碳氮循环过程。二氧化碳浓度升高可使土壤中细菌和放线菌的数量有所增加，而真菌的数量趋于减少（尹飞虎等，2013）；温度升高还会降低土壤微生物的呼吸速率、抑制酶活性、改变土壤微生物的资源利用模式（陆雅海等，2015）。

二、气候变化对中国陆上国土风险的影响

气候变化导致中国灾害频发，从洪水、山体滑坡和地震，到台风、冰雹和干旱，再到森林火灾、沙尘暴和严重雪灾，中国经历了气候变化所带来的各种灾害影响，成为受自然灾害影响最严重的国家之一。随着干旱、洪涝等与气候有关的灾害不断增多，幅度不断增大，对生产力造成了严重破坏，并对自然环境和基础设施造成严重影响（Zhao *et al.*，2016；Chan *et al.*，2018；Wu *et al.*，2019）。据统计，2019 年全国干旱受灾面积占气象灾害总受灾面积的 41%，暴雨洪涝占 35%，气象灾害造成农作物受灾面积 1 926 万公顷，死亡失踪 909 人，直接经济损失 3 271 亿元（Yue *et al.*，2018；中国气象局国家气

候委员会，2019）。

（一）气候变化导致旱灾频发

气候变化导致平均气温上升，干旱区面积扩大。当前全球变暖趋势仍在持续，中国是全球气候变化的敏感区和影响显著区（中国气象局气候变化中心，2020）。从1951年到2019年，中国年平均气温每十年升高0.24摄氏度，升温速率明显高于同期全球平均水平（中国气象局气候变化中心，2020）。2019年，中国大部分地区夏季高温日数较常年同期偏多，其中河北东南部、山东中部和西部、河南东北部、湖北大部、湖南、江西大部、福建中北部、海南等地偏多10天以上（中国气象局国家气候委员会，2019）。1961～2018年，中国平均暖昼日数呈增多趋势，平均每十年增加5.4天，尤其是自20世纪90年代中期以来增加更为明显。2018年，中国平均暖昼日数为70天，较常年值偏多26天（中国气象局气候变化中心，2019）。1961～2018年，中国平均冷夜日数呈显著减少趋势，平均每十年减少8.2天，1998年以来冷夜日数较常年值持续偏少。

1961～2018年，中国极端高温事件发生频次的年代际变化特征明显，20世纪90年代中期以来明显偏多。2018年，中国共发生极端高温事件416站日，较常年值偏多137站日，其中河北元氏（3.0摄氏度）等共计57站日最高气温突破历史极值（中国气象局气候变化中心，2019）。2019年中国极端高温事件偏多，极端高温事件站次比较常年和2018年分别偏多0.26和0.20，年内全国共有348站日最高气温达到极端事件监测标准，主要分布在云南、贵州和四川等地（中国气象局国家气候委员会，2019）。

气温升高引发的旱灾的影响范围呈现出不断扩大的趋势，影响趋于严重，直接经济损失不断增加，严重威胁国土安全（Bellemare，2015）。2018年，全国共有25省（自治区、直辖市）发生干旱灾害，作物受旱面积16 085.87千公顷，因旱受灾面积7 397.21千公顷，其中成灾面积3 667.3千公顷、绝收面积 610.21 千公顷；因旱粮食损失 156.97 亿公斤、经济作物损失 84.66 亿元；因旱直接经济损失 483.62 亿元，占当年 GDP 的 0.05%；共有 306.69 万人、462.30 万头大牲畜因旱发生饮水困难（中华人民共和国水利部，2018）。

（二）气候变化加剧水文灾害

气候变化可能加剧水文灾害，由此产生对国土安全的影响（Chen，Y *et al.*，2016；Burnham *et al.*，2017）。极端天气事件和自然灾害增多，使得中国水资源的时空分布受气候变化的影响较大。气候变化使华北水资源总量减少，而使华南水资源总量增加（Brzoska *et al.*，2015）。中国北方的干燥地区（包括华北和东北）夏季和秋季降水不断减少（自 1960 年以来下降了 12%）。相比之下，中国南方的湿润地区在夏季和冬季都有更多的降雨（Cai *et al.*，2018）。1961～2018 年，中国平均年降水日数呈显著减少趋势，年累计暴雨（日降水量≥50 毫米）站日数呈增加趋势，平均每十年增加 3.8%。2018 年，中国年累计暴雨站日数为 6 106 站日，较常年值偏多 2.3%（中国气象局气候变化中心，2019）。21 世纪初以来，华北、东北和西北地区平均年降水量波动上升，而东北和华东地区降水量年际波动幅度增大（中国气象局气候变化中心，2019）。气候变化将导致中国西北地区水资源更加短缺，缺水率预计更高（Zhuang *et al.*，2018）。黄河流域未来气温呈上升趋势，可能会使现有的生活用水需求问题更加突出（Devlin *et al.*，2014；Brzoska *et al.*，2015）。

海平面上升导致沿海高潮位升高、潮流与波浪作用增强、极值水位重现期缩短，沿海防护、水利、港口等工程设施的设计标准降低、功能下降，加剧了洪涝灾害的威胁程度，严重影响沿海地区防洪排涝能力，城市内涝灾害等现象进一步加剧。沿海城市排水因海水顶托而受到影响，海平面上升使城市排水状况进一步恶化，特别在台风、暴雨期间，高海平面和风暴增水叠加，排水受阻，形成严重的内涝灾害。台风发生时，高海平面、天文大潮和风暴增水三者叠加，造成浙江沿海地区行洪困难，内涝严重，经济损失惨重（国家海洋局，2018）。近年来，中国大中城市不断发生严重的城市内涝，灾情呈现出复杂性、多样性和放大性的特点。2008～2010 年，全国 62%的城市发生过城市内涝灾害，遭受内涝灾害影响 3 次以上的城市有 137 个，其中 57 个城市的最大积水时间超过 12 小时。2016 年夏季的洪涝灾害波及全国 29 个省，8 000 万人受灾并造成直接经济损失约 1 440 亿元（Chen, Y. *et al.*，2016）。

（三）气候变化导致冰川面积减少

中国冰川面积受到气候变化的影响进一步减少。从 20 世纪 60 年代至 21 世纪初，中国冰川面积退缩了10.1%，其中退缩程度较高的区域多集中在天山的伊犁河流域、准噶尔内流水系、阿尔泰山的鄂毕河流域、祁连山的河西内流水系等。约 92%的冰川作用区存在不同程度的脆弱性，而且强度脆弱区和极强度脆弱区面积占研究区总面积的 41%（李开明等，2018）。

依据第二次冰川编目统计数据，中国冰川面积达 51 800 平方千米，中国冰川整体萎缩了 12 442.4 平方千米，占总面积的 20.6%，其中，约有 8 310 条冰川完全消失（刘时银等，2015；Yu，2016）。云南省是冰川萎缩速率最快的省份，其冰川总面积减少了 28.2%。而冰川面积萎缩幅度最大的是西藏自治区，冰川面积整体减少了 7 680.7 平方千米，整体萎缩幅度达到 27.7%。2016 和 2018 年，中国青藏高原地区冰川发生了多起冰崩事件，这敲响了应对冰川消融的白色警钟（李开明等，2018）。中国天山乌鲁木齐河源 1 号冰川、阿尔泰山区木斯岛冰川和长江源区小冬克玛底冰川均呈加速消融趋势。2019 年，天山乌鲁木齐河源 1 号冰川东、西支末端分别退缩 9.3 米和 4.9 米，其中东支退缩速率继 2018 年后再次创下新的观测纪录；阿尔泰山区木斯岛冰川末端退缩了 7.6 米；长江源区大、小冬克玛底冰川末端分别退缩 7.7 米和 6.7 米（中国气象局气候变化中心，2020）。

气候变化影响下中国冰冻圈的未来变化势必对中国西部及周边地区生态与环境安全和水资源持续利用产生广泛和深刻的影响。冰川消失后西北干旱区水资源危机将更加严峻。在气候变化影响下，一些冰湖区域冰川的冰雪融水不断增加，加大了湖泊的补给源，导致冰湖溃决的风险增大。喜马拉雅山脉拥有大量冰川和冰川湖。随着近几十年气温升高，该地区的冰川湖剧烈变化，冰湖溃决洪水（Glacial Lake Outburst Floods，GLOFs）造成灾难性后果。从 1990 年到 2015 年，喜马拉雅冰川湖总数增加了 401 个，总面积扩大了 56.4 平方千米，增加约 14.1%（Nie *et al.*，2017）。随着气温升高、冰川融水增加，高温、强降雨等极端天气增多，造成冰湖溃决及伴生的泥石流灾害的可能性急剧增大。中国的冰川阻塞湖溃决洪水主要分布于新疆叶尔羌河上游的克勒青河谷和阿克苏河上游的库玛拉克河谷，冰碛阻塞湖溃决洪水或泥石流集中分布于喜马拉雅山中段和念青唐古拉山东段（沈永平等，2018）。

第三节　气候变化对中国海洋国土安全的影响

气候变化对中国领海和维护海洋安全产生了重要影响。中国地处亚欧大陆东部、太平洋西岸，拥有 6 500 多个岛屿以及总长 1.8 万千米的大陆海岸线。这相当于陆地总面积的 1/3，气候变化将深深影响并使得海洋安全问题更为复杂。海洋异常变化及其与大气间的能量传输和物质交换，是影响中国近海海洋气候变化的重要因素（国家海洋信息中心，2019）。气候变化对中国的领海安全、海岸带生态系统、海洋生物、沿海基础设施、海洋战略等产生了影响。海平面上升淹没滨海低地，破坏海岸带生态系统，加剧风暴潮、海岸侵蚀、洪涝、咸潮、海水入侵与土壤盐渍化等灾害，威胁沿海基础设施安全，给沿海地区经济社会发展带来多方面的不利影响。

一、气候变化对海洋系统安全的影响

随着中国推进海洋强国建设与“一带一路”倡议，海洋安全在国土安全中的地位也越来越重要。海洋安全是国家安全的一个重要组成部分，其不仅仅指一国的海洋领土，还延伸到了航运通道稳定、海洋环境保护、海洋资源利用、海洋秩序等方面（Germond，2015；Bueger *et al.*，2017）。

近年来，中国海洋安全不断受到气候变化的威胁，国家海洋安全形势变得越来越复杂，越来越严峻。虽然气候变化对海洋的全面影响尚不清楚，但气候变化意味着海洋会不断变化。现有研究预测，在全球气候变化背景下，中国海洋安全面临诸多挑战，如气温升高不仅会导致海平面上升和海洋生物多样性减少等海洋自然生态环境的变化，而且会引起海洋酸化等多种海洋化学环境变化（IPCC，2013a；IPCC，2013b）。此外，气候变化影响下的海洋灾害频发严重影响中国东部沿海发达地区社会经济的可持续发展（齐庆华等，2019）。

（一）气候变化对领海安全的影响

在气候变化背景下，20 世纪 80 年代以来，中国大陆入海河流的径流量出现明显变化。例如海河、黄河、闽江及珠江等流域呈现减少趋势，其中海河的减少最为明显（刘春蓁等，2004；张建云等，2008；邵爱军等，2010）。此外，在近 30 年长江口平均海平面上升速率为 2.6 毫米/年的情景下，至 2030 年，长江口滨海湿地处于轻度脆弱和中度脆弱的比例分别为 6.6%和 0.1%；至 2050 年，轻度脆弱和中度脆弱的面积比例分别增至 9.8%和 0.2%（崔利芳等，2014）。受此影响，长期来看，中国必将面对入海口泥沙沉积减少和陆地领土淹没两大威胁带来的领海基线安全问题。

更为重要的是，随着海平面的上升，陆地、岛屿海岸线发生变化，原本的低潮高地等岛礁面临新的挑战，进而导致中国领海、毗连区和专属经济区范围发生改变。国际法上一般认为，领土在确立国家地位和主权方面起着关键作用（冯寿波，2019），在海洋方面更是如此，如国际海洋法遵循的是陆地统治海洋原则。气候变化引发的海平面上升很有可能导致岛礁、低潮高地被永久淹没，因此，可能影响中国海洋主权权利，特别是在争议地区。海平面的上升将造成中国东部，特别是渤海湾、长江三角洲、江苏浙北沿岸地带的陆地沿海线大面积西进，海水向中国中原腹地浸入至北京附近，导致中国东部海域纵深加大，并对中国海防造成极为巨大的压力（张文木，2016）。受气候变化影响，造礁生物生存环境总体呈现退化趋势，这对岛礁的形成和管理造成压力（佘克服，2012；廖彬彬等，2012；蔡观强，2020）。事实也证明，海平面与岛礁、低潮高地之间的微妙关系对于主权国家权力主张重叠海域至关重要。

除了影响中国领海主权传统安全外，在气候变化背景下，不断上升的海洋温度和海平面，以及台风、巨浪和风暴潮等极端天气事件，还将对中国领海基线一侧的陆地地区的环境、社会和经济产生相对较大的影响。从 1870 年到 2019 年，全球平均海表温度表现为显著升高趋势；2019 年，全球平均海表温度为 1870 年以来的第三高值（中国气象局气候变化中心，2020）。2018 年 12 月，有记录的海洋平均温度比正常情况高出 1.7 摄氏度，冬季冰量也在稳步减少（Stanway，2019）。自 2000 年以来，超强台风、风暴潮和赤潮等致灾事件的发生频次呈显著增加趋势，且 2016～2018 年，中国沿海地区的气温不断出现有记录以来的最高值，并造成海洋经济的巨大损失，每年各类海洋灾害总损失仍高达百亿元量级，年均直接经济损失则达到约 120 亿元（齐庆华等，2019）。这种气候变化下的极端天气将对领海治理安全构成挑战。

（二）气候变化对海岸带生态系统的影响

近几十年来，除了人为因素之外，气候变化引起的海温增高和海平面上升对中国近海的海洋生物生态具有明显的影响。中国近海的海洋生物，出现鱼类物种北移、部分地区红树林面积减少和珍稀濒危鸟类栖息地丧失、生物多样性减少等现象（国家海洋局，2018），气候变化和海平面上升给沿海生态系统带来了负面影响。

近40年来中国河口海域生态环境状况发生了显著变化。人类过度的经济活动导致了滨海湿地面积锐减，河口海域生态系统生物量和环境容量明显下降，重要生存环境如产卵场和索饵场发生变迁。鱼类资源主要分布在长江口崇明岛沿岸水域，随着气候变暖和海水温度的上升，部分敏感区域鱼类数量分布空间格局将发生明显改变（刘红红等，2019）。这使海洋生态系统结构和功能发生了根本性的改变，并严重影响了渔业资源的可持续利用。

红树林和海草床生态系统受到气候变化的严重威胁。中国红树林自然分布于福建漳江口、台湾淡水河口、广东深圳湾、广西钦州湾、海南东寨港等地区。红树林生态系统受温度、波浪潮汐和极端气候灾害的影响很大，全球变暖造成红树林自然分布和人工栽培范围向较高纬度扩展。海平面上升使近海一侧的红树林面临被淹没的风险，而近陆地一侧的红树林的耐淹能力不同。因此，红树林浸淹程度的增加导致红树林群落结构发生变化（傅海峰等，2014）。气候变化引起强台风、风暴潮等极端灾害事件频发，使大面积红树林被摧毁甚至死亡，并导致红树林多样性下降（邱明红等，2016）。东寨港的海湾红树林是最典型的红树林生态系统，海南省东寨港地区沿海海平面的上升速率达到了4.56毫米/年，使得大片的红树林保护区处于海平面快速上升的威胁之中（张玮鸥等，2014；颜秀花等，2019）。预计到下个世纪末，海平面持续上升将使红树林面临群落衰退、分布面积减小，并逐渐被淹没的风险。此外，与2018年相比，2019年海南东海岸海草床生态系统的海草密度下降，由891株/平方米下降至610株/平方米；广西北海海草床仍处于退化状态，海草密度和盖度均有所下降，密度由85株/平方米降至72株/平方米（中华人民共和国生态环境部，2019）。

此外，除西沙等局部区域珊瑚礁生态系统活珊瑚覆盖度呈上升趋势外（中华人民共和国生态环境部，2019），总体来看，气候变化导致珊瑚礁生态系统遭到破坏。珊瑚礁生态系统是海洋系统中极其重要的组成部分，因其具有高生物多样性和高生产力，成为海洋鱼类等海洋生物理想的栖息地。但随着气候变化，目前中国范围内珊瑚礁健康状态恶化、覆盖率正在大幅减少，珊瑚礁生态系统的生物多样性和功能结构面临严重损害。在过去 30 年内，中国大陆和海南岛的近岸珊瑚消失了 80%，而在南海的近海环礁和群岛上，在 2012 年之前的 10 至 15 年间，珊瑚覆盖率从平均超过 60% 下降到了 20% 左右，这要归因于人类活动的影响（Hughes *et al.*，2013）。

气候变化影响中国的海岸带经济。气候变化导致海洋赤潮灾害频发，严重影响中国的近海养殖业。近年来，中国海洋赤潮灾害表现出持续时间更长、高发期集中、大面积赤潮增加、区域集中、有毒藻种增加的趋势，赤潮产生的危害也越来越严重（中国海洋可持续发展的生态环境问题与政策研究课题组，2013；蔡榕硕等，2014）。此外，海洋经济生产活动主要分布的海岸带地区，在全球气候变化的背景下，由于海岸带区域特殊的地理环境和与人类活动的高度关联性，气候变化产生的后果可能会被放大，导致海岸带的脆弱性愈发明显（郑崇伟等，2016）。

（三）气候变化对海洋生物的影响

气候变化导致的海平面上升、海洋热浪和海水酸化等灾害可能会对一些海洋生物产生不利影响，威胁海洋生物的生存。气候变化最明显的、最直观的影响是全球变暖导致的海平面上升，以及由此导致的海洋动物的总生物量和渔业的最大捕获量减少。自 20 世纪 90 年代初以来，海洋变暖的速度已经翻了一番，海洋热浪也变得更加频繁和强烈，这些趋势正在重塑海洋生态系统，并催生更猛烈的风暴。随着海洋吸收二氧化碳量的增加，其酸性程度正变得越来越强，海水酸化威胁到中国渔业的生存与发展（蔡榕硕等，2014）。

气候变化导致中国海洋生物重新分布、生物多样性丧失和渔业捕捞潜力重新分配（刘红红等，2019）。海洋渔业资源的开发对于海洋经济安全尤为重要，海洋渔业以海洋水域环境为基础，以海洋生态系统为依托，气候变化增加了其脆弱性，使得中国海洋渔业面临更多问题（王慧等，2014）。海水酸化、海温升高、盐度变化会从鱼类生理变化及自然环境变化两个方面对海洋渔业资源、海水养殖与海洋捕捞造成影响（IPCC，2013c）。对海水温度具有更高敏感性的海洋生物在海水温度升高的情况下，会向更高纬度海域及更深层海域迁移，由此形成生物资源的新格局。随着未来渤海、黄海的变暖，冷温种生物的栖息环境将受到重大影响，其分布区将明显缩小。除分布区变化外，黄海冷温性渔业资源的资源密度也在下降（刘静等，2011）。2018 年 5 月、9 月、10 月，中国对 24 处滨海湿地开展了一次鸟类监测。其中，在辽宁盘锦、河北唐山、天津滨海新区、山东滨州、山东东营、山东潍坊、山东青岛、江苏盐城、上海崇明三岛、浙江温州、广东阳江和广东特呈岛滨海湿地监测到世界自然保护联盟（International Union for Conservation of Nature，IUCN）红色名录所列受威胁鸟类物种共七种，包括三种濒危物种、四种易危物种（中华人民共和国生态环境部，2019）。

可以说，生物多样性是生态系统的重要属性，生物多样性的动态应当是全球气候变化研究的重要内容。为保护生物多样性，应选定若干生物多样性热点地区，开展生物多样性的动态监测与生态功能评估，确定受威胁生物物种和生态系统的清单、受害等级及其地理分布格局，并分析全球气候变化对生物多样性的可能影响。

二、气候变化对中国沿海地区与海洋战略安全的影响

气候变化对沿海基础设施、港口和沿海核电站的安全运行造成一定的负面影响，降低了沿海地区的安全性。同时，气候变化对海上通道、沿海

军事布局和南海诸岛主权造成影响，对海洋战略形成一定的挑战。但是，气候变化也推动了中国近海可持续发展战略的实施，加速了与海洋相关的科研创新。

（一）气候变化降低沿海地区的安全性

海洋基础设施对于中国的海洋资源开发利用与海洋安全具有重要意义，气候变化引发的海平面上升和气象灾害事件威胁到沿海基础设施的正常运行，其中海洋石油天然气作业平台的脆弱性尤其明显。空气中二氧化碳的增多导致海洋酸化，而沿海的作业平台大多是钢制结构，海水的腐蚀缩短了这些钢制设施的使用寿命，威胁着基础设施的安全（徐文彬，2015）。在气候变化的影响下，由于相对海平面上升，至2050年，珠江三角洲和渤海西岸平原50年一遇的风暴高潮位将分别缩短为20年和5年一遇，长江三角洲将由100年一遇缩短为10年一遇（杨桂山，2000）。海平面上升、风暴潮，短时强降雨和极端天气增多，对沿海工程设计标准提出了更高的要求。

气候变化对中国沿海核电站的运行也有重大影响。核电站的运行有较高的安全要求，而中国核电站集中分布于沿海地区，面对气候变化时较为脆弱。一方面，极端气候的增多可能会影响核电站的正常运行，引发通信中断、厂外电力供应中断等问题。另一方面，海平面上升将改变中国沿海核电工程设计的水位。据统计，海平面上升将使得浙江、福建和海南沿岸的工程设计标准提高15～25厘米，黄海、渤海沿岸提高10～18厘米（丁一汇等，2016）。

此外，海平面上升威胁到港口的功能。港口与气候变化引起的极端天气事件息息相关，极端事件引发的沿海洪水会使港口和相关运输系统无法正常使用，破坏码头、货运村、储存区和货物，并在更长时间内扰乱供应链。平均气温升高且持续时间延长将对海港基础设施构成重大挑战，例如对港口已铺路面、导航设备和桥梁、道路沥青和铁轨弯曲度造成损坏，使得用于冷却的能耗更高，并导致人员和乘客的健康和安全出现问题（徐文彬，2015）。台风、强降雨等自然灾害对港口设施会造成较大破坏，中国沿海地区多数堤防标准较低，能抵御风暴潮灾害的海堤较少，一些港口码头的标高已不适应海平面相对上升产生的新情况。港口是沿海城市群的生命线，中国旅顺、大连、秦皇岛、天津、烟台、威海、青岛、连云港、上海、舟山、深圳、广州等地的港口均受到气候变化的威胁，影响通航和对外交通联系（董锁成等，2010）。联合国贸易和发展理事会的研究预计，平均海平面和极端海平面的上升将导致包括中国在内的许多地区的港口和其他沿海运输基础设施遭受永久或反复的海水淹没（联合国贸易和发展理事会，2020）。

（二）气候变化影响中国海洋战略安全

气候变化对海洋战略安全带来了前所未有的挑战，中国在海上通道、沿海军事布局以及南海诸岛主权等海洋安全领域将面临新的考验。

气候变化影响海上通道和沿海军事布局。一方面，海上通道是指大量物流经船舶运输通过的海域，在经济与安全方面具有重大的战略价值。海上通道的意义是对综合性海权利益的保障，建设海权是中国的强国之路，确保海上通道安全是海权建设的关键性议程（张洁，2015）。气候变化引发的一系列海洋灾害，将会威胁中国港口和货运船舶的航行安全，进而造成沿海地区经济发展成本上升、收益减少、经济增速放缓。极端气候导致生存环境恶化，社会不稳定，海盗和恐怖事件增多，进一步加剧传统能源通道的运输风险（黎鑫等，2012）。另一方面，气候变化会影响中国沿海和岛礁的军事布局。海平面上升、极端天气增加可能导致驻扎在中国沿海海岸带和岛屿的军事防御设施被迫转移，进而削弱防御纵深，影响海洋主权的稳固（黎鑫等，2012）。

气候变化给中国南海诸岛主权带来挑战，增加了南海问题的复杂性。中国南海诸岛包括东沙群岛、西沙群岛、中沙群岛和南沙群岛，拥有内水、领海、毗连区、专属经济区和大陆架。中国在南海拥有历史性权利，对南海诸岛拥有主权。中国人民在南海的活动已有 2 000 多年的历史，中国是最早发现、命名和开发利用南海诸岛及相关海域，最早持续、和平、有效地对南海诸岛及相关海域行使主权和管辖的国家，确立了在南海的领土主权和相关权益（外交部，2016）。气候变化的影响，不论是造成海平面上升还是海水升温，对低潮高地抑或造礁生物都形成威胁，进而对南海局势产生深远影响。由于低潮高地、岛礁对于南海主权至关重要，因此气候变化使中国南海水域环境变得愈发脆弱，并实际上增加了南海问题的复杂性。

（三）气候变化推动了中国近海可持续发展战略的实施

气候变化加速了关于海洋问题的科研创新和对海洋科研人员的培养。近年来，中国在建立海洋科研机构、培养海洋科研人员、加强海洋基础设施建设等方面取得了很大进展，并将海洋科技列入国家科技发展规划。为有效应对气候变化对海洋的影响，中国构建起信息化和智能化的海洋灾害立体监测网和海洋灾害风险评估系统；通过对中国近海的大量调查，由监测数据分析人类活动和气候变化对海洋生态系统的影响；加强海洋生态学与其他学科的融合，努力为海洋生态文明建设多作贡献（李永祺等，2020）。

海洋环境保护与管理是适应气候变化的重要方面。目前，中国同区域内国家在中国南海的部分海域进行了一系列海洋环保方面的合作，注重对南海生态系统的结构、海洋生态系统服务功能和基于海洋生态系统的管理等研究，围绕海洋灾害高发和易发区，联合建设海洋观测站，开展海洋卫星遥感和船舶走航观测，加快形成立体化、网络化、布局合理的海洋监测网（王辉等，2020）。虽然在海洋重大研究计划方面的合作取得了一定进展，但在南海争议地区，海洋生态系统保护仍然不容乐观，危及中国海洋环境复原力和破坏为适应气候变化所做的努力。可以说，气候变化为南海海洋保护合作提供了新的课题（Sembiring，2017）。

习近平总书记指出，构建“海洋命运共同体”，中国积极履行国际责任，努力提供更多海上公共产品（新华社，2019）。中国海洋观测网涵盖岸基海洋观测系统、离岸海洋观测系统以及天基观测系统。中国提供海洋航道测量、海上导航服务、海洋气象预报、海洋卫星通信、海上安全保障等公共服务，在“21 世纪海上丝绸之路”海域建立海洋灾害监测预警报系统，将为区域内相关国家应对气候变化作出积极贡献（刘娜等，2018）。

参考文献

Anderson, K. 2012. Real Clothes for the Emperor: Facing the Challenges of Climate Change. Presentation at Cabot Institute, University of Bristol, England. http://www.bristol.ac.uk/cabot/events/2012/194.html.

Bagozzi, B. E., O. Koren, B. Mukherjee. 2017. Droughts, Land Appropriation, and Rebel Violence in the Developing World. *The Journal of Politics*, 79(3).

Banusiewicz, J. D. 2014. Hagel to Address “Threat Multiplier” of Climate Change. Dod News, Defense Media Activity, Department of Defense. https://www.defense.gov/Explore/News/Article/Article/603440/.

Bellemare, M. F. 2015. Rising Food Prices, Food Price Volatility, and Social Unrest. *American Journal of Agricultural Economics*, 97(1).

Blunden, J., D. S. Arndt, G. Haitfield, eds. 2018. State of the Climate in 2017. *Bulletin of The American Meteorological Society*, 99(8).

Bo, Y. 2016. Securitization and Chinese Climate Change Policy. *Chinese Political Science Review*, 1.

Brzoska, M., C. Fröhlich. 2015. Climate Change, Migration and Violent Conflict: Vulnerabilities, Pathways and Adaptation Strategies. *Migration and Development*, 5.

Bueger, C., T. Edmunds. 2017. Beyond Seablindness: A New Agenda for Maritime Security Studies. *International Affairs*, 93(6)

Burke, M., S. M. Hsiang, E. Miguel. 2015. Climate and Conflict. *Annual Review of Economics*, 7.

Burnham, M., Z. Ma. 2017. Climate Change Adaptation: Factors Influencing Chinese Smallholder Farmers' Perceived Self-Efficacy and Adaptation Intent. *Regional Environmental Change*, 17(1).

Butts, K. H. 2014. Environmental Security and Climate Change: A Link to Homeland Security.

Journal of Homeland Security and Emergency Management, 11(2).

Cai, J., M. Kummu, V. Niva, *et al.* 2018. Exposure and Resilience of China's Cities to Floods and Droughts: A Double-Edged Sword. *International Journal of Water Resources Development,* 34(4).

Chan, F. K. S., J. A. Griffiths, D. Higgitt, *et al.* 2018. "Sponge City" in China—A Breakthrough of Planning and Flood Risk Management in the Urban Context. *Land Use Policy*, 76.

Chen, S., X. Chen, J. Xu. 2016. Impacts of Climate Change on Agriculture: Evidence from China. *Journal of Environmental Economics and Management,* 76.

Chen, Y., Z. Li, W. Li, *et al*. 2016. Water and Ecological Security: Dealing with Hydroclimatic Challenges at the Heart of China's Silk Road. *Environmental Earth Sciences*, 75(10).

Dell, M., B. F. Jones, B. A. Olken. 2014. What Do We Learn from the Weather? The New Climate-Economy Literature. *Journal of Economic Literature,* 52(3).

Devlin, C., C. S. Hendrix. 2014. Trends and Triggers Redux: Climate Change, Rainfall, and Interstate Conflict. *Political Geography,* 43.

Floyd, R. 2008. The Environmental Security Debate and Its Significance for Climate Change. *The International Spectator,* 43(3).

Germond, B. 2015. The Geopolitical Dimension of Maritime Security. *Marine Policy,* 54(4).

Hobson, C., P. Bacon, R. Cameron. eds. 2014. *Human Security and Natural Disasters*. Routledge.

Holland, A., E. Babson, C. E. Werrell, *et al.* 2017. Atlantis 2.0: How Climate Change Could Make States Disappear—and What that Means for Global Security. In: *Epicenters of Climate and Security: The New Geostrategic Landscape of the Anthropocene.* Edited by Werrel, C. E., F. Femia, The Center for Climate and Security.

Hughes, T. P., H. U. I. Huang, M. A. Young. 2013. The Wicked Problem of China's Disappearing Coral Reefs. *Conservation Biology*, 27(2).

IPCC. 2013a. *Climate Change 2013: The Physical Science Basic Contribution of Working Group I to the Fifth. Assessment Report of the Intergovernmental Panel on Climate Change*. Cambridge University Press.

IPCC. 2013b. *Climate change 2013: The Physical Science Basis.* Cambridge University Press.

IPCC. 2013c. *Climate Change 2013: The Physical Science Basis. Summary for Policymakers.* Cambridge University Press.

IPCC. 2019. Climate Change and Land. IPCC special report on climate change, desertification, land degradation, sustainable land management, food security, and greenhouse gas fluxes in terrestrial ecosystems.

Kulp, S. A., B, H, Strauss. 2019. New Elevation Data Triple Estimates of Global Vulnerability to Sea-Level Rise and Coastal Flooding. *Nature Communications*, 10(1).

Nie, Y., Y. W. Sheng, Q. Liu,. *et al.* 2017. A Regional-Scale Assessment of Himalayan Glacial Lake Changes Using Satellite Observations from 1990 to 2015. *Remote Sensing of Environment*, 189.

O'Sullivan, T. M. 2015. Environmental Security Is Homeland Security: Climate Disruption as the Ultimate Disaster Risk Multiplier. *Risk, Hazards & Crisis in Public Policy*, 6(2).

Sellers, S., K. L. Ebi, J. Hess. 2019. Climate Change, Human Health, and Social Stability: Addressing Interlinkages. *Environmental Health Perspectives*, 127(4).

Sembiring, M. 2017. *Climate Change Adaptation: Case of South China Sea.* S. Rajaratnam School of International Studies.

Stanway, D. 2019. China Sea Levels, Temperatures Rising amid Climate Change: Government Study. September 26.

Trombetta, M. J. 2019. Securitization of Climate Change in China: Implications for Global Climate Governance. *China Quarterly of International Strategic Studies,* 5(1).

U.S. Commission on National Security/21st Century. 1998. https://govinfo.library.unt.edu/nssg/.

UNCCD. 2019. *GLO Regional Reports, Northeast Asia Thematic Report*. Bonn.

Wang, F., J. Li, P. Shi, *et al*. 2019. The Impact of Sea-Level Rise on the Coast of Tianjin-Hebei, China. *China Geology*, 1.

Wischnath, G, H. Buhaug. 2014. On Climate Variability and Civil War in Asia. *Climatic Change*, 122(4).

Wu, Z., E. Dai, Z, Wu, *et al*. 2019. Future Forest Dynamics under Climate Change, Land Use Change, and Harvest in Subtropical Forests in Southern China. *Landscape Ecology*, 34(4).

Yin, Y., Q. Tang, L. Wang, *et al*. 2016. Risk and Contributing Factors of Ecosystem Shifts over Naturally Vegetated Land Under Climate Change in China. *Scientific Reports*, 6(1).

Yu, L. 2016. Agro-Pastoralism under Climate Change: Institutions and Local Climate Adaptations in Northern China. *Land Use Policy*, 58.

Yue, Y., L. Wang, J. Li, *et al*. 2018. An EPIC Model-Based Wheat Drought Risk Assessment Using New Climate Scenarios in China. *Climatic Change*, 147(3-4).

Zhao, H., L. Gong, H. Qu, *et al*. 2016. The Climate Change Variations in the Northern Greater Khingan Mountains during the Past Centuries. *Journal of Geographical Sciences*, 26(5).

Zhuang, X. W., Y. P. Li, S. Nie, *et al*. 2018. Analyzing Climate Change Impacts on Water Resources Under Uncertainty Using an Integrated Simulation-Optimization Approach. *Journal of Hydrology*, 556.

Zhu, Z., S. Piao, R. B. Myneni, *et al.* 2016. Greening of the Earth and Its Drivers. *Nature Climate Change*, 6(8).

蔡榕硕、齐庆华："气候变化与全球海洋：影响、适应和脆弱性评估之解读"，《气候变化研究进展》，2014 年第 3 期。

蔡观强："海平面上升，南海岛礁应如何保护？"，中国自然资源报，http://www.iziran.net/difanglianbo/20200720_125910.shtml，2020 年。

陈特固、黄博津、汤超莲等："广东省海平面变化的过去和未来"，《广东气象》，2013 年第 2 期。

崔利芳、王宁、葛振鸣等："海平面上升影响下长江口滨海湿地脆弱性评价"，《应用生态学报》，2014 年第 2 期。

丁一汇、杜祥琬：《气候变化对我国重大工程的影响与对策研究》，科学出版社，2016 年。

董亮："2030 年可持续发展议程下'人的安全'及其治理"，《国际安全研究》，2018 年第 3 期。

董亮、张海滨："2030 年可持续发展议程对全球及中国环境治理的影响"，《中国人口·资源与环境》，2016 年第 1 期。

董锁成、陶澍、杨旺舟等："气候变化对中国沿海地区城市群的影响"，《气候变化研究进展》，2010 年第 4 期。

《第三次气候变化国家评估报告》编写委员会：《第三次气候变化国家评估报告》，科学出版社，2015 年。

方正飞："全国首次海岸侵蚀监测与灾害评估完成"，《中国海洋报》，2018 年 2 月 2 日。

冯寿波："领土丧失与国家地位：海平面上升对小岛国的挑战"，《西部法学评论》，2019 年第 3 期。

傅海峰、陶伊佳、王文卿："海平面上升对中国红树林影响的几个问题"，《生态学杂志》，2014 年第 10 期。

高超、汪丽、陈财等："海平面上升风险中国大陆沿海地区人口与经济暴露度"，《地理学报》，2019 年第 8 期。

国家海洋局："2017 年中国海平面公报"，http://gc.mnr.gov.cn/201806/t20180619_1798298.html，2018 年 4 月 23 日。

国家海洋信息中心：《中国沿海海平面上升影响专题评估报告》，海洋出版社，2019 年。

国家林业和草原局政府网："中国荒漠化和沙化状况公报"，http://www.forestry.gov.cn/main/69/content-831684.html，2015 年 12 月 29 日。

胡静霞、杨新兵："我国土地荒漠化和沙化发展动态及其成因分析"，《中国水土保持》，2017 年第 7 期。

黄强等：《国土安全：理念·政策·技术·装备及系统》，东南大学出版社，2013 年。

李开明、陈世峰、康玲芬等：“中国大陆型冰川和海洋型冰川变化比较分析——以天山乌鲁木齐河源 1 号冰川和玉龙雪山白水河 1 号冰川为例”，《干旱区研究》，2018 年第 1 期。
李永祺、唐学玺：“中国海洋生态学的发展和展望”，《中国海洋大学学报》，2020 年第 9 期。
联合国贸易和发展理事会：“通过海港的气候变化适应工作支持《2030 年可持续发展议程》”，https://unctad.org/system/files/official-document/cimem7d23_ch.pdf，2020 年 2 月 10 日。
廖彬彬、蔡永立、谢长坤等：“南海永兴岛珊瑚岛礁生境格局动态研究”，《海洋环境科学》，2012 年第 5 期。
刘春蓁、刘志雨、谢正辉：“近 50 年海河流域径流的变化趋势研究”，《应用气象学报》，2004 年第 4 期。
刘红红、朱玉贵：“气候变化对海洋渔业的影响与对策研究”，《现代农业科技》，2019 年第 10 期。
刘静、宁平：“黄海鱼类组成、区系特征及历史变迁”，《生物多样性》，2011 年第 6 期。
刘时银、姚晓军、郭万钦等：“基于第二次冰川编目的中国冰川现状”，《地理学报》，2015 年第 1 期。
刘跃进：“非传统的总体国家安全观”，《国际安全研究》，2014 年第 6 期。
刘娜、王辉、凌铁军等：“全球业务化海洋预报进展与展望”，《地球科学进展》，2018 年第 33 期。
陆雅海、傅声雷、褚海燕等：“全球变化背景下的土壤生物学研究进展”，《中国科学基金》，2015 年第 1 期。
黎鑫、张韧、李倩等：“气候变化对国家海洋战略影响评估”，《国防科技》，2012 年第 3 期。
马欣、王文涛、张雪艳等：“基于哥本哈根学派的中国气候安全化比较分析”，《气候变化研究进展》，2019 年第 6 期。
齐庆华、蔡榕硕、颜秀花：“气候变化与我国海洋灾害风险治理探讨”，《海洋通报》，2019 年第 4 期。
邱明红、王荣丽、丁冬静等：“台风‘威马逊’对东寨港红树林灾害程度影响因子分析”，《生态科学》，2016 年第 2 期。
邵爱军、左丽琼、王丽君：“气候变化对河北省海河流域径流量的影响”，《地理研究》，2010 年第 8 期。
佘克服：“南海珊瑚礁及其对全新世环境变化的记录与响应”，《中国科学：地球科学》，2012 年第 8 期。
沈永平、王国亚、刘君言等：“2018 气候变化影响下中国冰川研究”，https://www.greenpeace.org.cn/melting-earth-china-glacier-retreat-and-its-impacts/，2018 年 11 月 20 日。

时小军、陈特固、余克服：“近 40 年来珠江口的海平面变化”，《海洋地质与第四纪地质》，2008 年第 1 期。

外交部：“中华人民共和国政府关于在南海的领土主权和海洋权益的声明”，http://www.gov.cn/xinwen/2016-07/12/content_5090631.htm，2016 年 7 月 12 日。

王辉、刘娜等：“‘21 世纪海上丝绸之路’海洋与气象灾害预警报现状和风险防范对策建议”，《科学通报》，2020 年第 6 期。

王慧、李廷廷：“气候变化背景下海洋安全的新挑战”，《浙江海洋学院学报（人文科学版）》，2014 年第 3 期。

新华社：“习近平集体会见出席海军成立 70 周年多国海军活动外方代表团团长”，http://www.81.cn/xue-xi/2019-04/24/content_9487366.htm，2019 年 4 月 24 日。

熊正琴、邹建文、潘根兴：“气候变化对农田生态系统碳氮过程的影响及其对生产的启示”，《农业环境科学学报》，2011 年第 9 期。

徐文彬：“多年冻土退化，水资源时空分布不均，极端天气增加，气候变化对我国重大工程的影响和挑战”，中国气象局，http://www.cma.gov.cn/2011xwzx/2011xqxxw/2011xqxyw/201511/t20151102_296367.html，2015 年 11 月 2 日。

颜秀花、蔡榕硕、郭海峡等：“气候变化背景下海南东寨港红树林生态系统的脆弱性评估”，《应用海洋学学报》，2019 年第 3 期。

杨桂山：“中国沿海风暴潮灾害的历史变化及未来趋向”，《自然灾害学报》，2000 年第 3 期。

尹飞虎、高志建、谢宗铭等：“大气 CO_2 浓度升高和施氮对棉田土壤理化性质及微生物区系的影响”，《地理研究》，2013 年第 2 期。

尹慧：“重大工程不能忽视气候变化影响”，《经济日报》，2014 年 12 月 3 日。

余飞：“‘国土安全’是国家安全基础中的基础”，《法制日报》，2014 年 4 月 26 日。

于福江、董剑希、许富祥等：《中国近海海洋——海洋灾害》，海洋出版社，2016 年。

张海滨：“气候变化对中国国家安全的影响——从总体国家安全观的视角”，《国际政治研究》，2015 年第 4 期。

张建云、王金星、李岩等：“近 50 年我国主要江河径流变化”，《中国水利》，2008 年第 2 期。

张文木：“21 世纪气候变化与中国国家安全”，《太平洋学报》，2016 年第 12 期。

张洁：“海上通道安全与中国战略支点的构建——兼谈 21 世纪海上丝绸之路建设的安全考量”，《国际安全研究》，2015 年第 2 期。

张玮鸥、熊瑛：“红树林：海洋生态的绿色生命链”，中国气象局，http://www.cma.gov.cn/2011xzt/2014zt/20141118/2014101504/201411/t20141121_267606.html，2014 年 11 月 21 日。

赵熙熙：“2100 年全球海平面或上升 1.1 米”，《中国科学报》，2019 年 9 月 27 日。

郑崇伟、李崇银、杨艳等：“巴基斯坦瓜达尔港的风能资源评估”，《厦门大学学报（自然科学版)》，2016 年第 2 期。
郑景云、方修琦、吴绍洪：“中国自然地理学中的气候变化研究前沿进展”，《地理科学进展》，2018 年第 1 期。
中国海洋可持续发展的生态环境问题与政策研究课题组：《中国海洋可持续发展的生态环境问题与政策研究》，中国环境出版社，2013 年。
中国气象局国家气候委员会：“2018 年中国气候公报”，http://www.cma.gov.cn/root7/auto13139/201903/t20190319_517664.html，2019 年 3 月 18 日。
中国气象局气候变化中心：“中国气候变化蓝皮书 2019”，http://www.cma.gov. cn/root7/auto13139/201905/t20190524_525556.html，2019 年 5 月 1 日。
中国气象局气候变化中心：《中国气候变化蓝皮书 2020》，科学出版社，2020 年。
中华人民共和国国防部：“中华人民共和国国家安全法”，http://news.mod.gov. cn/headlines/2015-07/01/content_4592594.htm，2015 年 7 月 1 日。
中华人民共和国生态环境部：“2018 年中国海洋生态环境状况公报”，https://hbdc.mee.gov.cn/hjyw/201905/t20190529_704849.shtml，2019 年 5 月 29 日。
中华人民共和国水利部：《中国水旱灾害公报》，中国水利水电出版社，2018 年。
中华人民共和国应管理部：“土地沙漠化”，http://www.mem.gov.cn/kp/zrzh/qtzh/201904/t20190401_243426.shtml，2019 年 4 月 1 日。
自然资源部海洋预警监测司：“2017 年中国海平面公报”，http://gc.mnr.gov.cn/201806/t20180619_1798298.html，2018 年 4 月 23 日。
自然资源部海洋预警监测司：“2018 中国海洋灾害公报”，http://gi.mnr.gov.cn/201905/t20190510_2411197.html，2019 年 4 月 28 日。
自然资源部海洋预警监测司：“2019 年中国海平面公报”，http://gi.mnr.gov.cn/202004/t20200430_2510978.html，2020 年 4 月 30 日。
自然资源部国家海洋信息中心：“2019 年中国气候变化海洋蓝皮书”，2019 年。

第三章　气候变化对中国军事安全的影响

中国对气候变化问题的看法已经从发展问题扩展到安全问题。中国军方与中央政府的官方立场始终保持一致。当前，相较于经济安全等研究视角，以军事安全为视角的气候变化研究尚处于起步阶段。本章评估了气候变化对中国军事安全的影响，具体包括三个方面：对中国军事装备与设施的影响、对中国军事活动的影响、对中国国防科技与工业的影响。主要结论如下：

第一，在气候变化背景下，海平面上升和与气候变化相关的极端气候事件的增加直接威胁国防设施与军事装备的安全；同时，气候变化对交通、电力等基础设施产生直接影响，有可能进一步对依赖这些经济、社会网络的军事与安全部门产生重大影响。

第二，军队是一国能源消耗的重要组成部分，军事能源领域也成为低碳能源转型的一个重要领域。

第三，气候变化对中国的军事活动影响日益凸显，集中表现在增加了中国军队国内外灾难救援和人道主义救援的任务和压力，增加了国际社会对中国参加维和行动的需求，增加了中国维和人员和装备的安全风险及完成维和任务的难度。

第四，气候变化对中国国防科技工业产品质量和应急能力提出更高要求，促使其转变发展观念，在可能范围内将绿色、低碳纳入考量，为中国国防科技工业国际交流与合作带来新机遇。

第一节 基本概念与评估内容

一、基本概念

中国对气候变化问题的看法已经从发展问题转变为安全问题（Trombetta，2019）。2014 年以前，中国认为气候变化问题是发展问题。2014 年以来，中国的官方立场开始有所变化。2014 年 11 月，中美两国发布《中美联合气候变化声明》，强调气候变化是“人类面临的最大威胁之一”，而“应对气候变化将增强国家安全与国际安全”（The White House of the Press Secretary，2014）。2018 年 7 月，中国与欧盟签署联合声明，公开表示全球气温升高是“不稳定的根本原因之一”（European Commission，2018）。这些公开表态表明，中国开始接受气候变化构成安全风险这一立场（Moore *et al.*，2019）。

中国军方与中央政府的官方立场始终保持一致。2012 年以前，中国军方与气候变化相关的活动仅限于大规模植树和救灾（Brzoska，2012）。2015 年发布的《中国军事战略》、2019 年发布的《新时代的中国国防》白皮书并没有提及气候变化。但是，中国政府对气候变化认知与定位的调整将深刻影响军方的气候行动。气候变化导致海平面上升、极端气候事件增加、冰川融化、海洋酸化、生物多样性减少等自然生态环境的变化，进而对中国的国家安全产生诸多负面影响（张海滨，2015）。其中，军事安全是国家安全的重要组成部分。军事安全是国家军队事务处于没有危险的客观状态，也就是国家的军事存在、军事力量和军事活动等不受威胁、挑战、打击和破坏的客观状态。军事安全有非常广泛的内容，主要包括军队安全、军人安全、军纪安全、军备安全、军事设施安全、军事秘密安全、军事信息安全、军事工业安全、军事活动安全等（刘跃进，2016）。可见，针对气候变化对国家安全的可能威胁做出反应是军方工作的重要内容。

二、评估内容

中国学者关注气候变化对国防安全影响的时间并不算晚，早在2010年就有专家从事气候变化对中国国防安全影响的研究（陈建等，2010）。然而，就全球气候安全的研究进程而言，相较于经济安全等研究视角，从军事安全视角对气候变化进行研究尚未受到重点关注。气候变化与军事安全相关研究成果主要集中在欧美国家。以美国为例，在大量科研机构与智库的研究支撑下，美国安全界的主流观点认为气候变化对美国军事安全构成潜在威胁（赵行姝，2015）。与该认知相伴随的，是美国的安全体系逐渐开始将气候变化因素纳入其战略规划与日常实践。其中，美国军方认为，气候变化所带来的威胁种类划分较多，包括长期威胁和近期威胁、间接威胁和直接威胁、全球性灾难和特定灾害等，为应对上述威胁美国军方主要使用减排和适应两种手段（赵行姝，2018）。兰德公司的最新研究发现，气候变化对英国军事安全造成复杂的多方面影响，其报告评估的主要内容包括：军事基础设施与军事设备、军事任务与军人能力、军事演练与军队职能、军事理念与军事策略等（Cox *et al.*，2020）。

与欧美研究相比，国内外学界专门针对气候变化与中国军事安全的研究，呈现如下三个特点——主题分散、数量有限、深度不够，总体上尚处于起步阶段。具体来说，第一，现有成果极少聚焦于中国军事安全领域，相关分析分散于对中国国家安全、生态安全等问题的研究之中，或者在对某一具体问题如北极治理的研究之中，或者散落于对主要国家（如美国）气候变化与军事安全关系的研究之中。第二，相较于经济安全、生态安全等视角，从军事安全角度开展分析的成果数量十分有限。第三，涉及气候变化与中国军事安全的研究成果，多数缺乏准确数据作为直接支撑，仅侧重于呼吁关注气候变化的军事安全含义，而且，这类成果中不乏各种缺乏充足证据的推断甚至猜想。尽管如此，梳理、总结现有成果仍然是一项有价值的工作，其意义在于，为我们深入理解气候变化对中国军事安全的影响问题提供素材、引发思考，同时也对未来的研究提出了迫切要求，此外，也为军事安全理论研究的创新性发展提供了新视角。但是，现有成果普遍存在信息数据收集不足以及缺乏深入分析等问题，这些不足之处正在制约中国对气候变化与军事安全关系的认知与应对。

综合考虑军事安全概念以及气候变化对军事安全影响研究现状，本章将重点评估气候变化对中国军事装备与设施的影响、对中国军事活动的影响和对中国国防科技与工业的影响。

第二节　气候变化对中国军事装备与设施的影响

国防工程与设施建设是国防与军事建设的重要组成部分。军事设施是指一国直接用于军事目的的建筑、场地和设备等。根据国家和军事战略的发展需要，围绕军事斗争准备的紧迫需求，国防工程建设在不同历史时期发挥了巨大的作用（陈叶青，2019）。历史上，自然灾害破坏国防工程与军事设施，对中国而言，并不陌生。预计未来，伴随全球升温，与气候变化相关的气象灾害、极端天气事件等会进一步加大军事装备与设施面临的风险。其一，与气候变化相关的极端天气事件、海平面上升等直接威胁国防设施与军事装备的安全。尤其是当海岸带或岛屿作为中国重要的防御基地时，将会直接影响军事设施和驻扎环境，使得官兵被迫转移，改变海战场部署格局，削弱中国防御纵深，从而间接影响到中国海洋主权的稳固（黎鑫等，2012）。其二，与气候变化相关的气象灾害与极端天气事件等还会对交通、电力等基础设施产生直接影响，这不仅对相关经济产业、社会系统以及人民生活产生重大影响，还有可能对依赖这些经济、社会网络的军事与安全部门产生重大影响。

一、气候变化对军事装备与设施的影响

沿海（岛屿）地区是中国海防一线和重要的军事前沿基地，军事设施较多（王治平等，2014）。未来中国沿海海平面将持续上升，预计未来30年（相对于2018年），渤海、黄海、东海和南海沿海海平面将分别上升65～145毫米、75～155毫米、75～160毫米和75～165毫米（自然资源部海洋预警监测司，2019）。2018年，海南西部沿海海平面较高，比1993～2011年平均值高87 毫米（自然资源部海洋预警监测司，2019）。沿海局部区域海平面的上升速率远高于同期全国平均，且不同时段、不同区域差异较大。1980～2017年，浙江省杭州湾和海南省海口市沿海海平面上升显著，上升速率均达到4.6毫米/年，高于同时段全国平均水平（颜秀花等，2019）。中国在海南、宁波、旅顺等地拥有大量军事设施，海平面上升可能是中国所面临的与气候变化相关的最大威胁（中国国防报，2016）。近几年，中国海岛国防工程建设任务比较多，将面临气候变化的严峻挑战。

极端气候事件如（超）强台风、风暴潮和海洋热浪等对中国近海区域影响严重。登陆中国大陆的（超）强台风数量将会增加，强度将进一步加强，中国海岸带和近海中高纬度区域也将暴露在强台风的影响之下（Kossin *et al.*，2016）。由台风引起的风暴潮和极端海浪频率和强度也将进一步增加，这将可能对中国近岸海域港口工程等基础设施以及港口武器装备安全造成影响（Feng *et al.*，2014；姚雪峰等，2011）。极端天气气候事件增多，会威胁中国军队人员、装备和设施安全，制约部队战斗力的形成和提高（张海滨，2015）。

此外，海平面上升有可能对中国海防以及军队结构产生影响。海平面上升将造成中国东部特别是渤海湾、长江三角洲、江苏及浙北沿岸地带的陆地沿海线大面积西进，与此相应，中国东部海域则大面积扩大。海水向中国中

原腹地浸入至北京附近，以泰山为中心，山东有可能成为海水包围的“岛屿”。这些将导致中国东部海域纵深加大，并对中国海防造成极为巨大的压力。届时，中国海上协调力量必须相应地加强和扩大，海军军种的比例必须大幅提升（张文木，2016）。

在全球变暖的大背景下，青藏高原的多年冻土正在逐渐退化，产生了一系列变化（林战举等，2012），对青藏铁路工程稳定性的影响程度将日趋显著（尹国安等，2014）。温度升高，青藏公路和铁路的冻土路段融化并重新冻结，这将导致高昂的维护成本和安全隐患。与其他脆弱的公路和铁路不同，青藏铁路不仅仅是提供民用运输的公共服务，而且是一项重要的战略国防项目（Werz *et al.*，2014）。因此，中国军队已采取更多预防措施，以保护士兵和装备免受极端天气的破坏，并为国内人道主义应急系统和准备工作提供了比以往更多的资源（Werz *et al.*，2014）。

近年来关于极端天气事件对中国军事训练和设施产生负面影响的案例越来越多。以象山县为例，该县位于浙江省中部沿海，海岸线长 800 千米，约占全省海岸线长的 1/8，平均每年受 3 到 4 次台风的影响。2014 年 9 月 22 日台风“凤凰”登陆象山鹤浦，港内支离破碎的渔船、蓝色浮桶随波逐流，航标移位、损坏，沉船等障碍物给舰艇航行造成严重安全隐患，当时，一艘渔船还与回港避台风的舰艇“擦伤”（中国国防报，2016）。《中国国防报》报道：“台风给驻象部队正常训练、生活带来了较大的影响，道路、房屋受淹；渔船走锚、断缆影响舰船、码头安全；大风刮倒军事设施等威胁。”

综上所述，对中国而言，与气候变化相关的极端天气事件、海平面上升等问题，将直接影响中国军事装备和设施，因此，有必要将气候变化纳入军方的相关规划和风险管理计划中。然而，这方面的信息、数据和研究十分缺乏，正如现有成果所强调，缺乏“准确信息”是应对气候安全风险的三大挑战之一（Werrell *et al.*，2019）。针对气候变化带来的军事安全问题尚无数据信息平台，缺乏对具体问题未来趋势的准确预测，造成现有研究成果不足以支撑为应对军事安全风险而采取的国内、国际政策行动。

二、气候变化对军事能源利用的影响

军队是一国能源消耗的重要组成部分，军事能源领域也成为低碳能源转型的一个重要领域。已有国家开始关注军事行动、军用武器、军用设施的能耗问题。以美国为例，早在奥巴马政府时期，美国就开始积极力推美军能源的战略转型。迄今为止，美军投入大量资金用于研发军营节能技术、能效技术，以减少化石燃料消耗（魏岳江，2015）。尽管美军向可再生燃料转变的进程遭遇挫折且进展缓慢，但其绿色化、清洁化的总体方向不会改变（曹嘉涵，2013）。历史上，保护生态环境不仅体现在已经达成的军备控制条约中，而且体现在对武器发展的限制方面（魏岳江，2015）。未来中国也面临在军事能源领域应对能源短缺、应对气候变化而推动能源转型和军队“绿色革命”的任务（谢德，2013）。

第三节　气候变化对中国军事活动的影响

一项对38个国家进行分析的研究发现，气候变化对军队的结构和职能产生不同的影响（Brzoska，2015）。就中国而言，在气候变化大背景下，未来中国高温、干旱、暴雨、台风等极端天气气候事件趋多、增强，这将对中国构成安全风险，主要表现在三个方面：国内稳定、国际稳定和国际影响（Moore *et al.*，2019）。这些安全风险将对中国的军事活动产生重大影响，不仅预示着军队将承担更多的灾难救援任务，军队备战、作战和战略也会受到影响（The Center for Climate and Security，2019）。

一、气候变化增加中国军队抗灾救灾任务

鉴于军事力量能在紧急救灾中发挥重要作用，面对自然灾害多样化的威胁与挑战，军事化救援已成为许多国家法律授予军队的一项重要职责，军队参与抢险救灾已被视为典型的和平时期的非战争军事行动（王新新等，2013）。

1. 气候变化背景下，中国参与国内抢险救灾活动不断增加。

气候变化最典型的后果之一是洪涝、干旱和台风等极端天气事件的频发，由此导致军队抢险救灾等非战争军事行动增加（姚雪峰等，2011）。鉴于军方在救灾中发挥的重要作用，来自军方的合作对于应对自然灾害至关重要，因为军队可以在短时间内运输大量人员和装备，这对于搜救、抢险和救灾行动而言是宝贵的（Lina，2018）。从这个意义上说，气候变化为各国军方提供了难得的重要机会，即为增强人道主义援助任务而开展密切合作。

近年来，中国军队与民政部门紧密结合，积极应对洪水和干旱等自然灾害，协助地方政府灾后重建，并因此提高了灾难响应能力（Moore *et al.*，2019）。特别是2008年汶川地震后，非战斗行动已成为中国军方任务的重要组成部分，而且解放军已经具备强大的灾难响应能力。例如，中国人民解放军是世界上拥有医用船的少数军队之一，可在执行人道主义任务中发挥重要作用。2012年以来，解放军和武警部队共出动95万人次、组织民兵141万人次，动用车辆及工程机械19万台次、船艇2.6万艘次、飞机（直升机）820架次参加抢险救灾。先后参加云南鲁甸地震救灾、长江中下游暴雨洪涝灾害抗洪抢险、雅鲁藏布江堰塞湖排险等救灾救援行动，协助地方政府解救、转移安置群众500余万人，巡诊救治病员21万余人次，抢运物资36万余吨，加固堤坝3 600余千米。2017年，驻澳门部队出动兵力2 631人次，车辆160余台次，协助特别行政区政府开展强台风“天鸽”灾后救援（中华人民共和国国防部，2019）。2020年入汛以来（截至8月19日），解放军和武警部队共出动兵力120多万

人次，组织民兵30多万人次，参加了17个省份的防汛救灾行动，共转移群众17万余人、封堵决口和管涌3 900多处、加固堤坝900多千米、抢通道路350多千米（新华网，2020）。

总的来看，紧急救灾已成为中国军队的主要任务之一，这一方面增加了中国军队的任务，对正常的军事训练可能造成干扰；另一方面也进一步锤炼了新形势下中国军队遂行多样化任务的能力。当前中国军队正在稳步提高其应对自然灾害的能力，这无疑为中国军方应对气候变化提供坚实基础。

2. 气候变化背景下中国军队开展的国际灾难救援和人道主义救援行动日益增多。

当前人道主义援助和灾难响应（Humanitarian Assistance and Disaster Relief，HADR）行动已不仅仅局限于发达国家。像中国和印度这样的新兴大国，其军队越来越关注人道主义救援与灾难救援工作。这些新兴大国不仅渴望提高其在国内出现紧急情况的反应能力，而且愿意为地区、多边人道主义救援与救灾工作作出贡献（Mohan，2014）。中国开始将提升军方灾害管理能力作为国际军事合作的重要内容，比如中国同小岛国一起应对气候变化与防灾减灾（中国新闻网，2017）。中华人民共和国国防部曾公开表示："大自然给人类造成的危害越来越大，一个国家乃至一个地区很难靠自己的力量进行抢险救灾，必须开展广泛的国际合作，共同应对挑战。参与国际救灾合作是中国军队应尽的国际义务。"（和讯网，2008）

2012年以来，中国军队参加与气候变化有关的国际灾难救援和人道主义救援活动明显增加，见表3–1。

在国际层面，气候变化对中国军方而言，意味着机遇与挑战并存。中美两国向边境或其他具有重要战略利益的地区提供人道援助和灾难救援的压力正在持续上升。对中国和美国来说，在发生重大极端气候事件后两国军队合作开展人道援助和灾难救援是应对气候变化、深化双边合作的现实选择（张健等，2012）。而且，中美两国开展人道主义援助和救灾合作，特别是围绕人

表 3–1　2012 年以来中国军队参加的部分国际灾难救援和人道主义援助行动

起始时间	国家	完成任务情况
2018 年 7 月	老挝	老挝南部阿速坡省在建的桑片—桑南水电站发生溃坝事故，中国军队迅速调动正在参加“和平列车–2018”卫勤联演的医疗队，派出急救车、防疫车，携带急救器材和药品，分陆、空两路赶赴灾区，进行灾害救援和医疗防疫工作
2017 年 8 月	斯里兰卡	中国海军远航访问编队在访问斯里兰卡期间，正值斯遭遇严重洪灾，编队转入救灾行动，派出医疗分队深入灾区，开展伤员救护、卫生防疫等医疗服务，并捐赠橡皮艇及其他救灾物资
2015 年 8 月	缅甸	缅甸遭遇特大洪灾，中国军队派遣两架运输机分三批次投送帐篷、毛毯、发电机组等救灾物资
2015 年 1 月	马来西亚	马来西亚遭受严重水灾，中国空军飞机运送帐篷、水泵、净水设备等救灾物资
2013 年 11 月	菲律宾	菲律宾遭受“海燕”强台风袭击，中国海军“和平方舟”号医院船执行医疗救助任务，诊疗伤病员 2 208 人，医院船收治住院 113 人，成功实施手术 44 例，组织直升机转运人员 76 架次 757 人，小艇转运人员 104 艇次 718 人

资料来源：中华人民共和国国防部（2019）。

道主义援助的军事战略合作将有助于两军之间建立互信（Mohan，2014），并减少误解和事故的可能性。近年来，中美两国已经在这一领域尝试进行合作：作为环太平洋军事演习（Rim of the Pacific Exercise，RIMPAC）的一部分，中美两国军方已经开始共同训练（Nevitt，2017）。事实上，自 1998 年以来，中美已经有了海上安全合作的平台，如果能积极利用该平台，中美两国的努力将更加有效（Werz *et al.*，2014）。当前，中美战略博弈和竞争加剧，中美两军关系是中美关系的重要组成部分。针对气候变化相关的灾害事件，中美两国军方若增强务实合作，有助于扩大中美“共同利益领域”，进而成为稳定双边关系的因素之一。当然，部分国家通过开展人道主义救援与灾难救援合作，结为更紧密的联盟，其目的在于共同应对中国崛起。比如，美国、澳大利亚和新西兰在亚太地区越来越多地使用其军方力量来提供人道主义援助和灾难响应。尽管有共同语言，地区目标大致相似，但澳新美联盟本身似乎并未推动三国对人道主义救援与灾难救援的军事协调；相反，人道主义救援与灾难救援被用于建立新的非正式安全网络，将传统和非传统安全威胁结合在一起，作为对中国“软制衡”的方式（Newby，2019）。对此，中国需要特别关注，防止这种情况转化为中国持续发展的新障碍。

二、气候变化对中国参与联合国维和行动的影响

自 1990 年中国开始参加联合国维和行动以来，中国军队积极支持和参与国际维和行动，代表国家履行维护世界和平的历史使命，并通过与联合国、有关国家和其他国际组织协调、合作，控制和解决冲突，促进地区安全与稳定，为中国现代化建设创造安全稳定的国际环境，向世界展示中国和平友谊之邦与中国军队威武之师的良好形象。中国开展维和外交是和平与发展时代的需要、联合国维和行动健康发展的需要以及中国外交事业全面发展的需要，也是中国军队历史发展的必然要求（杜农一，2015）。

中国已是联合国维和行动的重要参与者、贡献者，但维和行动充满风险。近年来，气候变化对维和行动的负面影响日益凸显，引发越来越多的关注。气候变化使得脆弱和敏感地区生存环境恶化，导致资源短缺，加剧国内族群冲突和地区冲突，给国际维和事业带来负面影响，如扩大了维和需求和任务，增加了维和难度和成本等。气候变化对中国日益积极参与的联合国维和行动构成新的挑战。

（一）中国对联合国维和行动的贡献

中国分别于 1990 年和 2000 年开始派出军队和警察，已成为联合国维和行动的重要参与者，2013 年以来更是以“引领者”形象出现（何银，2019）。2019 年 11 月中国常驻联合国代表张军表示，中国共向 9 个任务区派遣了 2 600 多人次的维和警察，并通过中国—联合国和平与发展信托基金为维和警察项

目提供支持[①]。

表 3–2　中国军队参加的主要联合国维和行动

起始时间	任务区	部队类型	完成任务情况
2014 年 1 月	马里（联合国马里多层面综合稳定特派团 MINUSMA）	警卫分队 170 人，工兵分队 155 人，医疗分队 70 人	赴马里维和工兵分队修建道路 2 900 米，平整场地 40 万平方米，架设板房 667 间；警卫分队完成武装巡逻及警戒护卫任务 2 710 次；医疗分队接诊病人 8 120 人次
2012 年 1 月	南苏丹（联合国南苏丹特派团 UNMISS）	步兵营 700 人，工兵分队 268 人，医疗分队 63 人	赴南苏丹维和工兵分队修筑、维护道路 5 365 千米，维修桥梁 7 座，搭建板房 72 间；医疗分队接诊病人 2.1 万人次；步兵营完成长短巡任务 63 次，武装护卫 216 次，难民营搜查 42 次，任务行程 102 万千米
2007 年 11 月	苏丹（联合国/非盟达尔富尔特派团 UNAMID）	工兵分队 225 人，直升机分队 140 人	赴苏丹达尔富尔维和工兵分队累计修建道路 89 千米，板房 400 余套，钻井 14 口；直升机分队累计出动直升机近 800 架次，飞行 1 150 小时，运送各类人员 5 500 人，物资 230 余吨
2006 年 4 月	黎巴嫩（联合国驻黎巴嫩临时部队 UNIFIL）	多功能工兵分队 180 人，建筑工兵分队 200 人，医疗分队 30 人	赴黎巴嫩维和部队累计清排地雷和未爆炸物 10 342 枚；完成大量营房、设备等维修任务；接诊、收治病人 7.89 万余人次
2003 年 4 月	刚果（金）[联合国刚果（金）稳定特派团 MONUSCO]	工兵分队 175 人，医疗分队 43 人	赴刚果（金）维和工兵分队修筑道路 4 650 千米，桥梁 214 座；医疗分队接诊病人 3.5 万余人次

资料来源：中华人民共和国国防部（2019）。

注：除派遣成建制维和部（分）队外，目前中国分队共向以上五个维和任务区、联合国停战监督组织（United Nations Truce Supervision Organization，UNTSO）、联合国西撒哈拉公民投票特派团（United Nations Mission for the Referendum in Western Sahara，MINURSO）以及联合国总部派遣军事观察员、参谋军官和合同制军官 80 余人。

① 新华网：“中国代表就联合国维和警察工作提出三点建议”，http://www.xinhuanet.com//photo/2019-11/07/c_1125204517.htm?origurl=yes，2019 年 11 月 7 日。

截至2018年12月，中国军队已累计参加24项联合国维和行动，派出维和军事人员3.9万余人次，13名中国军人牺牲在维和一线。中国军队在维和任务区新建、修复道路1.3万余千米，排除地雷及各类未爆物10 342枚；运送物资135万余吨，运输总里程1 300万余千米；接诊病人17万余人次；完成武装护卫、长短途巡逻等任务300余次。此外，中国不仅加入新的联合国维和能力待命机制（2015年）并有部分升至三级待命状态（2019年），还派遣海军舰艇编队赴亚丁湾、索马里海域实施常态化护航行动，与多国联合维护国际海上通道安全：10年来为6 600余艘中外船舶提供安全保护，解救、接护、救助遇险船舶70余艘；中国海军医院船已访问43国，惠及当地民众23万余人次（中华人民共和国国防部，2019）。

中国已成为联合国维和行动的重要贡献者，既是维和行动出兵大国，也是维和行动出资大国。在出兵方面，联合国维持和平网站2019年6月的数据显示，中国目前共有维和人员2 521名，在联合国南苏丹特派团（United Nations Mission in South Sudan，UNMISS）、联合国马里多层面综合稳定特派团（United Nations Multidimensional Integrated Stabilization Mission in Mali，MINUSMA）、联合国驻黎巴嫩临时部队（United Nations Interim Force in Lebanon，UNIFIL）、联合国/非盟达尔富尔特派团（United Nations-African Union Hybrid Operation in Darfur，UNAMID）、联合国刚果（金）稳定特派团（United Nations Organization Stabilization Mission in the DR Congo，MONUSCO）、联合国西撒哈拉全民投票特派团（MINURSO）、联合国停战监督组织（UNTSO）、联合国驻塞浦路斯部队（United Nations Peacekeeping Force in Cyprus，UNFICYP）等八处执行任务。中国是安理会五个常任理事国中第一大出兵国，其他排在中国之前的国家是埃塞俄比亚、孟加拉国、卢旺达、印度、尼泊尔、巴基斯坦、埃及、印度尼西亚、加纳。在出资方面，中国是全球第二大维和出资国。2019～2020年联合国维和预算统计显示，各主要国家出资占比为：美国27.89%、中国15.21%、日本8.56%、德国6.09%、英国5.79%、法国5.61%、意大利 3.30%、俄罗斯 3.04%、加拿大 2.73%、韩国 2.26%[①]。2016 年中国—联合国和平与发展信托基金（United Nations Peace and Development Trust Fund，UNPDF）成立，中国承诺 10 年内出资两亿美元助力联合国实现宪章目标。该基金包含两项子基金：其中由秘书长办公厅管理的秘书长和平与安全分基金旨在资助与维护国际和平与安全有关的项目和活动，2016～2019 年间开展项目 52 个，金额约 3 386.7 万美元[②]。

（二）气候变化对中国参与联合国维和行动的影响

参与联合国维和行动对中国而言是历史机遇（杜农一，2015），但其中也面临诸多风险，包括维和任务增加所产生的压力和维和人员与设备面临的安全风险等。其中气候变化对中国参与维和行动的不利影响正在显现，需要引起充分重视并积极应对。

1. 气候变化使中国面临参与更多联合国维和行动的压力。

联合国维和行动都部署在冲突地区，所以冲突地区越多，对联合国维和行动的需求就越大，而中国作为联合国维和行动的一支重要力量，一贯积极支持联合国维和行动（中华人民共和国国防部，2019），如果联合国维和行动任务增多，也就意味着中国参与的维和行动会相应增加，承担更多的责任。近年来，与气候变化有关的冲突越来越多（United Nations Security Council，2020；UN Political and Peacebuilding Affairs，2020；United Nations，2020），因此，气候变化增加了国际社会对联合国维和行动的需求，也间接增加了中国参与更多联合国维和行动的压力。

气候变化因影响人类生存环境和社会的发展与稳定，已成为人类安全的

① 联合国：“维持和平的经费措施”，https://peacekeeping.un.org/en/how-we-are- funded，2020 年 3 月 6 日访问。

② 联合国：“联合国和平与发展信托基金”，https://www.un.org/zh/unpdf/，2020 年 3 月 6 日访问。

一大威胁，被联合国安理会确认为冲突的原因之一（联合国安理会，2017），这就从源头上扩大了对联合国维和行动的需求。萨赫勒（Sahel）地区就是一个典型的案例。萨赫勒地区位于非洲西部和中北部半干旱地带，是北部沙漠与南部稀树大草原的过渡区，涉及塞内加尔、毛里塔尼亚、马里、布基纳法索、尼日尔、尼日利亚、乍得、苏丹等国①，是人类遭受气候变化挑战的“前线”，其升温速度是全球平均水平的 1.5 倍②。

由于极端天气频发，年平均降水量差异巨大，尼日尔河三角洲地区农业资源减少，农民与牧民发生激烈冲突；尼日尔河盆地包括的 9 个国家③有 7 个位列“全球最贫穷的 20 国”名单，该地区 1.3 亿人口中有 70%都深受粮食不足困扰。乍得湖面积则在过去 50 年内发生明显变化，20 世纪 60 年代是 2.2 万平方千米，1985 年骤减为 0.17 万平方千米，后来又增加至 0.8 万平方千米，令当地居民和政府完全难以应对。而乍得湖区蕴藏着丰富的渔业、农业资源，移民不断涌入，2015 年人口规模已达 5 000 万，据估算到 2030 年人口数量会翻倍，资源数量却在急剧下降。马里北部、尼日利亚东北部恐怖主义盛行（仅“博科圣地”组织就导致 420 万人被迫迁徙、失业），并扩散到喀麦隆、乍得、尼日尔等邻国；日益频繁的旱灾（从 10 年一次到每年一次）则加剧了这里的有组织犯罪、非法交易与极端暴力（United Nations Security Council，2016）。

气候变化恶化了萨赫勒地区的自然条件，而人口迁徙与增长又使得人口与资源、环境的矛盾更加突出，导致经济增长乏力、不同族群之间爆发冲突、威胁社会稳定等结果；据估算，到 2050 年将有 8 500 万难民被迫迁出这一地

---

① 关于萨赫勒地区包括的国家，不同机构存在不同意见，此处采取大英百科全书的定义。

② 数据源自联合国开发计划署（UNDP）。

③ 这 9 个国家分别是：贝宁、布基纳法索、喀麦隆、乍得、科特迪瓦、几内亚、马里、尼日尔和尼日利亚。

区[①]，这将为周边地区带来更大的不稳定因素，联合国在此地区的维和需求进一步扩大。

当前，“因气候变化间接导致的维和”已成为联合国维和行动的新内容。联合国政治和建设和平事务部（Department of Political and Peacebuilding Affairs）已将气候变化视为防范冲突与构筑和平的关键考量因素，并在其2020～2022年战略计划中首次写入“气候变化”内容。该部门2018年与联合国开发计划署（The United Nations Development Programme，UNDP）、联合国环境规划署（The United Nations Environment Programme，UNEP）一起发起“气候安全机制”（Climate Security Mechanism，CSM），目前有23家联合国机构加入。该机制对联合国系统所有员工开放，相关人员通过这一非正式“‘气候安全’实践共同体”交流信息，互通有无。

2. 气候变化恶化中国维和部队驻扎地区的自然环境和安全环境，增加中国维和人员伤亡和维和装备受损的风险。

有关研究显示，中国军队参与的主要联合国维和行动中，有三项都面临极高的气候变化风险，它们分别是在马里、苏丹和刚果（金）开展的联合国维和行动[②]。而且都位于非洲。非洲是目前中国参与联合国维和行动的主要地区（表3–3），中国在非洲的维和人员有2 090人，在全球其他地区为429人，在非洲维和人员占在全球维和人员总人数的83.0%。由于非洲是“全球遭遇气候变化打击最重的大陆”，相关风险会长期存在，不容忽视。

① 联合国开发计划署：“萨赫勒”，https://feature.undp.org/sahel/，2020年6月13日访问。

② 3项面临极高气候变化风险的任务分别位于马里、苏丹、刚果（金），其风险排名依次为：169、174、177；资料来源：https://gain.nd.edu/our-work/country-index/rankings/，2021年6月4日访问。

表 3–3　中国在非洲的维和行动[①]

任务区	人数	面临气候变化风险情况
联合国西撒哈拉全民投票特派团（MINURSO）	12 人	不详
马里（联合国马里多层面综合稳定特派团 MINUSMA）	403 人	极高
苏丹（联合国/非盟达尔富尔特派团 UNAMID）	375 人	极高
南苏丹（联合国南苏丹特派团 UNMISS）	1 068 人	不详
刚果（金）[联合国刚果（金）稳定特派团 MONUSCO]	232 人	极高

首先，在气候变化背景下，中国维和部队驻扎地区的自然环境与卫生条件更加严峻。困难之一是缺水更严重。在联合国/非盟达尔富尔特派团，中国维和人员曾经“战险克难、为水而战”，在工兵大队专设给水分队，负责寻找地下水源并打出水井；甚至经历过因武装交火被迫停止作业、转移到政府控制区域重新打井，终于克服工程难题才得以保障维和部队和当地民众用水的情况（尚昌仪，2015）。据估算，在已经承受缺水压力的非洲北部和南部地区，河流干旱情况会更加严重（Niang *et al.*，2014），类似苏丹达尔富尔地区这样的任务区缺水问题将更加凸显。困难之二是疾病风险增加。据中国东帝汶维和警察回忆，雨季在偏僻山区执行任务时，有同事被蚊子传染登革热病毒，浑身抽搐，如不及时救助会面临生命危险，加之当地缺医少药，连普通感冒都可能成为致命杀手。而有医务工作者撰文，高温、干旱、高湿、缺水等特殊环境下，维和官兵卫生保健问题逐渐突出，导致多名男性私处发炎而不得

① 资料资源：CGTN. 2018. China-Africa in Numbers: Peacekeeping Operations. https://newscgtn. com/news/3d3d774d7763444f79457a6333566d54/share_p.html, August 31（2021 年 6 月 4 日访问）。

不接受手术治疗，否则将影响执行任务，中国第四批赴马里维和医疗分队果断应对，进行手术 22 例并总结西非高温环境下的手术经验（王洪一等，2018）。由于气候变化会严重破坏生物多样性，为疾病传播蔓延创造有利条件，中国维和人员面临的健康风险将会增加，如 2020 年春季新冠肺炎疫情中，马里的死亡率高达 5.9%（WHO Regional Office for Africa，2020），我国第七批赴马里维和医疗分队采取多种措施积极防控，在救治新冠病毒感染患者的同时，也大力加强自身防护（张铁梁，2020）。

其次，气候变化导致极端气候事件频发和资源短缺，加剧地区冲突和各种社会犯罪活动（United Nations Security Council，2016），这无疑将使中国维和部队在执行任务时面临的安全环境恶化，被袭击的风险增加。因此，气候变化因素将间接增大中国维和人员伤亡的可能性。

最后，气候变化会降低中国维和部队装备的效能。据兰德公司最近发布的一份评估报告，英国军队在非洲使用直升机执行维和任务时，由于受高温影响，直升机的作战性能和寿命下降（Cox *et al.*，2020）。中国在苏丹达尔富尔地区的维和部队也部署了直升机分队，将面临类似的安全风险。

3. 气候变化增加中国维和部队完成维和任务的难度。

联合国维和行动的目标从冷战时期比较单一的维持和平，转变为现在十分广泛地涵盖预防冲突、维持和平、建设和平与持久和平等综合性、系统性目标，强调可持续发展在持久和平中的作用（United Nations，2019）。气候变化对非洲和其他地区的可持续发展构成严重威胁，对中国参与联合国维和行动、实现持久和平提出更高的要求，即必须从经济、社会和环境三者相互协调的角度出发，制定一体化的长期援助框架，并全面落实。而目前中国在短时间内难以做到。以非洲为例，不少冲突多发地区都是气候变化导致资源减少，资源减少导致人口大规模迁徙，或资源减少的同时人口数量暴增，引发不同族群激烈对抗，合法政府控制不力或恐怖主义等犯罪活动盛行，出现大规模平民伤亡，最终联合国介入。从经济角度着手如进行技术与资金援助，改善资源供给，往往能够在一定程度上缓解冲突，而中国在技术与资金上具备一定优势，尤其在农业合作方面具备丰富经验（张传红，2016）。但从社会角度着手则比较困难，由于缺乏对当地国情、民情、军情的详细了解，而且鲜有可靠的地方伙伴，加上中国军警在语言、文化、人种外貌上都与当地民众差异巨大，而维和区域往往是多语言、跨文化的冲突区域，当地民众难与中方建立互信甚至提供情报，更难联合制定长期发展规划并予以施行。

第四节　气候变化对中国国防科技与工业的影响

国防科技工业指从事军事装备、军民两用技术产品和以军工技术为基础的军工民品研发生产活动的主要行业及配套行业。从企业类型上看，国防科技工业包括研制和生产军事装备、军民两用技术产品和军工民品的军工企业和民用企业的集合；从部门分类上看，国防科技工业包含核工业、航空工业、航天工业、兵器工业、船舰工业、军事电子工业等产业部门；从要素构成上看，国防科技工业是全社会从事军事装备、军民两用技术产品和军工民品研制生产的设施、技术和人才等要素的总和。中国国防科技工业经历了自成体系期（20 世纪 50 年代初至 70 年代中）、军转民转型期（20 世纪 70 年代末至 90 年代中）和军民融合演进期（20 世纪 90 年代至今）三大阶段（钱春丽，2014）。

气候变化主要从三方面影响中国国防科技与工业的发展，即对产品质量和应急能力提出更高要求；促使其转变发展观念，在可能范围内纳入低碳、绿色考量；为国防科技工业国际交流与合作带来发展机遇。

一、气候变化对国防科技工业产品质量和应急能力的影响

国防科技工业是建设巩固国防和强大军队的基础，建国以来中国国防科技工业已走完系统完备、迭代升级的研制之路（国家国防科技工业局，2019）。气候变化导致自然灾害增多，对国防科技工业产品质量提出更高要求——抗灾能力强，续航里程长，并且能够全天候执行任务。2019 年 10 月 1 日庆祝中华人民共和国成立 70 周年阅兵式上，一批国防科技工业新型武器装备精彩亮相，其中不少产品如红旗–9B 远程地空导弹、东风–31 甲改核导弹、99A 坦克等都具备全天候作战能力[①]。

国防科技工业产品升级主要依托两大机遇：一是国家科技创新发展和国防与军队建设“三步走”战略，即 2020 年进入创新型国家行列，基本实现机械化，信息化建设取得重大进展，战略能力有较大提升；到 2035 年，跃身创新型国家行列，基本实现军事理论、军队组织形态、军事人员和武器装备现代化；到 2050 年，全面建成世界科技创新强国和一流军队（云刚，2020）。二是军民融合发展战略。近年来我国高端装备制造与新材料这两大战略性新兴产业实现军民融合式发展，已在国防科技工业产品研发上取得进展，但还要更上一层楼。高端装备制造涵盖智能仪表、传感器、智能化软件、系统集成等诸多领域，尤其要突破海洋开发和军队远洋装备所需的重大关键技术和装备保障“瓶颈”；在新材料方面，要开发适应极端气候条件的高分子材料（亦即高分子化合物或高分子聚合物，具有强度高、重量轻、耐腐蚀、电绝缘和绝热性好、耗能低、易加工成型等优点）、功能陶瓷材料、结构陶瓷材料、碳纤维复合材料等（曾立，2018），以便广泛应用于船舰、兵器和电子产品制造

---

① 新华网：“国庆 70 周年阅兵部分武器装备”，2019 年 10 月 1 日，http://www.xinhuanet.com/politics/70zn/2019-10/01/c_1125067409.htm#contentTitle（2020 年 7 月 31 日访问）。

等领域。

气候变化还导致突发事件发生概率上升，对国防科技工业整体应急能力提出新要求。2020 年初爆发的新冠肺炎疫情就被认为与生物多样性遭到破坏有关（UN News，2020）。“新要求”主要表现在两个方面：一是对国防科技动员能力的新要求，疫情防控“应急”与国防动员“应战”同属危机管理且具有较强互通性，前者为后者提供 11 条启示：健全动员体系、完善法规制度、深化预案演练、强化生产动员、抓好科研动员、加强人力动员、强化潜力建设、提升信息化水平、做好供应链协同、做好物资储备、制定战时标准等（徐海滨等，2020）。二是对国防科技支持能力的新要求，中国国防科技工业在新冠肺炎疫情中充分发挥“抗疫排头兵”作用，不仅通过保障战疫物流、打造线上战疫信息化平台、发行“战疫防控债”等方式加速各行业复工复产，而且尤其运用辐照灭菌技术缩短医用防护服灭菌时长、红外成像仪设备提升体温测试准确率、无人机智能管控系统应急投送医疗物资、投入使用高端全自动口罩机下线压条机等军工技术，高效地支持了防疫防控物资生产（《国防科技工业》编辑部，2020）。

二、气候变化对国防科技工业发展观的影响

气候变化加剧资源短缺，使得国防科技工业发展观出现转变：在可能范围内进行绿色生产与低碳示范。2010 年中国国防科技工业即提倡“绿色军工”“低碳转型”，但囿于工艺传统及产业本身特点，很多企业仍继续着末端治污方法，生产过程高能耗、高排放，循环能力弱。“十三五”规划（2016～2020）及《中国制造 2025》（2015）提出以来，绿色生产日益被视作引领中国军工企业创新发展的关键助力。

中国军工企业与美、欧等相比，在清洁生产、污染物防治等方面仍存在较大差距：如对绿色生产先进技术探索不深，平均能耗、废弃物排放量、环

境修复质量等指标明显落后；又如缺乏适应可持续发展要求和绿色生产方式的顶层规划与指标体系，绿色生产企业文化较为淡薄；再如前瞻性布局不足，企业在绿色环保领域遭遇生产经营风险等。有学者提出绿色生产建议：①整合绿色金融资源，支持企业推广绿色生产技术；②加大跟踪研究力度，及时吸收应用先进成果；③加强企业顶层设计，推动绿色生产管理实践（郁琦，2016）。也有观点强调努力提高资源配置和使用效率，走投入较少、效益较高之路（王文华等，2017），贯彻落实节能减排工作责任制，将环保列为重要绩效标准等（旷毓君等，2019）。

近年来某些重要国防科技产业集群地区已在绿色生产与创建低碳示范区方面先行一步，如四川省绵阳市。作为中国唯一的科技城、国防科研和电子工业生产基地，绵阳曾荣登中国十大宜居城市（2016 年）并获联合国改善人居环境最佳范例奖（迪拜奖）。近年来重点培育和发展信息技术、新材料、节能环保和非动力核技术应用等产业，将海绵城市理念运用到军民融合产业园建设之中，力争生产、生活、生态有机融合（邹俊川，2017）。

但考虑到国防科技工业的特殊性，彻底的低碳转型不太现实也没有必要，具体而言：

第一，发展阶段独特使得转型尤其困难。作为国防建设的重要力量，国防科技工业需要为国家武装力量提供战争手段，协助国家维护主权并防止外来侵略；由于中国并未像欧美等发达国家那样完成以高碳发展为特征的工业化，国防科技工业仍是实现国家工业化的重要组成部分，彻底、迅速转型为低碳产业不太现实；而且目前还需适应信息化战争结构转变（旷毓君等，2019），转型升级调整将会是长期过程，低碳发展只是多种考量因素之一。

第二，缺乏技术积累，容易陷入被动境地。国防科技工业从事军品科研生产任务，碳排放指标并未列入其考虑优先项，而军转民业务也与低碳技术关系不大，和发达国家相比，我国国防领域的低碳核心技术储备非常有限。一方面要警惕为迅速增加储备而陷入“高额利润诱惑－疯狂投资－产能过剩一泡沫破灭”怪圈，另一方面在碳交易市场上要避免片面重视获得技术而放弃过多排放权的做法，损失长线发展空间（杜人淮，2010）。

第三，仅有部分产品与生产过程需要低碳转型。低碳化运输工具（包括飞机、船舶、汽车与装甲车）、低碳化信息系统、低碳化国防建筑等都是可行方向，绿色武器（尤其是弹药）[①]、废旧武器再制造与绿色销毁等理念也受到关注（孙柏林，2010）。不过，武器装备必须考虑能量密度、续航能力等事关安全的因素，中国国防科技工业并不会追求彻底、全面的低碳发展。

核电与新能源是中国国防科技工业借以实现“有限低碳发展”的两大方向，核电是现有方向，新能源是未来方向。核电具备零碳排放、超低大气污染物排放、基荷电力稳定、单机容量大、占地规模小、长期运行成本低等多重优势，已获得不小发展机遇。从 20 世纪 50 年代中期至今，以改革开放为转折点，可将中国核工业发展分为“以军为主”和“保军转民”两个阶段；在“保军转民”阶段，军用核反应堆技术向民用部门转移，推动民用商业核电站运行。20 世纪 90 年代以来核电产业成为能源领域的新兴和支柱性产业，日渐具备军民融合的显著特征。大量军工企业转化重组，实现核技术民用化；以秦山核电站为军民融合试点，科技研发和科学成果使得后续核电站建设少走弯路，形成军民大协作的工作和管理模式并在技术创新上兼顾独立自主与引进消化；还推动核电产业链中上游军民需求融合，尤其保证了以核燃料元件、电子元器件为代表的军品需求。当然，军民融合式发展的核电产业也存在问题：如军工企业因缺乏核心技术只得采用“多而杂”的技术路线；再如技术、设备、人才、资金等生产要素及管理、机构等非生产要素未能有效共享；又如尚未形成配套的法律体系，《核安全法》和《原子能法》从 20 世纪

① “绿色武器”是指对自然环境不产生或少产生污染，有利于环保和不破坏生态平衡的武器。“绿色武器”顺应高技术战争的要求，是对战争深度破坏的一种不得已的约束，其制造主要通过绿色设计与材料选择实现。

80 年代起开始酝酿，前者 2018 年才生效，后者仍未出台等（黄朝峰，2014）。但总体来讲，军民融合对核电发展利大于弊。

在新能源方向上，中国相关技术后发优势为国防科技工业低碳转型提供可行路径。以新能源汽车为例，包括电池、电机、燃料电池和电子控制技术在内的核心关键技术近年来获得长足发展，在质量水平和产业规模上居于国际前列，为中国国防领域车辆和相关装备低碳升级提供可能；但目前仍有些准备工作要做，如国防军工科研部门需要加强对新能源汽车领域的零部件研发水平、研发进展和未来趋势的认识，加强与传统民用新能源汽车研发单位对接，而民用新能源汽车零部件企业需要做相应改进设计以便将产品应用到军工领域等（李建秋等，2019）。

三、气候变化对国防科技工业国际交流与合作的影响

气候变化事关全球，需要多国努力应对，为中国国防科技工业国际交流与合作提供了发展机遇。20 世纪 90 年代初，以《联合国气候变化框架公约》为核心的全球应对气候变化合作机制建立，政府首脑们普遍对建立在科学知识上的应对气候变化国际合作持乐观态度，而国防科技工业国际合作正是应对气候变化国际合作的重要内容。1999 年，中国和巴西联合研制出的数字传输对地遥感卫星——资源一号 01 星发射成功，不仅为我国土地、农、林、地质矿产、水利等资源提供重要一手材料，而且在环保调查方面也具备良好前景（吴美蓉等，2000）。

应对气候变化相关合作日益成为中国国防科技工业国际合作“走出去”的抓手。21 世纪初，中国国防科技工业军民用各专业国际合作尽管已实现工贸结合、技贸结合、技工贸结合、军民结合和进出口结合（周敏，2006），但远未达到“高质量发展”，尤其未能平衡“引进来”与“走出去”。不同于普通工业国际合作，国防科技工业合作更多倚仗对等交换才能实现，所谓“以

技术换技术”“以优势换优势”“以市场换技术”或“以技术换市场”，往往只有通过具有优势领域的技术输出才能改善“引进来”为主、“走出去”为辅的被动状况，而中国正好逐渐在气候友好型技术如航天技术、高技术船舶等方面具备优势。这一时期，中国卫星出口和航天发射取得突破：积极参加联合国和平利用外空活动，启动中国“空间碎片行动计划”，大力推动亚太空间合作组织建立，与法国、巴西、俄罗斯、尼日利亚、委内瑞拉、欧空局等国或组织开展航天合作（郗秀青，2006）。也是在这一时期，以液化天然气（Liquefied Natural Gas，LNG）船为代表的高技术船舶市场火爆，中船公司先后投入 2 000 多万元科研经费对其关键技术进行有步骤的研究，沪东（中华）造船集团公司推进相关生产（张玉玲，2004）；而中国船舶整体出口创下新高，散货船、多用途船、集装箱船、油船等主力船型出口销量可观。2020 年春，中国船舶集团有限公司与卡塔尔石油公司（Qatar Petroleum）签订液化天然气船超级订单，总金额超 200 亿元，是中国迄今签约的最大造船出口合同。

处于应对气候变化技术前沿的航天与核工业两大产业部门的国际合作一直是亮点。截至 2019 年底，中国与 47 个国家和国际组织签署 137 项合作协定，为 25 个国家和国际组织实施 56 次国际商业发射服务，提供 16 次搭载服务，发射 71 颗卫星；核工业全产业链国际合作亦不断深入，先后与 30 多个国家和国际组织签署政府间核能合作协议（国家国防科技工业局，2019）。

近年来，应对气候变化一直是航天与核工业两大部门开展中外合作的核心内容之一。2013 年来，中国国家航天局积极参与全球防灾减灾事务协调，通过联合国灾害管理与应急响应天基信息平台（United Nations Platform for Space-based Information for Disaster Management and Emergency Response，UN-SPIDER）、《空间与重大灾害国际宪章》（*The International Charter: Space and Major Disaster*，CHAPTER）、对地观测组织（The Intergovernmental Group on Earth Observations，GEO）、亚太空间合作组织（The Asia-Pacific Space Cooperation Organization，APSCO）等政府间国际组织和机制，组织高分辨率

对地观测系统系列卫星为国际重大灾害救援工作提供数据支持和技术服务，响应世界范围重大自然灾害30余起（包括2013年澳大利亚森林火灾、2014年印度泥石流、2015年尼泊尔地震、2017年美国洪水），共为24起自然灾害提供有效数据178景，国际影响力全面提升[①]。2014年，工业和信息化部副部长许达哲表示：中国将开放探月工程获取的科学数据，支持中外科学家在日地空间探测、微重力科学与空间生命科学试验等领域的合作研究，积极推动各国对地观测卫星数据共享，服务全球环境与灾害监测，应对全球气候变化；积极发挥航空航天技术在解决人类当前面临的自然灾害、环境污染等共同挑战中的巨大作用，推动航空航天更好地服务于经济发展和社会民生，并欢迎国际航空界参与中国关键产品与重大工程。2018年，中法两国合作研制的首颗卫星——中法海洋卫星成功发射。2019年，“嫦娥四号”首次搭载荷兰低射频电探测仪、德国月表中子与辐射剂量探测仪、瑞典中性原子探测仪和沙特月球小型光学成像探测仪等4台国际合作科学载荷[②]。

值得一提的是，中国国防科技工业国际合作在2015年取得瞩目成绩，而这一年恰好是《巴黎协定》达成之年。首先，中国与法国在两国元首见证下签署核燃料循环合作备忘录、空间与气候变化合作议定书；其次，中国自主研发的三代核电机组“华龙一号”出口阿根廷，在与多家著名跨国公司（阿海珐、韩国电力公社、俄罗斯国家原子能公司、西屋及通用电气）竞标中获胜；在西昌卫星发射中心用长征三号乙运载火箭成功发射“老挝一号”通信广播卫星，用于向湄公河地区提供高清电视节目、远程教育、政府应急通信等服务，实现中国航天向东盟国家整星出口零的突破。这一年，核领域签署

① “勠力推动高分专项国际合作，开拓我国航天‘走出去’新局面”，《国防科技工业》，2017年第10期。

② “加强国际合作，提升核安全水平；发展清洁能源，提供核安全保障：国家原子能机构主任许达哲谈核安全”，《国防科技工业》，2016年第4期。

政府部门间合作文件 7 项，研究并推动近 10 项合作文件签署，中俄、中法、中美合作均有所突破。航天领域双边合作成果显著，金砖五国遥感卫星合作倡议反响良好，签署 18 项航天合作协定，与阿根廷、印度、印度尼西亚建立了航天合作联委会机制，中法海洋星、中法天文星、中意电磁星、中巴地球资源卫星 04A 星、嫦娥四号国际合作等重大项目进展顺利，中俄航天合作领域不断拓宽，中美尘封多年的航天交流合作大门重新开启（邱学雷，2017）。应对气候变化对我国国防科技工业国际交流与合作的促进作用由此可见一斑。

参考文献

Addressing the Impact of Climate Change on Peace and Security. https://dppa.un.org/en/addressing-impact-of-climate-change-peace-and-security.

Brzoska, M. 2012. Climate Change and the Military in China, Russia, the United Kingdom, and the United States. *Bulletin of the Atomic Scientists*, 68(2).

Brzoska, M. 2015. Climate Change and Military Planning. *International Journal of Climate Change Strategies and Management*, 7(2).

Carle, J. 2015. Climate Change Seen as Top Global Threat. Pew Research Center.

Cassotta, S., K. Hossain, J. Ren, *et al*. 2015. Climate Change and China as a Global Emerging Regulatory Sea Power in the Arctic Ocean: Is China a Threat for Arctic Ocean Security? *Beijing Law Review*, 6(3).

CGTN. 2018. China-Africa in Numbers: Peacekeeping Operations. https://news.cgtn.com/news/3d3d774d7763444f79457a6333566d54/share_p.html, August 31.

Climate Change Adaptation in Africa. 2018. https://www.undp.org/content/undp/en/home/librarypage/climate-and-disaster-resilience-/climate-change-adaptation-in-africa.html, September 12.

Cordesman, A. H., S. Colley, M. Wang. 2015. Chinese Strategy and Military Modernization in 2015: A Comparative Analysis. Center for Strategic and International Studies.

Cox, K., A. Knack, M. Robson, *et al*. 2020. A Changing Climate: Exploring the Implications of

Climate Change for UK Defence and Security. Report Published by RAND Europe, June.

European Commission. 2018. EU-China Leaders' Statement on Climate Change and Clean Energy. https://ec.europa.eu/clima/sites/clima/files/news/20180713_statement_en.pdf, July 16.

Feng, X., M. Tsimplis. 2014. Sea Level Extremes at the Coasts of China. *Journal of Geophysical Research: Oceans*, 119(3).

Kossin, J. P., K. A. Emanuel, S. J. Camargo. 2016. Past and Projected Changes in Western North Pacific Tropical Cyclone Exposure. *Journal of Climate*, (29).

Lina, G. 2018. Disaster Response Cooperation A Necessity. China Daily. https://global.chinadaily.com.cn/a/201809/18/WS5ba045b0a31033b4f4656908.html, September 18.

Mohan, C. R. 2014. Indian Military Diplomacy: Humanitarian Assistance and Disaster Relief. ISAS Working Paper. No. 184. https://www.files.ethz.ch/isn/178456/ISAS_Working_Paper_184_-_Indian_Military_Diplomacy_Humanitarian_Assistance_26032014162545.pdf, p. 3.

Moore, S., M. Melton. 2019. China's Pivot on Climate Change and National Security. https://www.lawfareblog.com/chinas-pivot-climate-change-and-national-security, April 2.

Nevitt, M. 2017. Military Planning for the Climate Century. Just Security. https://www.justsecurity.org/46109/planning-climate-century-u-s-worlds-militaries, October 19.

Newby, V. 2019. ANZUS Cooperation in Humanitarian Assistance and Disaster Response in the Asia-Pacific: Ships in the Night? Australia Journal of International Affairs. https://www.universiteitleiden.nl/en/research/research-projects/governance-and-global-affairs/diplomacy-and-global-affairs, November 20.

Niang, I, Ruppel, M. A., Abdrabo. A., *et al*. 2014. Africa. In: *Climate Change 2014: Impacts, Adaptation and Vulnerability: Part B: Regional Aspects: Working Group Ⅱ Contribution to the IPCC Fifth Assessment Report.* Edited by Barros V. R., B. C. Field, D. D. Dokken, *et al*. Cambridge University Press, pp. 1199-1265.

Pak, H. J. 2016. China, India, and War over Water. *Parameters*, 46(2).

Security Council Briefing on the Impact of Climate Change and Desertification on Peace and Security in the Sahel, Special Representative Mohamed Ibn Chambas, 26 May 2016. https://dppa.un.org/en/mission/special-envoy-great-lakes-region.

Sudan, https://www.adaptation-undp.org/explore/northern-africa/sudan.

The Center for Climate and Security. 2015. The U.S. Asia-Pacific Rebalance, National Security and Climate Change. https://climateandsecurity.org/asiapacificrebalance/, November.

The Center for Climate and Security. 2019. Why Do Militaries Care About Climate Change?

https://climatesecurity101.org/faqs/why-do-militaries-care-about-climate-change.

The White House Office of the Press Secretary. 2014. U.S.-China Joint Announcement on Climate Change. https://www.whitehouse.gov/the-press-office/2014/11/11/us-china-joint-announcement-climate-change, November 11.

Trombetta, M. J. 2019. Securitization of Climate Change in China: Implications for Global Climate Governance. *China Quarterly of International Strategic Studies*, 5(1).

United Nations Security Council. 2016. Letter dated 17 March 2016 from the Secretary-General to the President of the Security Council. https://reliefweb.int/sites/reliefweb.int/files/resources/N1607513.pdf, March 17.

United Nations Security Council. 2020. Climate Change Exacerbates Existing Conflict Risks, Likely to Create New Ones, Assistant Secretary-General Warns Security Council. https://news.un.org/en/story/2020/07/1068991.

United Nations. 2019. Peacebuilding Fund Investment in the Sustainable Development Goals.

United Nations. 2020. Climate Security Mechanism Toolbox: Conflict Analysis Checklist.

United Nations. 2020. Climate Security Mechanism Toolbox: Briefing note.

UN News. 2020. Build Back Better and Preserve Biodiversity after COVID-19 Pandemic: UN Chief. https://news.un.org/en/story/2020/05/1064752, May 22.

UN Political and Peacebuilding Affairs. 2020. Climate Change Multiplying Factors That Lead to Insecurity for Millions, Rosemary DiCarlo Tells "Arria Formula" Meeting. https://dppa.un.org/en/climate-change-multiplying-factors-lead-to-insecurity-millions-rosemary-dicarlo-tells-arria-formula, April 22.

Wang, T., S. Wang, L. Zhang, *et al*. 2016. A Major Infrastructure Risk-Assessment Framework: Application to A Cross-Sea Route Project in China. *International Journal of Project Management*, 34(7).

Werrell, C., F. Femia. 2019. The Responsibility to Prepare and Prevent: A New Climate Security Governance Framework for the 21st Century. https://climateandsecurity.files. wordpress.com/2019/10/the-responsibility-to-prepare-and-prevent_a-climate-security-governance-framework-for-the-21st-century_2019_10.pdf. Report Published by the Global Challenges Foundation, October.

Werz, M., L. Reed. 2014. Climate Change, Migration, and Nontraditional Security Threats in China: Complex Crisis Scenarios and Policy Options for China and the World. Center for American Progress Report. https://www.americanprogress.org/wp-content/uploads/2014/05/ChinaClimateMigration.pdf, p. 56.

WHO Regional Office for Africa. 2020. Covid-19: Situation Update for the WHO African

Region, External Situation Report 15, June 10.
曹嘉涵："打造绿色军队：美国军事能源战略调整评析"，《中国石油大学学报（社会科学版）》，2013 年第 4 期。
陈建、张韧、洪梅等："气候变化对国防安全影响的评价体系和评估技术初探"，《第八届博士生学术年会论文集摘要》，2010 年。
陈叶青："对新中国国防工程建设发挥巨大作用的认识"，《防护工程》，2019 年第 4 期。
杜农一、周辉、杨凯：《新中国军事外交与国际维和研究》，国防大学出版社，2015 年。
杜人淮、马宇飞："国防工业发展助推新型工业化：机理和实现"，《西北工业大学学报（社会科学版）》，2019 年第 4 期。
樊超、徐晶晶："气候变化，国家安全面临新挑战"，《中国国防报》，2016 年 3 月 30 日。
《国防科技工业》编辑部："国防科工局组织召开视频交流会议统筹推进国防科技工业疫情防控和复工复产"，《国防科技工业》，2020 年第 3 期。
国家国防科技工业局："攻坚克难 砥砺奋进——国防科技工业实现历史性跨越式发展"，《国防科技工业》，2019 年第 11 期。
和讯网："国防部：参与国际救灾合作是中国军队应尽的义务"，http://news.hexun.com/2008-06-10/106574652.html，2008 年 6 月 10 日。
何银："中国的维和外交：基于国家身份视角的分析"，《西亚非洲》，2019 年第 4 期。
黄朝峰：《战略性新兴产业军民融合式发展研究》，国防工业出版社，2014 年。
旷毓君、纪建强、董晓辉："国防科技工业转型升级的内涵、障碍及对策"，《科学管理研究》，2019 年第 2 期。
黎鑫、张韧、李倩等："气候变化对国家海洋战略影响评估"，《国防科技》，2012 年第 3 期。
李建秋、胡家毅："新能源汽车关键技术在国防领域的应用展望"，《军民两用技术与产品》，2019 年第 3 期。
李学文、张克宁："海平面上升情形对海洋法的影响及中国南海权益维护"，《中国海商法研究》，2017 年第 3 期。
林战举、牛富俊、刘华等："青藏高原热融湖对冻土工程影响的数值模拟"，《岩土工程学报》，2012 年第 8 期。
刘跃进："我国军事安全的概念、内容及面临的挑战"，《江南社会学院学报》，2016 年第 3 期。
齐庆华、蔡榕硕："21 世纪海上丝绸之路海洋环境的气候变化与风暴灾害风险探析"，《海洋开发与管理》，2017 年第 5 期。
钱春丽：《国防科技产业集群的形成与发展研究》，经济科学出版社，2014 年。
邱学雷："开放发展谋未来，合作共赢谱新篇——2015 年国防科技工业核、航天国际交流合作纪实"，《国防科技工业》，2015 年第 12 期。

邱学雷：“深化航天国际合作：嫦娥四号将搭载荷兰、德国、瑞典四台科学载荷”，《国防科技工业》，2017 年第 6 期。
尚昌仪：《中国军队与联合国维和行动》，五洲传播出版社，2015 年。
孙柏林：“国防建设进入低碳经济新时代”，《新时代国防》，2010 年第 4 期。
汪雷：“国防动员也要应对气候变化”，《中国国防报》，2013 年 2 月 4 日。
王洪一、孟浩、付志强等：“西非高温环境下中国维和部队军人改良包皮环切术 22 例分析”，《中华男科学杂志》，2018 年第 24 期。
王文华、黄费连：“试论我国国防科技工业转型升级的动因”，《科技中国》，2017 年第 1 期。
王新新、高勇、齐娜：“军队参与国家抢险救灾行动的实践分析及策略选择”，《灾害学》，2013 年第 4 期。
王治平、汪勇健：“浅谈新时期沿海（岛屿）地区军事设施保护工作”，《国防》，2014 年第 1 期。
魏岳江：“生态安全与低碳军事”，《国防参考》，2015 年 11 月 18 日。
吴美蓉、王志民：“中国－巴西地球资源卫星及其应用前景”，《中国航天》，2000 年第 1 期。
郗秀青：“总结经验、明确目标，开创国防科技工业国际合作新局面——首次国防科技工业国际合作工作会议综述”，《国防科技工业》，2006 年第 9 期。
谢德：“新能源科技助推军队‘绿色革命’”，《中国社会科学报》，2013 年 1 月 9 日。
新华网：“习近平在听取军队参与防汛救灾情况汇报时强调 发扬连续奋战作风 切实完成防汛救灾后续任务”，http://www.xinhuanet.com/politics/leaders/2020-08/20/c_1126392965.htm，2020 年 8 月 22 日。
徐海滨、王铁：“疫情防控对国防科技工业动员的十一条启示”，《国防科技工业》，2020 年第 4 期。
颜秀花、蔡榕硕、郭海峡等：“气候变化背景下海南省东寨港红树林脆弱性评估”，《应用海洋学学报》，2019 年第 3 期。
姚雪峰、张韧、郑崇伟等：“气候变化对中国国家安全的影响”，《气象与减灾研究》，2011 年第 1 期。
尹国安、牛富俊、林战举等：“青藏铁路沿线多年冻土分布特征及其对环境变化的响应”，《冰川冻土》，2014 年第 4 期。
郁琦、郭宇东、范炳健：“以绿色生产引领军工企业创新发展”，《航天工业管理》，2016 年第 11 期。
云刚：“新时代中国科技创新发展机遇与挑战（一）”，《中国军转民》，2020 年第 1 期。
曾立：《中国特色军民融合国防资源配置与管理探索》（上、下），经济管理出版社，2018 年。

张传红："'中非农业合作助推非洲农业现代化'国际研讨会综述"，《现代国际关系》，2016年第9期。

张海滨："气候变化对中国国家安全的影响——从总体国家安全观的视角"，《国际政治研究》，2015年第4期。

张健、Paul J. Smith："中美气候变化合作与中美军事关系"，《国际展望》，2012年第1期。

张铁梁："中国第7批赴马里维和医疗分队多措并举防控新冠肺炎疫情"，中国军视网，http://www.js7tv.cn/news/202003_211465.html，2020年3月27日。

张文木："21世纪气候变化与中国国家安全"，《太平洋学报》，2016年第12期。

张玉玲："树立科学发展观，争创世界第一造船大国"，《光明日报》，2004年6月28日。

赵行姝："气候变化与美国国家安全：美国官方的认知及其影响"，《国际安全研究》，2015年第5期。

赵行姝："特朗普政府初期美国军方管控气候风险及其行为逻辑"，《国际安全研究》，2018年第3期。

中国国防报："专家：气候变化威胁中国安全固定导弹或无法发射"，http://www.chinanews.com/mil/2016/03-30/7816958.shtml，2016年3月30日。

中国新闻网："中国深化海洋国际合作"，https://news.china.com/news100/11038989/20170922/31504930.html，2017年9月22日。

中华人民共和国国防部："《新时代的中国国防》白皮书"，http://www.mod.gov.cn/info/2019-07/24/content_4846890_15.htm，2019年7月24日。

周敏："我国国防科技工业参与国际合作的发展历程及规律性认识"，《军事经济研究》，2006年第12期。

自然资源部海洋预警监测司："2018中国海洋灾害公报"，http://gi.mnr.gov.cn/201905/t20190510_2411197.html，2019年4月28日。

邹俊川："基础设施建设和重大产业项目引进落地同频共振——绵阳科技城集中发展区建设大提速"，《四川日报》，2017年2月14日。

第四章　气候变化对中国经济安全的影响

本章评估了气候变化对中国经济增长（包括经济增长的长期趋势、近期稳定性、产业发展能力）、核心经济要素（包括粮食、能源、基础设施和重大工程）的影响，以及气候变化对生态环境脆弱区、气候变化敏感区、经济社会系统暴露度较高区域经济安全的影响。

总体结论是：气候变化对于中国经济安全的影响总体弊大于利，具有显著的非均衡性和长期压力效应，间接影响目前大于直接影响；由于近年来中国适应政策强化，经济本身发展较快，间接影响尽管量级很大，但所致经济损失率呈减弱趋势；气候变化直接影响的负面效果较难感知，但将在中长期对中国经济的基础发展能力构成较大挑战[①]。

具体发现如下：

第一，中国尤须警惕灾难性气候对经济的影响。按购买力平价计算，1998～2017年，中国因极端天气和气候事件而遭受的年均损失约366亿美元，远高于全球平均水平。气候变化对中国沿海地区经济安全和城市生命线系统

---

① 气候变化的最直接表现是地表温度的变化，地表温度升高对经济系统的影响是气候变化对经济的直接影响，比较微弱；气候变化导致的间接影响，即极端气候事件加剧等对经济系统的影响，相对来说更显著。参见丑洁明、董文杰、延晓冬：“关于气候变化对社会经济系统影响的机理和途径的探讨”，《大气科学》，2016年第1期。

的威胁将制约中国东部和沿海发达地区经济社会的可持续发展。

第二，应做好巨灾防范，并注意兼顾国内、国际两个层面。因为国内、国际巨灾可能成为“黑天鹅”事件，附带影响深远的资产损失、社会资本损失和制度损失，威胁社会稳定。

第三，气候变化对粮食安全影响显著，可能导致民生困扰和社会不稳定。2000 年以来，中国每年因气象灾害造成的农田受灾面积都占全国耕地面积的 40%～50%，农业所受损失占农业总 GDP 的 15%～20%。农业生产因气候变化呈现出较大不确定性和不稳定性，在保持人民消费水平持续增长的条件下，未来中国粮食生产有可能不能满足需求增长的要求，存在 7%～8%的粮食缺口。此外，极端气候事件冲击国际粮食市场也可能给中国粮食安全带来震荡。

第四，气候变化对中国经济安全的影响具有非均衡性和长期压力效应。这种影响和地缘政治经济相互作用，使中国的海洋经济、制造业部门、金融保险业、能源行业具备了新属性，凸显转变治理思维的必要性。具体表现为：①海洋经济开发同时服务于国家海洋强国战略和可再生能源发展，担负政治和能源安全职能，却受到气候变化现实而显著的威胁。②在无适应情景下，到 21 世纪中叶，气候变化可能导致中国制造业年均产出下降 12%，损失总值为 395 亿（以 2007 年美元估值），制造业是国际贸易和中美战略博弈的重要环节，国际地缘政治环境变迁突出了制造业部门长期适应气候变化能力建设和加快低碳经济建设的重要性。③未来气候变化对金融、保险领域的影响或将带来系统性风险，考虑金融保险行业的外溢性，应同时应对气候变化背景下的内生、外生金融风险。④气候变化对能源安全的损害可能对国民经济社会的关键领域构成串联式影响，到 2050 年，极端降水将有 6%（目前为 2.5%）的概率导致中国煤矿、道路等基础设施关闭，抬高产业链下游的产品价格。考虑到气候变化对国内能源供需关系的影响、对国际能源地缘政治的影响，应分领域、有针对性地开展能源自主能力建设或创新可再生能源国际合作。

第五，气候变化对重大工程和基础设施的影响不仅体现为潜在的效率损失，更与安全风险密切相关，涉及国土安全、军事安全、经济安全、社会安全、生态安全等多个安全领域。尤其是，气候变化与重大生态工程之间存在互馈式影响，通过经济、社会路径，对区域安全构成新挑战。

第一节　基本概念和评估内容

气候变化作为一种全新的非传统安全问题，对全球和各国都产生了广泛而深刻的影响。在国外，对于气候变化经济影响的研究从1990年代就开始了（Perman，1990），研究内容主要包括气候变化对不同经济体、金融体系、不同经济部门和经济政策造成的影响，以及极端天气与经济发展之间的关系等（郑天天，2019）。一般认为，气候变化及相关灾害对经济增长、农业和粮食价格、基础设施、能源、生计等经济要素的影响将影响到社会稳定、国家安全，这是气候安全研究的必要内容（Busby，2018；IPCC，2014b；Cornelis van Kooten，2013）。其中，供给等关键经济问题的出现会导致分配性危机、身份认同危机以及合法性危机，极大地损害社会安全与政治安全，威胁国家安全[罗伯特·基欧汉等，2016；Deutsche Gesellschaft für Internationale Zusammenarbeit（GIZ），2008]。涉及气候变化对中国经济影响的研究普遍关注农业系统稳定性和经济增长（Munir *et al.*，2019；Moran，2011）。在国外，气候变化与国家经济安全这一统合性概念之间关联的研究仍不充分。

中国的气候变化经济影响研究起步稍晚，目前相关发文数量位居世界第四。总体上看，研究热点紧跟国际研究趋势，主要集中在气候变化和风险评估上，即在自然科学层面，观测、模拟气候系统的变化并开展归因分析，但关于气候变化的经济、社会影响以及适应研究相对薄弱、影响力不足（李宁等，2018）。对于中国而言，气候变化长期趋势和极端事件对经济的影响是复杂的（Mckinsey，2020），有显著的区域差异性和行业差异性，但总体上利弊共存、弊大于利（吴绍洪等，2014；吴绍洪等，2016），间接影响大于直接影响（丑洁明等，2016）。近期直接影响不是十分明显，但中长期高幅度增温的负面影响比较突出，升温幅度越大，气候变化导致的损失和行动成本越高（秦大河，2014）。

一、基本概念

国外有关经济安全的思想由来已久，但相关的科学、政策和战略研究是第二次世界大战结束以来才有的事情。根据沃尔夫斯（Wolfers）的界定，安全是指“特定价值免受损害”（Wolfers，1952），巴尔德文（Baldwin）将经济安全定义为“特定的经济价值免受损害”，并归结为四个问题：保护谁、保护什么、威胁来自何处、如何加以管控（Baldwin，1997）。围绕这些问题，国外学界对个体经济安全与国家经济安全、经济安全与市场经济、经济安全与对外开放、经济安全与竞争优势等问题展开了探讨（欧阳俊等，2015）。

就政策和战略研究而言，“二战”结束以后，美国政府就认识到经济安全和国家安全之间的紧密联系。“冷战”期间，其对于国家安全的理解更多地停留在军事和国防安全上。“冷战”结束后，美国意识到经济因素在实现国家安全目标方面的重要作用，2008 年，美国审计署（Government Accountability Office，GAO）向国会提交的关于外资审查机制的报告使用了“经济安全”的说法，并视其为国家安全的一部分（陈斌等，2020）。随后，俄罗斯、日本、印度等国也都纷纷出台了相关规划（张一弓等，2010）。

国内外的经济安全研究都具有很鲜明的国别特色，主流方法是将经济安全放在国家安全的整体框架下，作为国家安全的物质基础、政治和军事安全的依托进行研究。“冷战”结束以后，随着安全观从传统安全向非传统安全拓展，经济安全的重要性和地位有所提升，逐渐上升为国家的根本性安全内容之一，褪去“国家经济主义”的色彩，更强调国民经济体系本身的安全，比如宏观经济的稳定、居民生活的基本保障、生计、发展能力、福祉安全（陈斌等，2020）。

迄今为止，国内关于经济安全的研究既有共识又有分歧，共识大于分歧，主要涉及三个方面。

（一）经济安全的层次

经济安全既包括国家层面的总体经济安全（国家经济安全），也包括非国家层面的个体经济安全，和部分超出国家层面的国际经济安全（张曙光，2019；曹荣湘，2006）。本章气候变化对经济安全的影响评估主要集中于国家经济安全。

国家经济安全是一个多层次的动态概念，包含宏观、中观、微观层次。在宏观层次上，国家经济安全主要是指主权国家经济发展与经济利益免受内外威胁，既可化解各类内部风险，保持经济稳定、均衡、可持续发展，又可抵御国际经济体系动荡与风险的冲击。在中观层次上，国家经济安全主要是指产业安全，要求各产业能主动适应内外环境变化，实现可持续发展。在微观层次上，国家经济安全主要是指技术安全，要求相关经济主体具备足够的自主创新能力和抵抗外部技术控制、技术封锁、技术垄断、技术供给失位的能力（肖宇赫，2020）。

（二）国家经济安全的主要领域

一般认为，国家经济安全应涵盖对国家经济安全能够造成重大影响而具有重要地位的关键产业和关键资源，至少应包含产业安全（包括实体部门和金融）和资源安全（粮食、能源、人才、资本），可以包括构成经济空间的经济信息、网络、科技、环境等主要要素的安全（张曙光，2019；林乐芬等，2015；张一弓等，2010；曹荣湘，2006）。单纯的经济稳定和总体国家经济安全视角下，部分关键产业和资源供给的稳定性意义是不同的。在单纯的经济稳定视角下，粮食、能源等基础性关键资源是一般商品，市场供给大体均衡即为稳定，保证稳定主要依靠市场手段；而在国家经济安全的视角下，它们属于公共产品、战略物资，具备足够的产出能力、调用能力和储备才算安全，维护安全的主要手段是政策（江涌，2018；叶卫平，2008）。

至于哪些属于关键产业和关键资源，根据党和国家“十三五”以来的规划①，农业与粮食安全、产业体系（包括制造业和战略性新兴产业）、海洋经济、金融与投资、基础设施（交通运输体系、现代能源体系、水安全保障）是中国国民经济和社会发展的重要领域，也是构建现代化经济体系中的关键领域（中华人民共和国中央人民政府，2020；中共中央国务院，2020；国家统计局，2020；习近平，2017；杜创等，2019；高培勇等，2019；洪银兴，2019；刘志彪，2018；黄翔宇等，2019）。

经济安全的具体分类方法很多，可以分为产业安全、能源安全、贸易安全、粮食安全、金融安全、财政安全、科技安全、信息安全、地区安全，根据不同阶段的不同国情安排不同的轻重缓急（张一弓等，2010）；也可以综合地分为金融财政安全、社会免疫、产业安全、战略资源四个安全子系统（顾海兵等，2012；肖宇赫，2020）。

（三）国家经济安全的评价标准和评估指标

因“安全”包含不受威胁的客观状态，以及维持这种客观状态的能力两个方面，国家经济安全也有“状态论”和“风险防范应对能力说”两种（陈斌等，2020）。

“状态论”指出，作为国家安全的生命线，国家经济应以稳定为重要标志和本质特征，在整体上维持“基础稳固、健康运行、稳健增长、持续发展”

① 新华社：“中华人民共和国国民经济和社会发展第十三个五年规划纲要”，http://www.gov.cn/xinwen/2016-03/17/content_5054992.htm，2016 年 3 月 17 日。

的客观状态，保证国家经济主权不受侵犯，在国际经济生活中“具有一定的自主性、自卫力和竞争力”，进而保证国家的政治稳固、社会稳定和主权独立。

“风险防范应对能力说”认为，为了维持健康稳定的客观经济状态，需要有效识别和抵御各类风险和冲击；而在经济开放程度不断提高的背景下，中国国家经济安全面临越来越多外源性风险，主要包括：参与国际竞争引发的风险，要素自由流动引发的风险，跨国公司产业链国际化引发的风险，金融全球化引发的风险（肖宇赫，2020；姜茸等，2015；李红亮，2013；张一弓等，2010）。

考虑到气候变化对于经济系统的影响既有直接的经济损失，也有间接的经济损害，既有短期的灾害损失，也有中长期的生产能力损害，“气候变化—经济安全关联”框架下的国家经济安全应该是广义的，包含“客观状态”和“风险防范应对能力”两个方面，以国家综合安全为最终目标，以国民经济体系抗击各种内外冲击的能力为核心，主要通过加强自身机制和能力的建设，使经济系统具备抵御外来风险冲击的能力，和外在因素冲击下继续稳定运行、健康发展的能力（Koubi，2017；庄贵阳等，2018）。

就具体的评估指标而言，经济主权（即对关键资源与产业的独立支配和控制）是国家经济安全的一级评价指标（叶卫平，2008），其下有四个二级指标来评估（庄贵阳等，2018）：①经济系统稳定，即经济系统在整体上应主权独立、基础稳固、运行健康、增长稳健、发展持续；经济系统的短期或局部失调不会造成大规模社会性系统风险、不会危及政治稳定；②国际竞争力，即在国际经济生活中具有一定的自主性、自卫力和竞争力；③危机抗性，即不至于因为某些问题的出现或加强而使整个经济受到过大的打击、损失过多的国民经济利益；④风险管控能力，即能够避免或化解可能发生的局部性或全局性危机或经济危机。

二、评估内容

综合现有的经济安全研究和涉及经济主题的气候变化影响研究可见，气候变化背景下的经济安全研究应首要包含两个重要方面：一是经济增长，包括长期趋势、近期稳定性、经济损失、重要产业的发展状况和能力；二是关键的经济要素，包括粮食安全、能源安全、基础设施和重大工程安全。

另外，考虑到中国的自然灾害风险等级处于全球较高水平，而气候条件和地理状况复杂，不同区域的气候变化响应不同，还应考虑气候变化对中国不同地区经济安全的差异性影响，包括沿海地区、内陆敏感和脆弱地区，以及经济社会活动比较集中的城市地区。

根据现有的评估指标，可以从三个方面考察气候变化对经济安全的影响：①是否损害到经济增长的稳定性和发展确定性；②是否产生对国内政治与社会的外溢影响；③是否损害了中国经济的对外危机抗性和国际竞争力。

第二节　气候变化对中国经济增长的影响

本节主要评估气候变化长期趋势、近期气候事件对中国经济增长总体趋势和系统稳定性的影响，以及对主要经济产业发展的影响。

一、气候变化长期趋势对中国宏观经济增长的影响

气候变化长期趋势可能系统地、直接或间接地损害经济运行的总体环境和重要基础，进而损害经济增长和社会福利，包括市场损失（有形的市场部门）和非市场损失（经济发展的无形资产）（何建坤等，2015）。

据不完全估算，如果气温升高 2.5 摄氏度，全球每年经济损失将占全球 GDP 总和的 0.2%～2%（刘长松等，2018）。中国经济因气候变化而减少的产出约占 GDP 总值的 4.7%（孙薇等，2015）。未来 81 年中，考虑到主要的政策调整，气温的升高可能导致美国人均 GDP 减少 10.5%，使中国人均 GDP 减少 4.3%（Kahn *et al.*，2019）。

从趋势上看，全球温度的年变化和总体变化趋势会导致中国经济损失，这种损失在 2030 年以前相对较小，但在 2030 年以后会急剧增加（何建坤等，2015），到 2050 年会更为突出（姜彤等，2018）。

除了总体经济损失的长期趋势以外，人力资本（健康、教育水平）、物质资本（提供衣食住行的基础设施）、自然资本（气候条件、水资源、生态系统服务、土地资源）等是影响国家福利的重要因素，却容易遭受气候变化不利影响（郑艳等，2016）。据预测，气候变化的长期趋势会对中国宜居性和可工作性产生负面影响。2018～2050 年，中国发生致命性热浪事件地区的人口比重可能增加 5%，风险水平较高；极端高温所致户外工作有效时间损失概率在 0.5%～5%，属于中度风险水平（Mckinsey，2020）。通过上述路径，气候变化的长期趋势会影响到人的收入、生计，影响到社会经济发展的人力资本以及经济发展的潜力，进而对中国的宏观经济增长率和整个市场部门产生影响，损害长期经济增长能力（Lemonie *et al.*，2016）。

气候变化的全球趋势（尤其是温升）对于中国经济系统与经济安全构成中长期威胁与挑战。相较于经济发展程度较高的地区，经济发展程度较低的地区受到的负面影响可能更大。尽管气候变化及其减缓措施短期内可能间接抑制经济增速（何建坤等，2015；Cai *et al.*，2016；孔锋、吕丽莉、王一飞，2018），气候变化所致经济损失和相关的碳社会成本却会在中长期加剧，因而必须采取充分的、持久的减缓和地区适应措施，这有助于在脆弱性、适应能力、气候变化、经济安全之间推动构建良性循环（郑艳等，2016）。

二、近期气候事件对中国经济增长的影响

气候变化对中国经济增长的近期影响主要表现为气候灾害、极端天气、巨灾等气候事件造成的直接经济损失，这给中国经济增长带来较大的不确定性，是气候变化与经济关联性研究中最直观、着力最多的部分（史培军，2008；秦大河，2014；吴绍洪等，2014；The National Academies of Sciences，Engineering，Medicine，2016；孔锋、史培军等，2017）。近年来，全球气候类的灾害损失达到了历史新高（庄贵阳等，2018；Fan，2020）。2018 年全年全球气候事件所造成的经济损失高达 1 450 亿美元，近似于 2018 年全年的全球援助总值（Modéer，2019）。根据世界经济论坛（World Economic Forum，WEF）和 Marsh 联合发布的《2020 年全球风险报告》（*The Global Risks Report 2020*），气候问题应对失败及其直接相关的极端天气是未来十年全球最有可能面临的两大风险（WEF，Marsh & McLennan Companies，2020）。

从近期事实和趋势看来，气候事件现实且显著地威胁到了中国国家经济安全，主要表现在两个方面：①气象灾害和极端天气对中国经济发展的影响较大且风险有所强化，所致直接经济损失量级居高不下，对经济平稳增长带来较大的不确定性。②巨灾风险对中国经济安全和政府治理能力构成潜在挑战。

（一）气象灾害和极端天气对经济发展的影响

作为世界上自然灾害最严重的国家之一[①]，中国面临的自然灾害还在加剧，这与气候变化有直接关联（Lloyd *et al.*，2020；《第三次气候变化国家评

---

① 中华人民共和国国务院新闻办公室："中国的减灾行动"，http://www.gov. cn/zhengce/2009-05/11/content_2615771.htm，2009 年 5 月 11 日。

估报告》编写委员会，2015）——20 世纪 80 年代以来，中国面临的各类自然灾害风险中，与极端天气和气候事件有关的占 70%以上（刘长松等，2018）。而自 1961 年以来，中国的气候风险指数就呈波动上升趋势，1991～2018 年平均气候风险指数较 1961～1990 年平均值高出 54%（谢伏瞻等，2019）。

在全球气候变化加剧的背景下，极端事件与自然灾害的变化趋势相互交织，给中国造成了比较严重的不利影响（刘长松，2019a、2019b；秦大河，2014、2017）。就区域分布而言，暴雨洪涝灾害在长江流域影响较重，干旱灾害在西南地区及内蒙古自治区和黑龙江省影响较重，台风灾害对东南沿海地区影响严重，局地强对流灾害严重影响华北和黄淮地区，低温冷冻害则主要影响长江流域地区。中东部地区为气象灾害综合损失严重的地区，其中四川省、湖南省及湖北省气象灾害综合损失较重（赵珊珊等，2017）。

从灾害损失的角度看，1998～2017 年，中国因极端天气和气候事件而遭受的年均损失约 366 亿美元（按购买力平价，PPP），远高于全球平均水平位列全球第二（Eckstein *et al.*，2019），且损失绝对值居高不下、呈波动性增加。1965～1989 年，中国平均气候灾害直接经济损失（2013 年价格）为 1 192 亿元；1990～2013 年达 3 079 亿元，翻了 2.6 倍（孔锋、吕丽莉、王一飞，2018）；2014～2018 年，年均气候灾害直接经济损失升至 3 554.82 亿元（国家统计局，2015～2019）。其中，2016 年比较严重，气候相关灾害造成的直接经济损失达到 5 032.9 亿元，因灾死亡失踪人口、直接经济损失分别增长 11%、31%，与 2015 年相比明显加重（中国气象局科技与气候变化司，2019；刘长松等，2018）。2019 年，气象灾害造成农作物受灾面积 1 926 万公顷，死亡失踪 909 人，直接经济损失 3 271 亿元（Yue *et al.*，2018；中国气象局科技与气候变化司，2019）。

表 4-1　2004～2018 年气象灾害造成的农作物、人口与经济损失

年份	农作物受灾面积（万公顷）	绝收面积（万公顷）	受灾人口（万人）	死亡人口（人）	直接经济损失（亿元）
2004	3 765	433.3	34 049.2	2 457	1 565.9
2005	3 875.5	418.8	39 503.2	2 710	2 101.3
2006	4 111	494.2	43 332.3	3 485	2 516.9
2007	4 961.4	579.8	39 656.3	2 713	2 378.5
2008	4 000.4	403.3	43 189	2 018	3 244.5
2009	4 721.4	491.8	47 760.8	1 367	2 490.5
2010	3 742.6	487	42 494.2	4 005	5 097.5
2011	3 252.5	290.7	43 150.9	1 087	3 034.6
2012	2 496	182.6	27 389.4	1 390	3 358
2013	3 123.4	383.8	38 288	1 925	4 766
2014	1 980.5	292.6	23 983	849	2 953.2
2015	2 176.9	223.3	18 521.5	1 216	2 704.1
2016	2 622.1	290.2	18 860.8	1 396	4 961.4
2017	1 847.81	182.67	14 448	881	2 850.4
2018	2 081.43	258.5	13 517.8	566	2 615.6

资料来源：刘长松（2019a）[①]。

各类气象灾害之中，对中国影响最严重的是暴雨洪涝灾害，每年所致经济损失在 100 亿元以上（廖春贵等，2017）。根据预报模型，全球范围内，造成数千人死亡的最具破坏性的洪水灾害多发生在亚洲，主要就集中在孟加拉国、中国和印度（Jimenez Cisneros *et al.*，2014；Kundzewicz *et al.*，2014）。近 30 年来洪涝灾害给中国造成的直接经济损失达 1 200 亿元，约占全国自然灾害经济损失的 45%～55%（赵珊珊等，2017；张雅鑫等，2020）。2017 年一年的直接经济损失（包括基础设施损害）就达到 35.5 亿美元（Sun *et al.*，

① 另见国家统计局历年《中国统计年鉴》，http://www.stats.gov.cn/tjsj./ndsj/。

2019）。受年均气温提高的影响，东南地区多数省份大灾及以上级别暴雨洪涝灾害都明显增多，广西、湖北、湖南等地的暴露度和脆弱性也明显增加（温泉沛等，2017；顾西辉等，2016；黎琮炜等，2015；罗红磊等，2016）。2009～2016 年间，广西平均降水量在 2015 年达到最大值，当年暴雨洪涝灾害的平均经济暴露度为每平方千米 693.13 万元，因灾直接经济损失高达 2.2 亿元（廖春贵等，2018；廖春贵等，2017）。湖北省的暴雨经济暴露度在 1980～2015 年间也迅速增长，从 14 亿元增长至 330 亿元，经济影响的贡献率远超过暴雨影响和暴雨经济联合影响的贡献率（何妍等，2018）。2016 年 6～7 月间湖北省发生的洪涝灾害造成 750.60 亿元的直接经济损失，占湖北省当年 GDP 的 2.32%（宁思雨等，2020）。

利用不同气候模式在不同情景下预估的结果均一致表明，未来中国极端降水的强度和频次都有显著增加的趋势（孔锋、史培军等，2017），部分地区 50 年一遇极端降水概率将比 1950～1981 年翻四倍（Mckinsey，2020），到 2030 年，河流洪水对资本的破坏可能会在目前水平基础上翻一倍，到 2050 年将翻两倍。2018～2050 年，中国基础设施等资产因洪水等气候灾害受到破坏的可能性大于 10%，属于高风险（Mckinsey，2020）。这种损害还有可能是灾难性的，比如，雨季强降水可能导致鄱阳湖夏季洪水季节水位升高，导致灾难性的堤坝失效（Kundzewicz *et al.*，2014）。

当然，气候相关事件带来的不仅仅是损失。有学者提出，中国的灾害损失与经济增长存在长期性协整关系，并且有双门限效应的非线性关系：当灾害损失占 GDP 比重低于 0.010 3 时，灾害损失对经济中增长具有一定的正向促进作用，可能通过推动更新实物资本存量和技术更新刺激经济增长；当灾害损失占 GDP 比重高于 0.010 3 时，灾害损失与经济增长负相关（闫绪娴，2014）。这说明，在经济发展过程中，应警惕“创造性破坏”。

（二）巨灾风险对经济安全和政府治理能力的影响

在气候变化背景下，因极端事件与自然灾害变化趋势相互交织，巨灾风险和损害显著提升（秦大河，2014、2017），据瑞士再保险公司（Swiss Re）的巨灾数据库统计，全球年平均发生的巨灾数量已从 20 世纪 70 年代的 42 个左右增长到 21 世纪以来的 140 多个，因巨灾所造成的年经济损失也从 20 世纪 70 年代的 170 亿美元增长到 21 世纪头十年的 1 370 亿美元以上（孟永昌等，2015；孔锋、王一飞等，2018）。2019 年，全球共发生 317 起巨灾，造成 11 497 人死亡、1 460 亿美元经济损失（占全球 GDP 的 0.17%）、600 亿美元保险赔付（Bevere *et al.*，2020）。

巨灾是自然灾害领域“黑天鹅”事件的突出代表，其影响是系统而复杂的，往往带来广泛而深刻的经济社会损害，甚至导致部分经济系统瘫痪，由此造成较大的间接损失（史培军、孔锋等，2014；史培军等，2017；周洪建，2017）。巨灾的表现形式复杂多样，集中体现为多灾种、灾害链和灾害遭遇。在灾害链的作用下，单一致灾因子可能引发多个致灾因子，使灾区范围扩大，或使致灾因子强度增大，进而导致灾情加重（吴吉东等，2014；孔锋、吕丽莉、王一飞，2018）。两个以上极端气候事件组合则会造成灾害遭遇（IPCC，2012），遭遇效应不仅会影响到整体致灾因子的强度，也会影响到承灾体的脆弱性，伴随而来的叠加效应可能导致承灾体相关设施崩溃（史培军、吕丽莉等，2014）。

2008 年发生在中国南方的低温雨雪冰冻灾害是典型的多灾种叠加事件，同时存在灾害链和灾害遭遇这两种灾害关系（史培军、吕丽莉等，2014；李双双等，2015）。不仅由于寒潮引发了各种气象灾害，如冷雨、雪灾、冰灾和冻灾，还由于在广大南方山地丘陵地区，连续五次的雨雪冰冻过程使积雪累积叠加，大大超过分布在这一地区南方电网的雪冰负荷能力，使大面积南方电网损毁，导致基于电力供应的铁路、煤运等基础公共设施崩溃，引发京珠高速公路和京广电气化铁路中断；加上恰逢中国传统春运高峰，导致受灾地区的交通处于瘫痪状态（史培军、吕丽莉等，2014；孔锋、吕丽莉、王一飞，2018）。这场巨灾影响了湖南、湖北、安徽等多个省市区，影响面积高达 10 万平方千米，导致全国 162 人死亡，转移安置灾民 169 万人，倒塌房屋 49.6 万间，经济损失 1 594.8 亿元（约合 240 亿当年美元）（吕丽莉等，2014；闫绪娴，2014）。期间，电力、交通等基础设施破坏对经济系统其他产业生产造成严重影响，带来超过 100 亿元的间接经济损失（胡爱军等，2009），对民众生活、社会秩序构成损害（张海波，2010）。

巨灾不仅会对灾害发生国（地区）造成严重的直接、间接经济损失，还对政府治理能力构成严峻考验；应对不力，可能威胁到社会稳定。在美国，2005 年卡特里娜飓风引发的风暴潮与洪水不仅冲垮了新奥尔良市稳固的堤坝，导致联邦防护系统失效，构成继切尔诺贝利事件之后最严重的工程灾难，还孤立了新奥尔良市，使其基础设施和生命线系统（包括电力、通信、公路、供水、抽水泵等）完全崩溃[①②]。灾害链效应直接导致“政府应对巨灾系统”崩溃。正如布什总统在新奥尔良市杰克逊广场发表的讲话中承认的那样，“各级政府的救援系统协调不力，在飓风影响的最初几天就遭到了完全破坏”。随后，在新奥尔良市还出现一些暴力犯罪事件。官方出于安全的考虑，不久后被迫暂时停止了人员搜救、通信系统维修、医疗救助等工作，转而将维稳作为首要工作。这一决策失误又致使后期救援形势严重恶化，灾后恢复进程缓慢，引发民众普遍不满（吕丽莉等，2014）。

在全球化和互联互通背景下，巨灾的影响往往超越灾区本身，通过影响

---

① Davis, T. 2016. A Failure of Intiative: Final Report of the Select Bipartisan Committee to Investigate the Preparation for and Response to Hurricane. Katrina.U.S House of Representatives. http://www.gpoacess.gov/congress/index.html, February 15.

② Baker, K. 2015. The Future of New Orleans: Can the Disasters that Befell Other Cities Help Save this One. *American Heritage*, 57(2).

全球的交通、通信、互联网，以及物资生产、供应链、区域间贸易，形成连锁联动效应，藉此波及其他国家和地区（史培军、吕丽莉等，2014；孔锋、史培军等，2017；孔锋、吕丽莉等，2017；吴吉东，2018；宋长青等，2018），造成差异性的区域经济影响；且直接经济损失越大，对应的间接经济损失与直接经济损失的比值也越大，造成的间接经济损失往往要大于灾害发生地范围内的间接经济损失，产生严重的跨国性影响（Fujimi *et al.*，2012；Shi *et al.*，2013；Lu *et al.*，2014；孟永昌等，2015；李卫江等，2016；孟永昌等，2016）。2003 年欧洲热浪、2005 年卡特里娜飓风等都造成了跨国性的巨大冲击（孔锋、王一飞等，2018）。

巨灾影响的这些特点凸显了防灾减灾从单一灾害风险防御向综合灾害风险防御转变、由国家减灾向区域和全球减灾转变，加快建立巨灾风险转移体系，以及把综合防灾减灾纳入国家可持续发展战略的必要性和紧迫性，尤其是从全球的角度寻求防御巨灾风险的对策（秦大河，2014、2017；曹竣云，2016；孔锋、王一飞等，2018；孔锋，2019；郭君等，2019；Mckinsey，2020）。

三、气候变化对中国产业发展的影响

近来中国低碳转型的成就表明应对气候变化给中国的产业发展带来机遇（潘家华等，2018；黄一峰，2020），但也有一些研究表明气候变化对产业安全的影响具有非均衡性和长期压力效应。气候变化对交通运输行业的影响在中短期不太显著，但在发生极端事件的情况下，直接经济损失仍然可观；对于工业部门的挑战，既有长期温升导致的生产力损失，也有减缓气候变化政策对其发展模式产生的转型压力和转型风险；此外，气候变化给实体经济和金融部门带来风险，两者相互作用导致风险放大，可能对宏观经济系统造成更严重的冲击。

（一）气候变化对交通行业的影响

交通运输是国民经济系统的生命线，也是气候变化影响的敏感行业（徐雨晴等，2016）。气候变化相关极端天气事件会引起洪涝积水等灾害，破坏基础设施，导致路面湿滑，出现可见度降低等情况，对交通运输造成不利影响，带来四方面结果，即增加基础设施修理维护成本、大范围发生交通延误和拥堵、增加交通事故的发生概率，并进而影响交通运输行业产值。具体而言，在基础设施维护成本影响方面，相关设施的设计标准会相应提高，技术和材料成本会有所下降，预计总体仍维持现状水平，水运的维护成本相对最低；交通延误或中断影响方面，未来趋势预判极端天气的频率和强度会继续增加，对于航空和水运的影响仍会比较大，铁路轨道抵御一般强度恶劣天气影响的能力仍为最高；交通安全事故影响方面，随着信息及安全技术水平的提升，在未来会有较大的改观，基于各交通运输方式的本质特征，航空的安全事故率仍将维持较低水平（参见表 4–2）（祝毅然，2018）。

表 4–2　气候变化影响交通运输的机制

	修理维护成本	交通延误中断	交通事故率
铁路、城市轨道	★★	★	★
道路	★★	★★	★★
航空	★★	★★★	☆
水运	★	★★★	★★

资料来源：祝毅然（2018 年）。

随着极端气候出现频次的增加、范围的扩大以及程度的加重，如没有相应的预防措施和应急预案，未来气候变化对交通运输会产生更大的影响（祝毅然，2018）。

第一，降水引发的公路损毁灾害是中国公路主要的自然灾害之一，集中发生在西南地区及西北地区东部。公路损毁极高危险性与高危险性区域主要分布在云南、贵州、重庆、四川东部和南部、陕西南部、湖北西部、湖南西部和南部、安徽西部和南部、浙江西部、江西西部和南部、福建中部、广东北部、广西西北部及辽宁东部等地区（戴至修等，2017；王志等，2017）。

第二，极端天气事件经常导致交通延误和拥堵。降雪、暴雨洪涝及其次生灾害、台风、大雾等给公路和铁路及航空运输等造成较大影响；气候脆弱性高和经济发展对运输行业依赖度较高的地区受极端事件干扰、中断交通运输的负面影响更突出。根据 2013～2015 年中国气象局在全国 31 个省（自治区、直辖市）开展的公路交通气象灾害风险普查结果，影响中国公路交通的主要气象灾害是强降雨、大雾、团雾、路面结冰、公路积雪，灾害的致灾因子主要是降雨、能见度（雾/霾）、降雪、气温、风速等（王志等，2017）。

其中，强降雨、台风及次生灾害对沿海城市道路交通影响较大，所致经济损失比较严重。2018 年 5～6 月，受强降雨影响，福建省公路累计中断 7 条 17 处，公路水毁损失约 3 508 万元。受 8 号台风“玛莉亚”影响，国省干线累计灾毁阻断 7 条 7 处，部分乡村公路遭受较重程度灾毁，7 个建制村通村抗灾生命线中断；全省沿海及内陆受影响地区在建交通工程停工 243 个；沿海运输船舶、施工作业船只到港避风，153个港口企业停止生产作业；全省全部 114 个在用内河渡口停渡、404 班次渡口班线停航；沿海地区 254 个陆岛码头停运，121个海渡停渡；闽台大、小三通海上客运全部停航；全省道路客运运营 1 676 条线路、14 645 个班次停运；8 770 班公交停运。交通行业累计损失约 1.168 亿元，其中：高速 2 563 万元，普通公路 8 991 万元，运输场站 70.85 万元，港航损失 0.2 万元，企业损失 60.5 万元[①]。9 月中旬，台风“山竹”在广东台山沿海登陆，多个机场航班出现大面积延误或取消、部分铁路

① 中国天气网福建站：“2018 年福建省气候公报”，http://www.weather. com.cn/fujian/zxfw/ qhgb/01/3098691.shtml，2009 年 1 月 25 日。

临时停运、数十条高速公路全线封闭，市内交通设施受损严重（中国气象局科技与气候变化司，2018）。2019 年 8 月 9～12 日，受台风“利奇马”影响，5 500 余班航班取消，部分铁路停运，数十条高速公路全线封闭（中国气象局国家气候委员会，2021）。

未来极端天气的频率和强度会继续增加，对于航空和水运的影响仍会较大，铁路轨道抵御一般强度恶劣天气影响的能力仍为最高（祝毅然，2018）。

第三，除了交通延误、拥堵及相关直接经济损失以外，极端天气事件还会增加交通事故发生概率。比如，高速公路安全运营受气象环境的影响，低能见度、暴雨、高温、冰雪等灾害性天气及其衍生灾害的日益增多，经常导致一些重特大交通事故。近年来，中国高速公路交通事故死亡人数为平均每年约 12 万人，其中近 70%是由灾害性天气造成的（张金满等，2016）。就公路运输而言，灾害性天气条件下单位时间内引发交通事故次数是晴天的好几倍甚至几十倍，且多为重大和恶性事故。大雾天气影响水平能见度，也会造成司机幻觉，误判车速、车距，以致发生交通事故（Yan，2014）。不过，随着信息化及安全技术水平的提升，未来可能会有改观，基于各交通运输方式的本质特征，航空的安全事故率仍将维持较低水平（祝毅然，2018）。

第四，气候相关事件影响交通运输会造成间接经济损失，这主要是因为运输能力下降会引发旅游业、部分制造业、加工业生产能力下降，以及贸易和部分社会公共事业损失。比如，在 2008 年低温雨雪冻灾期间，受交通运输阻塞影响，旅游业，通信设备、计算机等电子设备制造业，非金属矿采选业，建筑业，金属冶炼及压延加工业，交通运输设备制造业，化学工业，电气、机械及器材制造业，非金属矿物制品业，金属制品业的生产能力下降显著；建筑业、食品制造及烟草加工业，农业，化学工业，金属冶炼及压延加工业，批发和零售贸易业，非金属矿物制品业，交通运输设备制造业，通用、专用设备制造业，卫生、社会保障和社会福利业经济损失比较严重。1～2 月份因为交通运输能力下降导致湖南国民经济总的间接经济损失达到 39.5 亿多元

（李宁等，2009）。

通过产业链路径，气候变化最终对交通行业产值产生影响。不过，影响的大小因事件类型而异。比如，就华北五省而言，极端低温和强降雨对交通、能源行业产值的影响较小，极端高温天气对能源、交通行业产值的影响较大（马占云等，2015）。交通行业产值对气候变化的敏感性还与当地对生活、生产物资的供求地位有关，物资需求方对交通运输行业依赖较高，极端天气事件对交通部门的产值影响为负；物资供给方，尤其是能源供给方，其交通部门受极端天气影响整体为正向，但当极端天气形成灾害时，影响会转为负向（孙鉴锋等，2017）。

（二）气候变化对工业部门的影响

工业部门是国家实体经济的支柱，工业实力是国家经济竞争力的核心。目前，气候变化正在重塑全球产业格局。随着气候变化的加剧，抵抗气候风险能力较强的工业部门也遭受了严重的损失。尽管不同工业部门受到气候变化的影响略有不同，但工业领域的脆弱性整体加深（Li，2010）。

从国内层面看，气候变暖对制造业的负面效应较大。根据对50万个中国制造厂的统计分析，温度与全要素生产力之间存在倒U形曲线关系，劳动力密集型和资本密集型企业对高温敏感。如果不采取额外的适应措施，到21世纪中叶，气候变化将导致中国制造业年均产出下降12%，以2007年美元估值为395亿（Zhang *et al.*，2017）。从单个城市的层面上看，以南京为例，利用协整方程和变参数模型分析得到气候变暖和制造业产出的关系，发现气候变化的弹性为0.15，占GDP的7.65%，并且产出弹性有下降趋势（丑洁明等，2013）。为避免全球变暖和长期的降水波动降低工业产出，需要增加对工业行业和相关部门的资本投入（Chen *et al.*，2019）。

另外，工业部门为了应对气候变化付出了较大的适应和减缓成本，在调整产业结构过程中，中国采取措施抑制高能耗、高排放产业过快增长，强力、快速淘汰各地落后过剩产能，这些行政措施不仅短期内有产能挤出效应，也造成相当部分经营主体的前期投入浪费。同时，短期内高新低碳环保产能增量难以及时填补被行政措施强力挤出的落后过剩产能。在乘数效应作用下，被淘汰挤出的落后过剩产能造成的GDP损失会进一步放大（杜运苏，2015；马建平，2019）。从自下而上的角度看，短期内，低碳经济发展造成的成本增大高于低碳转型带来的生产效率的提升，工业经济损失的绝对量在不断增长，这对中国的国际贸易竞争力可能产生不利影响（陈志恒等，2019；刘远哲等，2020）。但从长期看，低碳技术创新带来的生产效率的提升将弥补低碳转型成本增加所造成的损失，有利于制造业贸易竞争力的提升（杜运苏，2015；刘俊伶等，2019）。

从全球层面看，气候变化背景下，发展低碳经济成为世界各国共识，这种趋势对中国工业制造业部门发展也产生影响（何建坤，2019；陈志恒等，2019）。一方面，在能源转型压力下，传统能源使用的减少可能影响到相关的生产和制造部门，进而影响中国的进出口额比重和在国际分工中的地位（乔晓楠等，2016）；另一方面，必须坚定走转型的道路，制造业能否实现低碳转型，不仅会影响到中国制造业的国际竞争力，也影响中国经济整体发展质量、制造强国战略目标的实现（刘轩等，2020）。

此外，中国对外贸易伴随着碳排放转移效应，大规模出口背后隐藏着大量的碳排放成本（余丽丽等，2018；张文城，2017；闫云凤等，2017；彭水军等，2015；张云等，2015），受美国、欧盟、加拿大、日本等发达经济体碳关税政策的影响，中国制造业贸易竞争力和出口都将受到冲击（杜运苏，2015），不仅出口成本大大增加、外贸利益受到严重损害，民营业生存压力也会增大（刘璐等，2019）。

目前，制造业尤其是高科技领域（涵盖生物医药、信息技术、工业机器人、医疗器械、高铁设备、新能源汽车、航空设备等“中国制造2025”产业）是中美经济竞争中的新热点领域和关键环节。经济竞争的实质是双方围绕在国际分工体系、全球价值链、国际分工利益分配格局中地位的博弈，并且有可能影响中国的国际战略环境（拉尔夫·戈莫里等，2018；张杰，2018；谢地等，2018、2019；贾根良等，2019；于春海，2019）。

（三）气候变化对金融保险行业的影响

经济发展中最大的风险往往是金融危机，金融安全是国家经济安全的核心。而最近一些研究表明，气候变化可能对金融系统的稳定性产生严重损害，成为导致经济和金融体系结构性变化的重大因素之一，带有“长期性、结构性、全局性”特点（陈雨露，2019；Yannis *et al.*，2018）。世界经济论坛连续三年把气候变化作为对全球商业和产业最大的威胁[①]，并在《2017 年全球风险报告》中称，环境风险已经成为全球可能性最高的风险，极端天气事件、自然灾害、未能调整和减缓气候变化等自然环境风险及转型风险，是导致企业财务损失的潜在因素，会造成市场波动加剧和金融部门不稳定。此外，气候风险还可通过信贷利差上升、预防性储蓄增加以及金融危机来影响经济（Debelle，2019；谭林等，2020）。

气候变化及其响应首先会影响到实体经济。企业的低碳经济转型，碳密集型资产的重新估值会带来风险；研发低碳技术、购置低碳环保设备，对现有高碳生产流程进行低碳化改造，还将增加企业生产成本。引入市场机制推进碳排放权交易，将气候影响的外部性内部化，也直接增加排放企业的经营成本（马建平，2019）。2016 年，金融稳定委员会（Financial Stability Board，FSB）公布了特别工作组提出的与气候相关的财务披露建议。该报告认为，对许多企业来说，气候风险很可能在中长期内出现，情景分析应该被企业用

① World Economic Forum. 2019. Climate Change Is a Security Threat. We Must Act Now. https://www.weforum.org/agenda/2019/03/climate-change-is-a-security-threat-let-us-act-now/, March 26.

来对气候变化的风险问题进行归纳和管理。报告建议全球的首席财务官们对气候变化所带来的风险保持清醒的认识，敦促企业在对“气候变化相关的自然、责任与转移风险”做出评估与披露的同时，及早做出计划安排（TCFD，2016）。

其次，气候变化还对银行金融系统带来挑战。气候变化损害会对金融资产价格以及企业和银行财务状况产生影响，比如，气温上升可以降低企业的盈利能力，恶化企业的财务状况，进而导致债务违约和银行的系统性损失。加上气候相关事件所致经济损失会带来有形的资产风险。这些都增加了气候变化风险评估中的不确定性，增加风险管理的难度（Misa *et al.*，2016；Stefano *et al.*，2017；丑洁明等，2013；雷曜等，2019）。

再次，气候变化给保险业带来挑战和风险。灾害性事件导致的全球经济损失从20世纪50年代的每年39亿美元增加到20世纪90年代的每年400亿美元，增加了9.3倍，同期这些损失中入保部分也从每年几乎为零增加到每年92亿美元。2017年与气候有关的自然灾害在全球范围内共发生710起，高于均值605起，保险支出是均值的3倍，约1 350亿美元（庄贵阳等，2018）。此外，气候变化以及与气候变化有关的天气事件的变化可能会增加风险评估中保险精算的不确定性，给保险业增加更大的压力，导致成本增加，进而放慢金融服务业向发展中国家扩展的速度，减弱保险业对各种突发事件的保障作用，增加自然灾害发生之后社会对政府赔偿金的需求（中国国家气候变化对策协调小组办公室等，2004）。

中国大多数省份与气候风险的关联度很高，并一直因缺少农业保险而面临着自然灾害造成的巨大损失，但巨灾保险发展水平不均衡问题比较严重（汤颖梅等，2019）。近年来，中国的农业巨灾风险呈三个基本特点，即农业旱灾巨灾风险日趋凸显、低温冻害巨灾风险逐渐显露、洪涝巨灾风险不容忽视。但在农业巨灾的定义、标准、评估方法等方面，仍存在很多分歧，巨灾的风险模糊性、低频高损、难以聚合以及保险人偿付能力低等因素也影响了巨灾农业保险的可保性（汤颖梅等，2019）。所以，亟待针对特定区域和灾种开展相应的巨灾风险评估方法（孔锋、吕丽莉等，2016）。

除了对巨灾保险提出新要求以外，气候变化还给保险行业带来风险，这大体可分为物理风险、转型风险和第三方面风险（Prudential Regulation Authority，2018）。尽管环境风险存在许多不确定性，但人和环境之间的互动性、环境的多变性和人为或非人为造成的各类灾害都会影响借款人的还款能力及第二还款来源的价值，继而对银行的资产质量产生冲击。比如，一些国际大型保险公司在风险评估中不同程度地考虑了环境风险，但即使是最先进的模型也难以预测某些风险，比如第三方责任险。目前责任保险市场较小，对宏观经济或金融稳定所造成的风险可能有限，但若一系列气候责任保险索赔，导致一家主要的责任保险公司破产或陷入困境，就可能在整个金融体系产生连锁反应。因此需要重视环境风险的不同影响方式（Carney，2015；G20 绿色金融研究小组，2017；张晓艳，2019）。

需要注意的是，个别学者还提出新技术的出现也有可能扰乱金融秩序。比如，新核电技术进入金融领域，出现了 ICO（Initial Coin Offering）（魏杰，2018）。这可能是气候变化背景下治理金融秩序应该注意的问题，因为应对气候变化而实施碳限制政策可能给新能源贸易以及新商品交易和新的金融工具带来机会（Stern，2007；吴玉宇，2009）。

第三节　气候变化对中国经济核心要素的影响

本节评估气候变化对中国经济核心要素的影响，包括粮食、能源、基础设施和重大工程，这是保障中国经济增长和系统安全的重要基础。

一、气候变化对粮食安全的影响

中国是一个人口大国，确保粮食安全一直是中国政府农业政策首要的政策目标之一。粮食生产与气候条件保持着高度的因果联系，特别是在目前生态环境遭遇一定程度的伤害、极端天气反复发作的条件下，气候变化已经成为直接影响粮食安全的关键因素（周曙东等，2013）。

本节与 2015 年《第三次气候变化国家评估报告》结论基本一致，但认为，应更加关注气候变化对粮食安全构成的威胁。气候变化将从国内生产供给、国际贸易流通两个方面威胁到中国粮食安全、粮食价格与农产品市场稳定。粮食不是一般的商品，而是战略物资，甚至是政治手段。粮食安全威胁和粮价剧烈波动可能导致相当程度的不良后果。气候变化对粮食安全的威胁将直接影响到政治安全和总体国家安全。不过，通过有效的应对措施，比如适应技术利用、替代品种选取、种植制度调整等，可以有效减少气候变化对农业的不利影响。

（一）气候变化、农业系统与粮食安全

农业对气象条件变化的敏感性高于其他行业（刘长松等，2018），可能是对气候变化最敏感的部门之一。一方面，农业经济部门、粮食的缺乏和气候的脆弱性三者之间有着千丝万缕的联系，因此在某一特定时期内，农业增长非常容易受到气候变化的影响而产生严重的后果。另一方面，农业生产系统涉及经济和环境因素，因而与气候变化的相互作用和影响也更为复杂和深远（Morton，2007；郭佳等，2019）。因此，气候变化对农业系统的影响一直是研究与评估的主要领域之一。

不仅如此，气候变化对农业系统的影响经常与社会稳定、国家安全紧密联系在一起，因而构成国家经济安全的重要内容。气候变化不仅通过影响粮

食产量威胁到粮食安全，还可能通过“降水—粮食产量—粮价波动—饥荒—动乱—粮价波动”的路径影响社会稳定。1781～1820 年间，中国就发生过多次气候变化影响粮食安全，引起粮价异常，从而导致社会动乱的事件。研究显示，粮价的阶段性变化与气候转折存在显著对应关系，极端高粮价与干旱事件的对应关系存在显著阶段性（文彦君等，2020）。

粮食安全是一国政治经济社会稳定的基础，是国家经济安全的重要组成部分。目前，对粮食安全的理论界定有两种，但不论广义还是狭义的粮食安全，核心要义都是粮食供给与需求之间的关系，即粮食供给足量、稳定，并且价格是可支付的（刘立涛等，2018）。也是出于供求关系考虑，联合国粮农组织确定了世界粮食库存最低安全水平系数，即世界当年库存至少相当于次年消费量的 17%～18%，其中 6%为缓冲库存，11%～12%为周转库存。凡是一个国家粮食库存系统低于 17%则为粮食不安全，低于 14%为粮食处于紧急状态（FAO，2003、2018）。

在气候变化背景下，中国农业经济受到严重影响，粮食安全受到威胁，未来中国粮食供给压力会比较大。一方面，当前中国对于粮食的需求已经超过自身的供给能力，据估计，中国人口将于 2025 年达到 14.2 亿（Cui *et al.*，2018），为保持 2017 年的人均粮食占有率和粮食自给率，2025 年的粮食产出需要稳定达到 6.35 亿吨/年，从当前的产能水平看，还有 1 337 万吨/年的缺口需要填补。另一方面，气候变化增加中国农业生产的不稳定性（江涌，2018），气候变化引起的极端事件规律变化，以及气候变化本身的长期趋势分别在短期、中长期对中国的农业生产构成直接、间接的挑战。

（二）气候变化对粮食供给的影响

气候变化是影响农业生产率不可忽视的因素，但影响有区域差异性。就全国总体而言，呈现轻微的负面影响；在上海等农业规模较小的地区，影响不显著；以宁夏为例的西部地区是气候变化的受益地区；以湖北为例的中部传统农业大省则受到较为显著的负面影响（高鸣，2018；韩芳玉等，2019；裴占江等，2017）。

从短期看，极端事件频发和农业脆弱性、暴露度增强，农业气象灾害对粮食安全构成切实的、显著的影响（周曙东等，2013），可能干扰农业生产，导致较大的产出波动，损害粮食供给稳定性。2000 年以来，中国每年因气象灾害造成的农田受灾面积占全国耕地面积的 40%～50%，每年因气象灾害造成的农业损失占整个农业 GDP 的 15%～20%（孔峰、吕丽莉、王一飞，2018）。从不同类型气候灾害造成的农作物受灾面积看，旱涝灾害已成为限制水稻、小麦和玉米单产提高的主要限制因素（刘立涛等，2018）。其中，旱灾的影响最大，占 49%；其次是洪涝灾害，造成的农作物受灾面积占受灾总面积的 34%（刘长松等，2018；刘笑等，2017）。

旱灾是影响中国粮食生产的首要自然灾害。20 世纪 90 年代以来西北地区农业干旱受灾面积扩大，成灾面积增加，每年由于干旱造成的经济损失占 GDP 的 4%～6%，远高于其他地区（何斌等，2017）。近年来，旱灾影响范围呈现出不断扩大的趋势，影响趋于严重，直接经济损失不断增加（Bellemare，2015；刘笑等，2017）。2018 年，全国 25 省（自治区、直辖市）发生干旱灾害，作物受旱面积 16 085.87 千公顷，因旱受灾面积 7 397.21 千公顷，其中成灾面积 3 667.3 千公顷、绝收面积 610.21 千公顷；因旱粮食损失 156.97 亿公斤、经济作物损失 84.66 亿元；因旱直接经济损失 483.62 亿元，占当年 GDP 的 0.05%；共有 306.69 万人、462.30 万头大牲畜因旱发生饮水困难（中华人民共和国水利部，2018）。干旱还对农业水资源供应带来巨大风险，目前气候变化引起的中国农业灌溉用水增加量平均超过 1 000 亿立方米（刘立涛等，2018）；未来可能导致农作物产量下降 10%（霍治国等，2017；黄耀，2017；刘春等，2016；马玉平，2015；周曙东等，2013；许朗，2013；桑婧等，2018）。在最坏的情况下，到 2030 年，季节性干旱可能导致大米、小麦和玉米三种主要谷物减产近 8%。玉米产量可能受到的影响最大，预计将减少近 1/5 的总产量，其次是小麦（4%）和大米（1.5%）（Li，2018）。

洪涝灾害往往对农业生产带来一系列影响，包括造成当季绝收，直接影响产量，损坏种植条，不利于补种、改种、后期产量形成，降低产量和品质，等等。2010 年中国极端灾害性天气突发多发，江南、华南、西南、东北和江淮等地区先后出现多次大范围强降雨过程，汛情发生早，洪涝灾害种类多，受灾程度重，洪涝灾害造成全国 1 347.1 万公顷农作物受灾，其中 209 万公顷绝收，因灾直接经济损失 2 751.6 亿元。因洪灾减产粮食 3 421 万吨，减产幅度达到 6%（周曙东等，2013）。

除了旱涝、高温等气象灾害以外，气候变化还会增加病虫害。中国农作物病虫害近 1 600 种，其中可造成严重危害的有 100 种以上，重大流行性、迁飞性病虫害有 20 多种，因病虫害造成的农业产值损失约为农业总产值的 20%～25%（赵淼等，2015），而气候变化和极端天气气候事件的增加使得病虫害的生境总体向着有利于病虫害爆发的方向发展（傅小琳，2015）。气候变暖将引起生长季节变暖、变长，可使许多害虫多繁殖 1～3 代，作物遭受较大损失，对害虫控制更加困难，病虫害的危害程度将加重 10%～20%，危害严重（周梦岩等，2016）。但目前对于气候变化背景下农业病虫害的影响评估仍显不足，深入研究农业病虫害的发生发展规律以及其对气候变化的响应是未来重要的任务之一（郭建平，2015）。

从中长期看，气候变化的长期趋势影响农业生产的环境、气候资源、农作物生长发育规律、种植制度与产品布局等，尽管各地区受到的影响存在差异，甚至是截然不同的，但总体而言不确定性比较大。考虑到耕地质量在中长期呈总体下降趋势，粮食生产的风险和不确定性还会增加（钱凤魁等，2014；吴绍洪等，2014；郭建平，2015；陈帅，2015；尹朝静等，2016；初征等，2018）。

一方面，中国主要粮食产区适应气候变化的土壤和水分条件并不优越，暖干天气增多利于病虫生长繁衍，在一定程度上给农业病虫的防治带来巨大困难，极端高温频发及其天数增加则会加剧干旱地区沙漠化和沙尘暴的发生概率，导致土壤肥力下降，影响农作物营养物质积累，迫使农民增加相应的化肥投入（刘春等，2016；马玉平，2015；周曙东等，2013）。研究表明，温室气体排放越多、气候变化速度越快，对农业生产者福利的负面影响就越大，这就对生产的可持续性带来干扰（邹荣等，2018）。

另一方面，气候变化导致种植制度变化，也增加农业生产的不确定性。已有大量研究显示，气候变化导致生长季变暖已经造成中国主要粮食作物生育期缩短、关键生育阶段前移（Zhang *et al.*，2012；Xiao *et al.*，2012；Tao *et al.*，2014）。作为三大主粮之一的水稻，产量接近粮食总产量的一半，但近年来，受全球气候变化的影响，种植制度、品种布局、作物生长发育规律、农业投入等方面都发生变化，生产的不稳定性显著增加（吴绍洪等，2014；汪阳洁等，2015）。与此同时，小麦产量的波动也增大（陈帅，2015；尹朝静等，2016）。到2030年，中国种植业产量总体上因全球变暖可能减少5%～10%左右，其中，小麦、水稻、玉米三大作物均以减产为主（钱凤魁等，2014；江涌，2018）。在保持人民消费水平持续增长的条件下，未来中国粮食生产有可能不能满足需求增长的要求，存在7%～8%的粮食缺口（刘立涛等，2018）。

在未来气温升高粮食单产下降的情景下，全国粮食总产量将减少10.1%，华北、华东、中南、西南、西北五个地区的粮食产量都将出现减少，华东和东南地区的粮食减产幅度均超过10%，而东北地区的粮食产量则将小幅增加。全国粮食自给率下降到69.4%。这将威胁到国家粮食安全，各级政府需要采取积极的适应性措施以应对气候变化对农业生产的不利影响（周曙东等，2013）。

（三）气候变化对粮食市场和粮食价格的影响

受气候变化相关事件、长期趋势的影响，粮食生产的不确定性增加，而在极端事件增加的背景下，农业经济系统的脆弱性和暴露度也加剧，这都影响到农业产量（李辉等，2014；马倩倩等，2018）、生产能力（黄承芳等，2019）、高附加值农产品供给（Xie *et al.*，2018），以及农产品贸易等各个方面（钱凤魁等，2014），从产业链的路径对粮农市场的稳定性造成负面影响，增加不确定性，加剧粮价波动。2018 年中国学者解伟等发表在《自然》（*Nature*）子刊《自然—植物》（*Nature Plants*）上的研究就说明了这个问题。气候变化影响大麦产量，进而影响高附加值农产品啤酒的供应量，对国际农产品市场产生了系统性影响。此外，随着气候变化对中国粮食生产的影响加剧，粮食生产投入要素变动，成本也提高（谢立勇等，2014a、2014b；傅小琳，2015）。当生产成本发生变化时，市场对之做出反应的可能途径就是调整价格和增加市场供求量（谢立勇等，2014a、2014b；刘立涛等，2018）。粮价上涨又会影响中国居民的生活水平，甚至引起通货膨胀、经济社会的震动（Hodler *et al.*，2014）。

中国是典型的农业资源约束型国家，很多地区主要运用规模较小、平均成本较高的小农生产方式进行农业生产，这种生产方式会大大降低农业生产者抵抗气候灾害的能力，一旦发生极端气候事件，容易导致农作物大幅减产甚至绝收。这不仅会使得市场供不应求，还有可能使农民生产积极性受挫（谢立勇等，2014a、2014b；刘立涛等，2018）。基于全国贫困县中 46 704 户农户的调查显示，气象灾害对农户收入有明显的负向影响，且对农业和非农业收入有双重抑制性，对贫困户的影响大于非贫困户（杨浩等，2016）。

除了生产成本、市场价格本身以外，还需考虑粮食安全的其他构成要素，比如储备粮调运。紧急调运系统和粮食/食品物流系统是储备粮发挥作用的重要前提，而在洪水、极端温度等突发事件下，不仅可能出现粮食数量危机，还会出现物流网络破坏，威胁储备粮紧急调运；在类似 2011 年东日本大地震的地震—海啸—核泄漏复合型巨灾事件下，叠加粮食数量危机、物流危机、质量危机，还会引发罕见的灾难性影响。所以，不仅需要立足自身保障粮食安全，也需要开辟国外粮源，与多国建立粮食安全国际协作机制，并寻求联合国世界粮食计划署（WFP）、联合国粮食及农业组织（FAO）等国际组织的最大支持（李凤廷等，2016）。

表 4–3 威胁中国储备粮食紧急调运的情景组合

	粮食数量危机	粮食质量危机
物流网络未破坏	情景组合Ⅰ	情景组合Ⅲ
	情景 1：干旱 情景 2：大规模流行性疾病 情景 3：粮食价格暴涨	情景 8：重金属污染 情景 9：真菌毒素 情景 10：农药残留 情景 11：核泄漏事故
物流网络被破坏	情景组合Ⅱ	情景组合Ⅳ
	情景 4：洪水 情景 5：地震 情景 6：泥石流 情景 7：极端温度	情景 12：地震或海啸引发的核泄漏

资料来源：李凤廷等（2016）。

最后，还需特别需要关注气象灾害对边防、偏远地区农业经济的负面影响。气候脆弱性较高的西部地区受极端事件的影响可能出现农业歉收、粮食产量大幅减产的情况（杨浩等，2016）。研究表明，新疆兵团农业近来遭遇的极端事件增加，尤其是大风和沙尘灾害，其负面效应显著且周期长，兵团本身应对能力不足，导致农业生产波动性增强（常浩娟等，2019），这又对边防稳定构成潜在挑战。

（四）气候变化对粮食国际贸易的影响

气候变化背景下中国粮食国际贸易风险可能增加，亟待加强研究。

中国粮食进出口主要受市场供需而不是国内生产的调控，在 1949 年至今的 70 年内，近 50 年都是粮食净进口国，这与耕地数量偏少、粮食生产水平偏低、人口基数过大等因素有直接关系（成升魁等，2017）。尽管科技、成本的大量投入使得粮食生产在一定程度上克服了不利的气候因素的影响，但因大豆依赖进口——2001～2018 年占进口粮食总量的 75.4%——中国的粮食自给率总体上是在不断降低，目前为 80%左右[①]（国务院，2019），到 2030 年，可能进一步下降 10%（Anderson *et al.*，2014），出现恶化的风险（刘长松等，2017）。这意味着中国对于国际粮食市场的依赖性变强。

目前，气温升高已降低了粮食贸易量（郭洁等，2015）。未来，由于国际市场粮源有限，加上全球气候危机日益增加，生物能源生产量增长，国际粮食市场竞争更趋激烈，引发国际粮食市场波动的因素日益复杂，不确定性将大大增加（杨磊，2014）。预估表明，从 2030 年开始全球粮食作物平均产量会受到气候变化的负面影响，甚至可能发生多种农产品可及性和价格的全球性大规模变动（Porter *et al.*，2014；U.S. Global Change Research Program，2018）；截至 2050 年，气候变化将导致拉美农产品年出口额下降 320 亿～540 亿美元，冲击全球粮食供求关系，可能会刺激国际粮食市场的投机行为（孙洪波，2013）。

简言之，中国作为食品进口大国易受极端气候事件对国际粮食市场冲击的影响，利用国际市场弥补国内粮食产需缺口面临的不确定性也将更大（马欣等，2019）。

二、气候变化对能源安全的影响

国家经济安全日益依赖于经济、可靠的能源供给，但气候变化和极端事件却对能源体系中多个部分构成间接或直接的影响。尤其当气象条件的变化超出社会系统可承受范围而形成灾害时，会对能源的生产、运输、消费各个

---

① 谷物自给率超过 95%。

环节产生破坏效应，对能源行业的产出产生消极影响（许霜等，2014; Le *et al.*, 2019），进而对关键的经济部分构成串联式影响，对经济安全、国家安全构成潜在威胁（陈莎等，2017）。能源安全的脆弱性可能同时来自能源基础设施、能源生产和供给、电力消费等能源需求和低碳转型压力等各方面（Ang *et al.*，2015）。

（一）气候变化对能源基础设施的影响

气候变化对三类能源设施都可能产生影响，即能源生产设施、能源运输设施、电力传输设施。

就生产设施而言，气温上升、水温上升、气候要素流量下降、极端事件频率增加等，都将对能源生产设备的工作效率产生重要影响（Gößling-Reisemann *et al.*，2013）。极端事件还可能对发电设施造成破坏，进而影响能源利用。对于中国而言，发展核电是能源发展战略的重要举措，但是中国运行和在建的核电机组基本分布在沿海地区，易受极端气候事件的影响。强台风显著增多增强，核电站通信、报警及电力等设备受损的风险就会上升，严重威胁核电工程运行的稳定性和安全性（尹慧，2014），从而对中国的核安全乃至能源安全造成不利影响。

就运输设施而言，气候变化背景下，环境温度、降水量、极端天气事件都会对油气长输管道产生影响（武斌等，2015），中国西气东输工程和中俄石油天然气管道都经过大面积冻土带，由于气候变化导致冻土逐渐消融，其运行安全的风险还在上升。据预测，目前，极端降水有 2.5%的概率可能导致中国煤矿、道路等基础设施关闭，导致产业链下游的产品价格抬高，这个概率将在 2030 年提高到 4%，到 2050 年提高到 6%（Mckinsey，2020）。

就电网而言，极端事件对电网安全构成直接威胁，而电力供应中断将导致经济系统各产业部门生产能力下降（李更丰等，2019）。据研究，雷电、低温雨雪冰冻、龙卷风、飑线风、台风、大雾、洪涝、滑坡泥石流、沙尘暴、山火等自然灾害均对电网安全有威胁。其中，极端低温雨雪冰冻天气下大范围冰灾、极端大雾天气下大面积电网污闪、大面积输电线路覆冰舞动是中国高电压主网面临的主要安全风险（陈鹏云等，2014）。例如，2008年低温雨雪冰冻灾害所致电力供应故障对湖南省10个产业部门产生严重影响：水的生产和供应业，非金属矿物制品业，金属冶炼及压延加工业，金属矿采选业，化学工业，电气、机械及器材制造业，金属制品业，煤炭开采和洗选业，卫生、社会保障和社会福利业，建筑业（李宁等，2009）。

强台风及持续暴雨灾害的概率虽小，但发生后会造成群发性的断线与倒塔，甚至在其他阻塞的推波助澜下演化为电力灾难，其风险不容忽视。具体来说，台风会通过直接或间接地引起短路或拉断导线而导致停电，且往往不能通过重合闸来恢复供电。暴雨则会引发滑坡、山洪、泥石流等次生灾害，容易导致杆塔倾倒，变电站设备运行异常、绝缘能力降低、二次回路或通信系统故障，以及水电站设施损坏（吴勇军等，2016）。台风登陆前后，往往会造成电网负荷的降低和线路多次故障跳闸；其对电网的影响具有极大的随机性，靠近台风登陆点越近，台风强度越大，相应负荷下降越多，线路跳闸概率越高，次数越频繁；同时台风强度越大，对电网的影响也越大（占才亮等，2015）。2014年7月18日，超强台风“威马逊”在海南省文昌市翁田镇沿海以超强台风“身份”登陆，登陆时中心附近最大风力为17级（60米/秒），其破坏力极强，共造成广东电网10千伏及以上线路跳闸758条次，10千伏及以上倒杆（倒塔）6 530基，低压倒杆12 191根，线路受损1 986千米，215.6万用户受到影响，其中湛江地区受灾最为严重，徐闻县供电全部中断（孙吉波等，2014）。此外，台风还可能对电厂燃料供应造成影响，如火电厂煤船无法按计划到港，燃气电厂天然气船无法按协议运输，海上气田受台风影响被迫停运，造成电网内大量火电及燃气机组停运（占才亮等，2015）。

（二）气候变化对能源供应的影响

从生产和供给的角度看，气候变化给化石能源供给带来不确定性，对风能、太阳能、海洋能源等影响较大。

油气资源短缺是中国国内能源安全主要矛盾中的重要方面，需求增长最快而供给能力日益严重不足，供求矛盾呈刚性上升。2001 年至 2010 年中国的石油原油消费从 2.3 亿吨增长到 4.39 亿吨，占世界原油年消费总量的比重从 6.5%上升到 10%，原油进口也从 0.603 亿吨增长到 2.39 亿吨。不仅如此，国内大多数省份天然气供应、储运和市场安全等级都比较低（郭明晶等，2018；刘建等，2016），约 60%的石油和 30%的天然气消耗也依赖进口。但是，全球石油与天然气供需本身与季节、气候紧密相关，存在一定的供应风险（刘长松等，2018）。

随着气候变暖和油气资源开采技术的提升，北极已经进入大规模开发的准备期。与此同时，气候变化背景下北极冰川加速融化，致使“西北航道”的开通成为可能。研究表明，西北航道一方面比传统航道在航行路程上缩短了 1/4，极大地降低了高额的燃油费用并缩短了航行时间，具有极为显著的经济优势。但是，北极国家明确提高非北极国家进入北极能源资源勘探开发的政治要价，试图将北极能源资源变为环北极国家财产。各国在北极地区争夺资源和能源，不仅对环北极国家有影响，而且直接改变了全球的地缘格局和能源格局（王文涛等，2014；潘敏，2014；杨理智等，2013；叶滨鸿等，2019），这使中国在该地区的能源安全面临风险（潘敏，2014）。

气候条件对风能、太阳能的开发产生较大影响，这主要是因为可再生能源发展依赖于气候要素及其稳定性，对气候变化较为敏感。风电机组的环境适应性分析表明，温度、湿度、盐雾、低气压、大风、雷电等环境因素对风力发电设备的性能有重要影响（李婵等，2013；王帅，2007）。就区域分布而言，在四川，可再生能源脆弱性较高；在广东、青海、甘肃、宁夏、新疆等地，可再生能源敏感度高、暴露度高、适应力相对低；而在海南、广西、贵州、西藏、上海等地，可再生能源暴露度相对低，但敏感度和适应力有所不同（Wang *et al.*，2014）。

海洋可再生能源作为本国可以掌控的、不受国际地缘政治变化影响的能源，对能源供给安全、能源独立起到举足轻重的作用（杜祥琬，2020）。而且，海洋可再生能源作为非化石能源，符合能源环境安全要求和能源气候安全要求，对可持续发展、绿色经济起重要作用（杜祥琬，2020；高峰等，2018）。但是，海洋可再生能源开发与发展受气候变化间接影响较大（高峰等，2018），比如，海上风电建设受气候变化影响也很显著（葛珊珊等，2010）。

（三）气候变化对能源消费的影响

温升趋势导致能源需求波动，与第一、二产业相比，居民部门和第三产业的用电需求受气候因素影响较大（Fan，2020）。电力负荷随着气温增加而敏感性上升，气候的积累性变化可能造成季节性能源消费的波动，进而对能源供给构成压力。

就全国而言，2018 年夏季，全国大部分地区平均气温较常年同期偏高，降温耗能相应也较常年同期偏高。2018 年夏季全国用电量为 18 668 亿千瓦时，较 2017 年同期增长 7.9%，其中，6 月、7 月、8 月分别较 2017 年同期增长 8%、6.8%、8.8%（中国气象局科技与气候变化司，2018）。预计到 2030 年，能源需求相比 2005 年将增加 1.4 倍，到 2050 年增加 1.9 倍（丑洁明等，2013）。在此背景下，一些缺少电力的地区，夏季高温使室内空调用电明显增加，甚至可能导致电力负荷超标，发生电网断连事故，进而引发一系列的生产事故（史培军、孔锋等，2014）。就分布而言，城市压力比较大。城市的能源系统脆弱性就来自电力需求、供暖系统、其他能源需求，以及极端天气和可再生能源利用等方面；生活能源消费比生产能源消费更加敏感，其中，电力消费最为敏感（陈莎等，2017）。

以北京为例，1951～2014年，北京市年平均气温以每十年0.37摄氏度的速度上升，且热岛效应强度和范围增大，而高温电力负荷基本遵循线性变化趋势，能源系统受到的额外压力也趋于显著，尤其是高温天气条件下，电力需求负荷超过电力供应系统设计最大负荷。预计到2020年，北京市高温电力负荷最大值将达到2 287.5万千瓦，目前设计的最高供电负荷在出现极端高温天气条件时将面临极大挑战。尽管气温上升对降低采暖季能耗有利，但低温条件下，天然气供应依然短缺，出现极端天气条件时，天然气供应空缺将更大；极端天气给能源生产、能源供应和能源运输造成威胁（陈莎等，2017）。

（四）能源贸易与能源转型中的风险

中国是全球最大的能源消费国，全球的能源需求主要来自中国、印度等快速发展的发展中国家（发展中国家占全球的80%，中国和印度占50%左右）。一方面，能源安全直接目标就是减少油气进口、降低对外能源的依赖（Leung *et al.*，2014；Zhang *et al.*，2017；Engels，2018）；另一方面，加速推进能源系统低碳化转型也是气候变化背景下维护国家经济安全的应有之义（Wang *et al.*，2019）。国际能源署在其报告中明确指出"当中国转变时，一切都会改变"（IEA，2017）。2018年，中国石油对外依存度已经高达72%，天然气对外依存度高达45%，而且随着油气消费占比的逐步提高，这两类能源的对外依存度还将进一步上升（程蕾，2018）。根据英国石油公司的预算，中国到2040年仍将是全球最大的能源市场；中国的能源赤字将加强，能源安全受全球能源贸易的影响会加剧（BP，2019）。澳大利亚官方曾指出，中国的能源结构调整将给其能源出口提供极好的机会①。全球能源结构转型，实质就是要以非化石能源替代化石能源，或者以天然气替代煤炭和石油，其压力主要集中在

① Guy Debelle. 2019. Climate Change and the Economy. https://www.rba.gov.au/speeches/2019/sp-dg-2019-03-12.html, March 12.

发展中国家，尤其是高度依赖煤炭的地区。这就给中国经济带来极大的能源结构转型压力和经济维持增长压力（乔晓楠等，2016）。而原油市场各类主体博弈能力加强，地缘政治风险复杂且加大，全球对天然气需求增加，使得中国油气供应的风险增高。

气候变化的加剧还促使各方在全球能源布局中的角色和地位进入转化阶段，与此同时，这种转化还影响着各方在应对气候变化问题上的立场，使西方发达国家、新兴国家、能源生产国之间的博弈微妙地呈现出一种动态的三角态势（吕晓莉等，2014）。从全球政治经济格局角度看，《巴黎协定》签订和温升控制 2 摄氏度目标确定之后，世界经济已经走到了一个历史性的十字路口。去工业化和金融化导致的双赤字根本不可能长期支撑美国的经济增长，同时美元也不可能无限制地扩张信用攫取由他国创造的价值。所以，当下的美国已经不同于“二战”之后的美国，其自身的经济增长模式具有极高的寄生性，其作为霸权国家所主导的世界体系的稳定性也因此显得愈发脆弱。这不仅是美国所要面临的问题，也是世界各国需要共同面对的问题。这是中国经济发展未来面临的极大外部不确定性之一（乔晓楠等，2016）。此外，还需注意贸易争端可能对能源转型带来的负面影响，尤其如果进入逆全球化情景，贸易争端升级会使能源进口大国加剧对能源安全担忧，通常要支付 10%左右的风险溢价，影响巨大（张振等，2019）。

除了外部不确定性和国际风险之外，中国的能源转型内含一些风险。

一是对以煤为主的能源结构的挑战。中国是世界上少数几个以煤为主的国家，在 2005 年全球一次能源消费构成中，煤炭仅占 27.8%，而中国高达 68.9%。与石油、天然气等燃料相比，单位热量燃煤引起的二氧化碳排放比使用石油、天然气分别高出约 36%和 61%（孔锋、吕丽莉、王一飞，2018）。考虑到中国煤炭进口量基本稳定在 2 亿吨以上，对外依存度低，煤炭供给能力相对充足、运输设施不断完善、清洁高效利用技术快速发展，加之能源结构在一定程度上受到资源结构的制约，提高能源利用效率又面临着技术和资金上的障碍，以煤为主的能源资源和消费结构在未来相当长的一段时间内将很难发生根本改变，煤炭在中国能源转型过程中仍将承担重要责任（程蕾，2018）。这使得中国在降低单位能源的二氧化碳排放强度方面比其他国家面临更大困难。

表 4–4　2007～2017 年中国一次能源生产、消费结构比例（单位：%）

年份	原煤		原油		天然气		水电、核能、风电	
	生产	消费	生产	消费	生产	消费	生产	消费
2007	76.6	77.8	11.3	10.1	3.9	3.5	8.2	8.6
2008	76.8	71.5	9.8	16.7	3.9	3.4	9.5	8.4
2009	76.8	71.6	9.4	16.4	4.0	3.5	9.8	8.5
2010	76.2	69.2	9.3	17.4	4.1	4.0	10.4	9.4
2011	77.8	70.2	8.5	16.8	4.1	4.6	9.6	8.4
2012	76.2	68.5	8.5	17.0	4.1	4.8	11.2	9.7
2013	75.4	67.4	8.4	17.1	4.4	5.3	11.8	10.2
2014	73.6	65.6	8.4	17.4	4.7	5.7	13.3	11.3
2015	72.2	63.7	8.5	18.3	4.8	5.9	14.5	12.1
2016	69.6	62.0	8.2	18.3	5.3	6.4	16.9	13.3
2017	68.6	60.4	7.6	18.8	5.5	7.2	18.3	13.6

资料来源：吴乔一康等（2019）。

去煤炭化的趋势可能在短期对能源供给安全造成压力，并且目前可再生能源产量对中国能源供给安全的正向影响效力仍比较小，其产量每提高 1%，能源供给安全程度提高 0.03%，但随着能源转型的深化与推进，可再生能源在一次能源消费总量中的比重增加，能源供给安全将提高（李品，2018）。从长远看，中国能源安全将从能源转型中获益（张所续，2019；马建平，2019b）。

二是对能源技术发展和相关政策的挑战。中国第三次能源系统转型是一次“新能源革命”，而能源系统转型受到环境、经济、社会等多方面因素的制约，需要依靠技术进步对能源系统进行“开源节流”，开发利用新能源，促进能源结构升级（田丹宇等，2017；柳逸月等，2017）。多项能源重大技术创新及其基础设施、管理制度的完善是实现“能源系统转型”的必要基础。为实现 2030 年减碳目标，重要任务之一是要做好需求响应分析，加大新能源产业技术政策支持力度（曹莉萍等，2017）。清洁能源技术、节能技术、运输供应技术都是技术支撑体系的发展前沿（舟丹，2019）。但中国目前新能源开发利用技术成本高，风力与光伏发电的“系统成本”随着其份额提高而快速增长，后补贴时代风力和光伏发电的“非技术成本”的不利影响还将日益凸显；加上电网基础设施缺乏弹性（如存在接入电压限制、低压穿越能力低），电力系统对新增的风电、光伏发电等新能源电力全额上网存在疑虑。有学者指出，如果用总发电量中可再生能源占比（包括水电）来判断，中国和全球可再生能源发展规模排名前十位的国家一样，都进入了能源转型的中级阶段；但如果以波动性风光电量比重衡量，中国、美国、日本、印度和加拿大还都处于能源转型的初级阶段，德国、英国、西班牙、意大利和巴西处于能源转型的中级阶段（柳逸月等，2017；凌广志，2018；朱彤，2019）。这说明，以能源转型为导向的政策和以效率为导向的电力改革之间的冲突与协调可能成为一个持续挑战（朱彤，2019），能源转型的制度设计有待加强（田丹宇等，2017）。

三、气候变化对中国重大工程和基础设施的影响

气候变化能够对人工建造的重大工程和基础设施产生持续的影响。联合国政府间气候变化专门委员会（IPCC）第五次评估报告（2014）指出：气候变化对许多国家关键基础设施的影响将影响国家的安全策略。博斯蒂克等（Bostick *et al.*，2018）通过研究表明：到 21 世纪 20 年代，气候变化造成的损失将是现在的 3 倍；到 21 世纪中叶，气候变化造成的损失将是现在的 6 倍；到 21 世纪末，仅气候变化造成的损失就将超过现在的 10 倍。在此情形下，对气候变化尤为敏感的人工建造的重大工程和基础设施系统也可能受到不可

预测的影响。陈鲜艳等（2015）认为：全球气候变化，特别是升温、降水强度增加以及极端天气气候事件频发，会通过影响重大工程的设施本身、重要辅助设备以及重大工程所依托的环境，从而进一步影响工程的安全性、稳定性、可靠性和耐久性，并对重大工程的运行效率和经济效益产生一定影响，气候变化还对重大工程的技术标准和工程措施产生影响。然而，气候变化对重大工程和基础设施的潜在影响不仅体现在潜在的效率损失方面，更与安全风险密切相关，涉及国土安全、军事安全、经济安全、社会安全、生态安全等多个安全领域。在由气候变化引发的地震、洪水、泥石流、台风等灾害频发的情况下，受极端荷载的影响，大批基础设施面临着破坏失效的严峻问题（陈祖煜等，2016）。

本节将重点关注气候变化对中国重大水利工程和基础设施、重大交通工程和基础设施、重大海洋工程和基础设施以及重大生态工程和基础设施的直接影响，并从国家安全的角度探讨这些影响可能导致的后果、风险和隐患。

（一）气候变化对中国重大水利工程和基础设施的影响

重大工程的设计标准与运行方案均不能忽视气候的影响，其中重大水利工程和基础设施与气候条件的关联尤为紧密。大型水利工程枢纽设计中的暴雨、洪水等参数，都是以历史气候资料为依据计算的。因此，未来全球气候变化所导致的气温增高、海平面上升、降水时空分布变化、暴雨程度和频率加大、地质灾害频发、洪涝干旱极端事件增多等都将对中国重大水利工程建设、功能及运行带来严重影响（薛澜等，2014），不仅给水利水电工程及水资源管理带来新的挑战，同时也将对中国的供水安全、防洪安全、水生态环境安全造成多方面的影响（陈鲜艳等，2015）。

1. 三峡工程

三峡库区位于长江上游，处于经济发达的东部地区和资源富集的西部地区结合部，是长江上游重要生态屏障和国家战略性淡水资源库，在中国社会经济发展中具有极为重要的战略地位（王若瑜等，2017）。三峡工程坝址位于长江三峡西陵峡河段，控制流域面积达 100 万平方千米，年平均径流量 4 510 亿立方米，既是世界最大的水利枢纽工程，也是治理和开发长江的关键性骨干工程（舒卫民等，2016），其良好运转对保障国家经济安全、社会安全和生态安全意义重大。

气候变化对三峡工程的影响主要体现为：气候变化所引起的降水量、降水频率和降水强度变化及其引发的自然灾害是直接影响三峡工程及库区安全，特别是水工建筑物和人员安全、三峡库区的水资源综合管理和运行调度、库区植被及生态系统安全等方面。

（1）降水变化、自然灾害与工程安全

气候变化所引起的降水量、降水频率和降水强度变化及其引发的自然灾害是直接影响三峡工程及库区安全的首要因素。有研究表明：气候变化引起了中国水资源分布的变化。近 50 年特别是 1980 年以来中国各大江河的实测径流量多呈下降趋势，水资源时空分布不均问题更加明显，局部地区的强降雨、高温干旱以及超强台风等极端天气灾害出现的频率和强度显著上升（陈鲜艳等，2015）。就三峡库区而言，近 60 年三峡库区降水变化总体上呈现出微弱的线性减少趋势（周小英等，2017）。代表性浓度路径情景（Representative Concentration Pathway，RCP）是 IPCC 提出并采用的以温室气体浓度来刻画的排放情景。在 RCP 4.5 温室气体排放情景下，未来（2016 年至 2050 年）三峡库区年降水量没有明显的增加或减少趋势，而年暴雨日数则呈显著增加趋势，平均较当代（1986 年至 2005 年）增加 1.2 天（王若瑜等，2017），长江中游地区在 21 世纪上半叶降水频率将会增加（Pan *et al.*，2016）。降雨—库水联合作用影响着三峡库区滑坡，滑坡的监测预警不仅直接关系到人民的生命财产安全，而且库水位问题还涉及三峡水电站的经济效益：水位快降有利于发电，但降速过快又可能引发沿岸的滑坡灾害（喻孟良等，2016）。由于越靠近库水变动带和河网水系影响带滑坡易发性越高（王佳佳等，2014），暴雨日数的增加和降水强度的增大使得三峡库区爆发滑坡的可能性也随之加大。库岸滑坡体一旦失稳便可能会危及大坝安全，造成重大事故。就三峡工程而言，在“蓄水+暴雨”工况下，滑坡体局部安全系数略低，当滑坡体变形破坏后，滑坡体滑入水库撞击水体可能产生巨大涌浪，从而威胁水工建筑物和人员安全（张燚等，2019）。

此外，气候变化还对三峡库区的水资源综合管理和运行调度产生了影响（李帅等，2018）。气候变化影响下，三峡水库来水系列水文特性已发生一定程度的改变：一方面，流域气候变化引起了流域降水量的改变，从而间接影响流域径流总量及年内分布，径流量的减少幅度和蒸发量的增加幅度要大于降水量的减少幅度，给三峡库区的水资源综合管理和水库原有设计调度方式的适用性提出挑战；另一方面，气候变化引起的极端天气事件如高温持续干旱、超强秋汛、汛期大洪水等也对三峡水库供水、蓄水、防洪以及应急调度提出了新的挑战和更高要求（王方方等，2019）。

（2）气温变化、植被响应与生态安全

除了降水之外，气候变化所引起的气温变化也是能够对三峡工程及库区安全产生重要影响的关键因素，主要体现为对库区植被及生态系统的影响。总的来说，三峡库区位于水域生态系统和山地生态系统的过渡地区，生态环境脆弱且不稳定，受到干扰后极易发生生态系统的退化，该地陆地植被生态系统和库区的生物多样性对三峡工程的长久安全运行、长江中下游的生态环境安全具有独特和重要的意义（向菲菲等，2018）。植被生长与气候密切相关，且气温对植被指数的影响大于降水。三峡库区所在的西南地区气候在 2006 年夏季表现出持续的高温、干旱（郑景云等，2014），这直接导致了抗旱能力较低的植物和农作物非正常死亡或者生长情况不佳；2008 年冬季，中国南方出现大范围的冰雪天气，低气温直接导致了库区当期植被指数值低于其他年份（向菲菲等，2018）；2015 年至 2016 年单幅图像归一化差分植被指数 SINDVI（Single-Image Normalized Difference Vegetation Index）的上升则可能与当年的强厄尔尼诺现象导致温度升高促进植被生长有关（张兰等，2019）。

此外，气候特征还将对森林固碳速率时空动态产生影响（Gonzalez-Benecke *et al.*，2016），库区范围内较高的年均温和降水量可在一定程度上提高马尾松林固碳速率，但林龄结构对固碳速率的大小起着决定性作用。冯源等（2019）通过模拟未来气候变化情景下三峡库区马尾松林生物量固碳动态与空间分异发现：在 RCP 4.5 和 RCP 8.5 温室气体排放情景下，马尾松林生物量固碳速率年际平均值高出基准气候情景 8.31%～9.71%，由此反映出未来以温度升高和降水波动增加为特征的气候变化将在一定程度上促进马尾松林生长并提高其固碳能力，这一发现也与普雷茨奇等（Pretzsch *et al.*，2014）和解雅麟等（2017）的研究结论相符。

2. 南水北调工程

为缓解黄淮海流域日益严重的水资源短缺，改善生态环境，保持经济发展和社会进步，促进黄淮海流域的经济发展和社会进步，中央决定在加大节水、治污力度和污水资源化的同时，从水量相对充沛的长江流域向这一地区调水，实施南水北调工程。经过 20 世纪 50 年代以来的勘测、规划和研究，在分析比较 50 多种规划方案的基础上，分别在长江下游、中游、上游规划了三个调水区，形成了南水北调工程东线、中线、西线三条调水线路。通过三条调水线路，与长江、淮河、黄河、海河相互联接，构成中国中部地区水资源“四横三纵、南北调配、东西互济”的总体格局。三条调水线路互为补充，不可替代。本着“三先三后”、适度从紧、需要与可能相结合的原则，南水北调工程规划最终调水规模 448 亿立方米，其中东线 148 亿立方米，中线 130 亿立方米，西线 170 亿立方米，建设时间约需 40～50 年[①]。

自 20 世纪 90 年代以来，由于全球气候变化改变了水文循环的特征，暴雨洪涝、高温和干旱等极端气候事件发生频次和强度呈大幅增加、增大趋势，

① 南水北调工程基本信息参见中华人民共和国水利部南水北调工程管理司网站（http://nsbd.mwr.gov.cn/）。

已经严重威胁全球和区域水安全，给经济、社会和人民生活带来日益严重的影响（Voskamp *et al.*，2015）。南水北调工程作为中国跨流域引水调水工程的代表，具有大规模、长周期的特征。在大时空尺度下，气候变化对南水北调工程的科学设计与安全实施、流域生态安全等有着直接的影响，是决策和建设过程中不容忽视的重要因素。

对于南水北调工程而言，水源区和受水区的水资源演变规律直接关系调水工程运行的安全性与可靠性，水资源的短缺和水质的污染会使得水资源的供需矛盾越来越突出，甚至会严重影响到经济的发展与社会的稳定（张德斌等，2018）。气候变化能够直接影响水量和水质这两个水资源的基本属性。

（1）气候波动、水量变化与系统性安全

气候变化直接影响河流水量和调水分配（Kirby，2014）。南水北调工程的受水区横跨海河流域、黄河流域、淮河流域，在全球气候变暖的大背景下，受水区径流量的形成极易受到气候变化的影响，从而间接影响水源区的需调水量（梁钟元等，2014）。李凌程等（2014）以南水北调中线工程典型流域汉江上游流域和滦河流域为研究对象，发现气候波动和人类活动共同影响着径流量的变化，肯定了气候波动对南水北调中线工程水源区径流变化的影响。其中，对于汉江上游流域而言，1991 年至 1999 年（变异Ⅰ期）气候波动是径流减少的主要影响因素，2000 年至 2008 年（变异Ⅱ期）人类活动则是径流减少的主要影响因素，且人类活动对汉江上游流域径流减少的影响逐步增强。对于南水北调中线工程而言，余江游等（2018）研究发现：过去几十年中南水北调中线工程水源区与海河受水区总体呈现变旱趋势。在 RCP 4.5 和 RCP 8.5 两种未来气候变化情景下，水源区与海河受水区汛期、非汛期及全年同旱事件发生概率较现状有不同程度的增加，尤其汛期遭遇同旱和非汛期遭遇同重旱的概率明显增大，增加的幅度分别达到 2.99%～6.1%和 2.67%～3.63%。在此情景下，水源区与海河受水区干旱遭遇变化可能会对工程运行带来风险，从而威胁工程的正常安全运行。薛澜等（2014）认为：南水北调东线、中线工程的线路长度都在 1 000 千米以上，与数百条河流交叉，且需通过海河及淮河流域的暴雨区，发生非常规性暴雨洪水灾害的可能性较大，对工程的不利影响不可低估。

此外，水源区和受水区之间降水的同步或异步对南水北调工程起着至关重要的作用，不同区域降水同步的概率决定着工程的可行性和水源区是否有足够的水源可供调取（Yan *et al.*，2013）。当南北水系同时遭遇枯水期时，可能导致南水北调工程无法满足北方地区需水要求（薛澜等，2014）。方思达等（2018）对南水北调中线工程水源区和受水区旱涝特征进行分析发现：20 世纪以来水源区与受水区同旱概率处于近 500 年来高位，未来调水朝有利方向发展，但 21 世纪后期面临较大的同涝风险。

（2）气候波动、水质变化与工程安全

气候变化还威胁着南水北调工程的水质安全。水源区的水资源紧缺、洪旱灾害频发、水土流失严重等问题，加之全球气温升高、干旱和水资源紧缺的长期趋势等不仅使南水北调工程面临调水无法持续的系统性风险，还可能间接导致水源区水质的下降。第一，气候变化所导致的降水增幅减小和气温升高在引发径流减少、水流减缓的同时也降低了水源的自净能力，并增加了水源的蓝藻和富营养化等问题（陈伟，2016；薛澜等，2014）。丹江口水库及三峡水库水源地水温的升高将促使水中污染物的沉淀和有海藻类的生长并降低溶氧量，对库区及水源地水质及水生态造成额外污染（薛澜等，2014）。第二，气候变化条件下暴雨、洪水的增多直接导致了工程水源区较为严重的水土流失，从而使得南水北调工程的水质安全问题进一步凸显（陈伟，2016）。第三，气候变化所导致的海平面上升和极端天气加剧了长江口盐水入侵，使得长江口水源地的供水安全面临着严峻的挑战（张德斌等，2018）。

（二）气候变化对中国重大交通工程和基础设施的影响

气候变化对中国重大交通工程和基础设施的影响主要涉及青藏铁路（公路）工程和高速铁路工程。

1. 青藏铁路（公路）工程：冻土退化、水热侵蚀与工程安全

气候变化对青藏铁路（公路）工程的影响是气候变化导致沿线冻土环境的热平衡被打破，多年冻土环境一经破坏便难以恢复，因此未来50年温度进一步升高将对路基稳定性及工程安全运行带来更大的风险（薛澜等，2014）。青藏铁路全长1 142千米，海拔高于4 000米地段达960千米，通过连续多年冻土地段约547千米（马耀明等，2014）。蔡汉成等（2016）认为受气候变暖影响，青藏高原多年冻土目前处于退化状态，将会对多年冻土区的工程稳定性及生态环境产生显著影响。杨永鹏等（2018a）发现随着全球气候转暖趋势进一步明显，青藏铁路沿线气温呈升高趋势，尤其是进入21世纪以后，升温速率进一步加大，降水量逐年增大，暖冬现象越来越严重。可见在全球气候转暖及青藏铁路沿线气候要素变化的过程中，青藏铁路路基下多年冻土发生了升温退化，而在气候变暖和工程活动双重影响下，高温冻土面积将不断增加，对工程稳定性的影响程度将日趋显著（尹国安等，2014）。

总的来说，气候变化已经使多年冻土环境发生变化，且未来的多年冻土退化在全球变暖的背景下将变得更加严重（陈鲜艳等，2015），气候要素的变化特征及冻土对气候要素变化的响应关系到包括青藏铁路、青藏公路在内的所有工程建筑的安全稳定（杨永鹏等，2018b）。刘明浩等（2014）发现2006～2011年监测期间，青藏铁路沿线多年冻土正在经历明显的升温趋势，并认为青藏铁路沿线多年冻土的动态变化对于青藏铁路的长期安全运营至关重要。

随着全球持续变暖，青藏高原的冻土持续退化以及青藏铁路、公路等重大线性工程的建设改变了原来的水热状况，影响了下部多年冻土的生存环境和热稳定性，加速了冻土的退化进程——气温升高和降雨增加导致青藏铁路

沿线多年冻土退化，造成铁路沿线出现一系列病害，对青藏铁路的运输安全必然产生一定的影响（孟超等，2018）。一方面，青藏高原气候的暖湿化可能会导致公路、铁路路基一侧的侧向水热侵蚀加剧，进而引起路基的不均匀沉降变形，严重时可导致路基一侧出现倾斜、滑塌（穆彦虎等，2014）。另一方面，在全球气候暖湿化背景下，由冰湖溃决引发的洪水和泥石流灾害数量增多、危害程度加剧（崔鹏等，2014），并可能直接冲毁青藏铁路、公路、光缆及其他基础设施。为了应对气候与冻土环境变化对青藏铁路路基的影响（熊治文等，2016），青藏铁路多年冻土区路基采取的片石路基、热棒路基等工程措施较好地保护了多年冻土的效果，有效地缓解了由于气候变化引起的路基下多年冻土的升温退化，保证了多年冻土路基工程的稳定（杨永鹏等，2018a）。

2. 高速铁路工程：气候条件变化、极端气候事件与工程安全

除了青藏铁路（公路）工程之外，气候条件的变化、极端气候事件的频发对中国正在大规模建设的高速铁路工程也带来了潜在的风险。近年来，已经有学者关注到地表气温、年平均降水量等气象条件的变化以及台风等极端天气气候事件频发可能对高速铁路工程的设计与施工造成不利影响，并认为气候变化可能直接对高铁基础设施的服役寿命以及高铁运输秩序等方面产生影响（陈鲜艳等，2015）。然而，目前关于高速铁路工程的研究更多涉及的是在限定区域或特殊地质和气象气候条件下高速铁路的设计和施工，对更长时间尺度下气候变化所引起的水热条件变化和极端气候事件发生频率如何直接影响高速铁路工程的安全实施和运行尚待研究。

（三）气候变化对中国重大海洋工程和基础设施的影响

气候变化带来了全球气温的持续升高，从而进一步导致了冰川融化、海水水温升高及海水膨胀，最终导致海平面上升。与此同时，气候变化使得海洋表面气温升高，海水蒸发加快，从而推动了台风的形成，反过来又加剧了全球气候的不稳定。因此，气候变化导致的气温水温上升和台风等极端海洋

灾害频次的增加对中国正在兴建的重大海洋工程有着不可忽视的影响，关乎中国重大海洋工程的设计、建造及运行安全。

1. 滨海核电站

核电站是一个庞大复杂的系统，其整体安全需要其中各个系统时刻保持稳定可靠的运行。出于地质、水源及用电需求等方面的考虑，当前中国的核电站集中分布于沿海地区，滨海核电站是中国近海区域的重大基础设施之一。气候变化对于滨海核电站安全运行的影响主要体现在以下三个方面。

海平面上升：全球范围内的气候变化直接导致了海平面上升，而海平面上升不仅将直接降低已建工程的水位设计标准及核电站的安全性，还将使沿海核废料的管理和储存设施面临被海水淹没等意料之外的风险（Jenkins *et al.*，2020）。

海洋酸化：气候变化引起的海水酸化导致水源质量下降。在全球变暖的背景下，由于吸收了大气中人为的二氧化碳，海洋自身的碳酸盐的化学平衡遭到了破坏，海水酸度日益增加（贺仕昌等，2014），腐蚀性也日益增强。然而，滨海核电站的主要供水源正是海水，且其正常运行时的用水量、排放稀释用水量及冷却水系统用水量均较大（喻飞等，2015），海水酸化则有可能会进一步加速对核电基础设施的腐蚀，缩短核电站的服役寿命，并提高设备的维护成本。

极端气象事件及气象灾害：气候变化所带来的极端气象事件频发也对滨海核电站的安全运行带来了潜在的风险。例如，沿海地区强降雨与风暴潮灾害的同时发生进一步引发洪水灾害，增大了滨海核电站的运营风险，增加了其受到洪水冲击的可能。再如，全球气候变化所导致的飓风也可能对核电站造成不利影响（Liu *et al.*，2017）。

2. 重大港口工程

作为海运与陆运的交接点、部分工业活动基地以及综合物流中心，重大港口工程及基础设施的安全对于中国进一步推进对外开放和“一带一路”

战略至关重要。气候变化对于重大港口工程安全的影响主要体现在以下两个方面。

极端降水及突发性洪水：在全球气候变化的大背景下，极端降水等极端天气和气候事件频繁发生，对自然系统乃至人类系统造成了广泛的影响。就重大港口工程而言，极端降水引起的突发性洪水对港口码头区域影响较小，但是对港口堆场、后方服务区、临港工业区以及集疏运道路有不同程度的影响（杨啸等，2017）。

气候条件变化与港口机械结构的稳定性：港口机械结构稳定性直接关系港口的直接经济效益，也影响着港口工作人员的人身安全。当前，中国大部分港口机械设备已经实现电气化，而电子产品受空气湿度、气候环境的影响较大，因此不同的气候环境对电子设备的影响程度存在差异性。港口地区的主要气候影响因素是空气湿度、温度以及空气中的盐含量等（姜萍等，2016），在气候暖湿化的背景下，沿海港口地区的空气湿度以及空气中的盐含量都会随之发生变化，这些参数的变化对港口机械结构的稳定性和安全运行产生了不容忽视的影响。

3. 新兴岛礁工程

岛礁工程主要由基岩、礁石盘和珊瑚礁砂吹填地基形成的岛礁本体和围护结构组成，而当前人工筑岛工程受工后沉降加剧、整体稳定性较差、海洋动力环境侵害等的威胁严重。其中，海洋动力学特征对岛礁工程的安全与长期稳定性有着突出的影响。岛礁的特殊地形造成其海洋动力过程与一般海岸有所不同，在特殊的岛礁地形下，严酷的自然环境造成波浪破碎，增水等对岛礁构筑物的冲击，越浪作用更加显著。在气候变化的背景下，台风、巨浪、海啸等极端气象事件和灾害发生得更为频繁，其巨大的破坏力甚至可能导致岛礁护岸、防波堤、水下构筑物等涉水结构设施直接失稳、失效或遭到破坏，造成对岛礁珊瑚砂的淘刷、侵蚀甚至导致岛礁本体破坏，给岛礁带来极其严重的安全风险（王建平等，2019）。

（四）气候变化对中国重大生态工程和基础设施的影响

气候变化与重大生态工程之间存在着互馈式影响。温度升高导致的蒸发量增加、降水季节分配变化，能引发干旱、洪涝频发、径流量季节变化规律异常等问题，给生态工程的水资源调配、环境改善、灾害防治的综合发挥带来严峻考验。此外，气候变化和极端事件可能对重大生态工程区的生态系统结构、功能和分布产生影响，从而导致关键物种的丧失，破坏生态系统的稳定性和可逆性，进一步加剧生态系统的脆弱性，从而影响区域的经济发展与社会稳定，对国家安全和社会的发展构成新的挑战（赵东升等，2019）。

表 4–5　重大生态工程区气候变化特征

重大生态工程区	气候变化特征
三江源生态保护工程区	➢ 近 50 年来增温显著，三个源区均为冬季增温幅度最大，其次为秋季和夏季，春季最小； ➢ 年降水量变化存在周期性规律，1975～2004 年降水量呈减少趋势，2004～2012 年间，降水量逐渐增多； ➢ 中西部长江源区降水量增加最为显著，东部黄河源区降水量增加较少； ➢ 气候变化由 2004 年以前的暖干趋势转变为之后的暖湿趋势
“三北”防护林工程区	➢ 平均气温呈显著上升趋势，年均温由 1960 年的 6.29 摄氏度上升到 2011 年的 7.19 摄氏度，增温速率为每十年 0.346 摄氏度； ➢ 区域内内蒙古高原、黑龙江松嫩平原、吉林西部平原、柴达木盆地均为显著增暖区，华北北部、山西西部、陕北、陇东、塔里木盆地为增温低值区； ➢ 年降水量呈下降趋势，区域内西部地区降雨量以增加为主，而东部地区则以减少为主； ➢ 1970 年以来区域年平均风速逐渐减弱，1970～1990 年站点平均风速 2.68 米/秒，至 2010～2015 年时，减弱到 2.37 米/秒
京津风沙源治理工程区	➢ 近 50 年京津风沙源治理工程区年平均气温不断升高； ➢ 年降水量呈下降趋势，气候呈暖干化发展趋势； ➢ 工程区沙尘暴集中分布在春季，春季气温增幅显著； ➢ 降水量在林西—多伦—张家口—蔚县以西呈下降趋势，以东地区呈上升趋势

资料来源：赵东升等（2019）。

1. 三江源生态保护工程

生态安全是一个区域与国家经济安全及社会安全的自然基础和支撑。保护好自然生态环境是实施生态安全战略的关键。三江源位于青海省南部，占青海省国土面积的 54.6%，是长江、黄河、澜沧江的发源地，被誉为“中华水塔”和“亚洲水源”。区域内部原始自然及其有机质的土壤转化水源涵养功能显著，是全国最重要的生态功能区之一，是中国关键的气候变化敏感区和启动区，也是中国不可或缺的基因库资源保障。作为国家生态安全格局的重要组成部分，三江源对三江流域广大地区的水文水循环和水量都有重大的影响，是下游地区的政治安全和社会稳定的基石，也是新丝绸之路经济带的资源保障（高静宇，2017）。

三江源自然保护区于 2000 年成立，2003 年晋升为国家级自然保护区，三江源自然保护区生态保护和建设工程于 2005 年正式批准实施，三江源区域生态恢复和治理工作正式启动。该工程建设内容包括退牧还草、已垦草原还草、退耕还林、草地鼠害治理、水土保持和保护管理设施与能力建设等多项措施，主要目标是遏制草地生态退化的趋势。草地生态系统的退化或恢复的动态过程是气候环境和人为活动共同作用的过程，三江源地处青藏高原腹地，气候变化对其草地生态系统产生着重要的影响（张颖等，2017），是影响植被生产力的决定性因素（李作伟等，2016）。三江源在近 50 年来气候整体上趋于暖湿化（窦睿音，2016），有些学者认为这种气候变化趋势有利于植被的生长与恢复（李惠梅等，2014；张海燕等，2016；李作伟等，2016），也有研究指出尽管从 30 余年的时间尺度上看，三江源气候变化表现为有利于植被生长，但进入 21 世纪的十几年中，平均气温显著升高，与气温、降水有关的事件都有趋于极端化并表现为上升趋势，如极端降水频次增加、强度加重（刘彩红等，2015），气候变化趋势已转变为不利于植被增长，加剧了草地退化（张颖等，2017），从而对生态安全造成了一定威胁。

2. “三北”防护林工程

1978 年 11 月，为改善中国北方的生态环境，防止“三北”地区风沙灾害和水土流失的恶化，正式启动“三北”防护林工程。总体而言，“三北”地区林业生态工程建设对该地区植被恢复发挥了重要作用，近 30 年来“三北”防护林工程区域内植被总体状况得到了改善（He *et al.*，2015）。也有研究表明，植被好转同时受气候变化和人类活动的影响，以风场减弱为主的气候变化导致土壤风蚀力减弱，同“三北”防护林等生态工程对生态系统防风固沙服务变化均有贡献，贡献率分别介于 85%～89%和 11%～15%之间（黄麟等，2018）。气候条件对于“三北”防护林工程的影响主要是通过气温和降水的变化实现的。

王鹏涛等（2014）研究发现，近 52 年来，“三北”防护林工程区气温呈显著增加趋势，而降水量呈下降趋势。综合气温及降水变化，52 年来“三北”防护林工程区总体暖干化趋势增加，其中气温变化以南北分布差异为主，而降水变化的东西差异变化更为显著，这种气候发展趋势，将会限制防护林工程的实施。李泽椿等（2015）在分析 1978～2013 年“三北”防护林建设区降水、气温等气象要素变化与植被生态质量的相互关系，以及 1961～2013 年中国主要草原区气象要素变化与草原生产力的相互关系的基础上，进一步根据 RCPs 排放情景和预估的中国未来气候变化，指出未来 30～60 年中国北方地区气候将呈现暖湿化趋势，有利于巩固和扩大“三北”防护林和草原生态建设成果，缩短生态恢复的时间；但气候增暖会增加森林和草原火灾及病虫害的发生范围和频率。谢舒笛等（2020）研究发现降水量是影响“三北”防护林工程区生长季植被生长的关键气候因子。在不考虑降水变化影响时，升温促进植被生长，但生长季温度升高带来的降水量减少使得升温对植被生长表现为抑制作用。

第四节 气候变化对中国不同区域经济安全的影响

考虑到中国的自然灾害风险等级处于全球较高水平，而气候条件和地理状况复杂，不同区域的气候变化响应不同，本节关注气候变化对中国不同地区经济安全的差异性影响，包括沿海地区、内陆敏感和脆弱地区，以及经济社会活动比较集中的城市地区。

一、气候变化对沿海地区经济安全的影响

气候变化对沿海地区的影响是中国面临的高风险之一（U.S. NIC，2009）。气候变化对沿海地区经济安全的影响主要体现在两个方面：第一，海平面上升背景下，灾害风险加剧，不仅造成直接经济损失，也威胁海岸防护工程。第二，气候变化对海洋生态产生影响，进而影响到海洋经济。

（一）海平面上升及相关趋势对沿海地区经济安全的影响

中国是海平面上升造成经济和社会损失最大的国家，30%以上沿海地区属于全球温升和海平面上升背景下的高脆弱区域（IPCC，2014a；Muis *et al.*，2016），沿海海平面和海表温度上升速率却高于全球平均水平（国家海洋局，2018a）。受自然风险不断加强和社会经济承灾体暴露度不断增加的双重作用，未来中国沿海地区的人口、资本、经济社会安全都将面临严重威胁（Hinkel *et al.*，2014；Neumann *et al.*，2015；Alfieri *et al.*，2015；蔡榕硕等，2017）。广州、上海位列全球城市 100 年一遇淹没暴露度前 20 位；无适应措施情况下，到 2050 年，广州、深圳的年均损失将分别位列全球首位与第五位（Hallegatte *et al.*，2013）；全球温升控制在 2 摄氏度以内的情景下，到 2100 年，中国也

将是受海平上升威胁最严重的国家，受影响的人口达 6 400 万，约占全球受影响人口（2.8 亿）的 23%，上海、香港、台州、天津等都在受威胁人口最多的城市之列（Strauss *et al.*，2015）。

沿海地区的经济社会损失和安全威胁主要来自海洋灾害。尽管随着海洋防灾减灾水平的提高，近 30 年来中国海洋灾害损失出现下降趋势，但目前仍处于较高水平。2008 年至 2017 年，各类海洋灾害造成的直接经济损失达 1 142.7 亿元，平均每年 114.27 亿元。其中，风暴潮灾害是中国海域发生最为频繁的海洋灾害，对经济的打击最严重，所致损失占沿海地区海洋灾害总损失的比重往往高达 90%以上。其次，海浪灾害造成的死亡失踪人数最多，危害程度由北向南逐渐增强，并且往往导致船只沉没损坏、海洋基础工程设施破坏，威胁农业、渔业、水产养殖和海上运输，所致直接经济损失在各类海洋灾害中位居第二，约占总损失的 2.2%（潘艳艳等，2020；蔡榕硕等，2019；郭腾蛟，2018；国家海洋局，2018a；秦大河，2015；Hatzikyriakou *et al.*，2017；Gu *et al.*，2017）。2017 年、2018 年出现的海洋热浪就造成了重大经济损失（Cai *et al.*，2017；Deng *et al.*，2018；Liu *et al.*，2018；蔡榕硕等，2019）。最后，据 2001～2017 年《中国海洋灾害公报》，赤潮灾害有所上升，尤其集中在东海海域，往往给海洋渔业、水产养殖业造成严重经济损失。

中国是世界上少有的同时受台风风暴潮和温带风暴潮灾害影响的国家，30%以上的海岸带地区都是风暴潮灾害高脆弱性区域，沿海区域从南到北都发生过风暴潮灾害，对社会经济的安全稳定造成巨大威胁（石先武等，2015；石先武等，2016）；随着高潮位呈显著上升的趋势，风暴潮灾害的次数、强度和发生时间跨度均有一定程度的增加（齐庆华等，2019；齐庆华等，2017）。2005～2015 年中国风暴潮过程累计 200 多次，直接经济损失高达 1 500 多亿元；其中，单次直接经济损失超过 10 亿元的风暴潮灾害多达 34 次，直接经济损失总计 1 370 多亿元（冯爱青等，2016）。就时间分布而言，2005 年总损失达到最高值，约 332 亿元，这与致灾事件的强度以及各致灾事件、灾种的叠加放大效应有密切关系（秦大河，2015；国家海洋局，2018a）。就空间分布而言，风暴潮灾害程度也有区域差异性，整体呈北部沿海地区较弱，东南沿海地区显著较强的格局，尤以对福建、广东、浙江的影响最大（冯爱青等，2016；李阔等，2017；国家海洋局，2018b）。2018 年 8 月间登陆的“温比亚”台风导致 24 个县市日降水量突破历史极值，部分沿海地区出现 10～12 级大风，造成直接经济损失达数百亿元（张永恒等，2019）；2019 年“利奇马”台风风暴潮灾害影响范围广，造成损失重，福建及北至辽宁的 8 个沿海省（直辖市）均遭受一定影响，直接经济损失合计 102.88 亿元，占年度总直接经济损失的 88%（国家海洋局，2018a，2018b；中华人民共和国自然资源部海洋预警监测司，2019）。

此外，强台风—风暴增水还极易形成灾害性水位，叠加高海平面和天文大潮时，更易形成严重致灾的高潮位。2013 年 10 月，强台风“菲特”影响期间，沿海海平面较常年异常偏高，海平面、天文大潮和风暴增水三者的叠加造成浙江沿海发生严重的洪涝灾害，经济损失约 449 亿元，受灾人口近 666 万人；余姚市全城 70%地区被淹，内涝达数天之久（廖克武等，2014；周福等，2014）。2018 年 8 月的台风“摩羯”也是类似情况（中华人民共和国自然资源部海洋预警监测司，2019）。

除了直接的经济损失以外，沿海高潮位升高、极值水位重现期缩短与潮流、波浪影响增强共同作用，还将引起沿海港口工程和水利防洪排涝设施标准降低，使海堤外坡受海水浸泡的频率大大提高，波浪对坡底损坏作用增强，容易造成溃堤，对海堤安全构成严重威胁（Feng *et al.*，2014；冯爱青等，2016；国家海洋局，2017；左建忠等，2019）。

尽管中国沿海城市针对风暴潮及海水入侵已建设多项应对工程，但这些工程往往未考虑海平面上升的影响。据研究，深圳市沿海防御工程设计考虑的 100 年一遇的海平面高度为 450 厘米，预计的海平面上升幅度为 15 厘米。减去海平面上升的幅度，这个工程防御的是 435 厘米的海平面高度，重现期增至 50 年一遇。在全球气候变化背景下，这样的防御标准并不一定真正有效。江苏沿海地区受到的威胁也比较严重，主要表现在海岸侵蚀、行洪、风暴潮灾害和海堤工程受损等方面，在不考虑海堤自身沉降的情况下，随赣榆区沿海海平面升高 150 毫米，龙王河口海堤需要加高 190 毫米才能满足保持高潮位 50 年一遇的安全标准（左建忠等，2019）。

（二）气候变化对海洋经济的威胁

海洋经济是中国建设海洋强国的重要基础，十八大海洋强国战略、“十二五”国家海洋经济发展规划等均已明确提出要发展海洋灾害保险、提升中国海洋经济抗风险能力。所以，气候变化对海洋经济的影响是气候变化国家安全评估的应有之义。

气候变化与海洋生态的关联性一直是研究重点之一，但针对气候变化对海洋经济影响的研究是近几年才有的事情，由于人类社会受益于海洋生态系统提供的生态系统服务，气候变化会对海洋资源管理产生影响（Portner *et al.*，2014）。气候变化导致的海洋环境变化也会使海洋物种发生变化，进而影响到相关的产业（Grist，2019；Barron’s，2020）。

目前，国际上还没有统一的关于海洋经济的定义或术语标准。亚洲地区以中国和日本为主，主要基于产业链延伸来界定海洋经济。中国是最早系统地提出海洋经济统计分类体系的国家。《海洋及相关产业分类》（GB/T 20794—2006）中明确指出海洋经济是指开发、利用和保护海洋的各类产业活动，以及与之相关联活动的总和。气候变化与海洋相互作用是影响海洋经济一个非常重要的因素，通过减少生物多样性、栖息地、鱼类种群，以及改变鱼类洄游模式等方式产生影响（林香红，2020）。

中国是世界第一水产养殖大国和水产品贸易大国，也是海平面上升所致经济社会损失最大的国家（Strauss *et al.*，2015），气候变化导致的海洋系统变化都将对中国海洋经济产生影响。

一方面，影响来自气候变化的长期趋势。气候变化导致海洋酸化，这将直接降低海水中碳酸钙的饱和度，影响钙化生物和甲壳类的生长发育，而这类生物提供了中国 86.2%的海水养殖产量（高坤山，2011）。

另一方面，是气候变化相关极端事件带来的影响。随着海洋致灾事件影响范围扩大和频率增加，海洋生态系统以及海洋经济生产的暴露度也增加（金显仕等，2015）。中国海洋赤潮灾害表现出持续时间更长、高发期集中，大面积赤潮增加、区域集中，有毒藻种增加等趋势，使海水养殖业遭受巨大的损失（中国海洋可持续发展的生态问题与政策研究课题组，2013）。2008年，黄海海域的浒苔绿潮造成了高达 13 亿元的直接经济损失，仅青岛地区养殖业的损失就达到 3.2 亿元（中国海洋可持续发展的生态问题与政策研究课题组，2013）。2016～2018 年沿海地区破纪录的极端高温事件频繁出现（李琰等，2018；Tan *et al.*，2018），其中，2018 年 8 月，辽宁多地发生了持续的极端高温事件，局部地区最高气温甚至突破了 40 摄氏度，渤海破纪录的极端高温事件使得“池养海参”“棚养海参”大面积死亡，造成了巨大的经济损失（齐庆华等，2019）。

总体来说，海洋灾害对当年海洋经济增长有负向影响，对灾后第二年海洋经济增长具有一定的大拉动作用，长期呈副作用（王妍等，2018）。

二、气候变化对内陆气候敏感和脆弱地区经济安全的影响

既有研究表明，中国受气候变化的影响明显高于全球平均水平，气候风险及安全问题日益突出。生态环境安全作为国家安全的重要组成部分，值得关注。同时，中国人口众多、气候条件多样且复杂、整体生态环境脆弱，气候变化之于不同区域的影响也不尽相同。其中，气候变化对生态环境脆弱区和气候变化敏感区经济社会发展的影响尤其值得深入探讨。有学者认为，生态环境脆弱区和气候变化敏感区已经受到来自气候变化的显著不利影响，这

些影响还有可能在未来进一步恶化，形势不容乐观（侯静等，2019）。

本小节将重点关注气候变化对中国气候敏感和脆弱地区经济发展的影响，主要涉及青藏高原、喀斯特地区和黄土高原。

（一）青藏高原

青藏高原是全球气候变化最为敏感的地区之一（Liu *et al.*，2015）。有研究表明：自 1950 年代以来，青藏高原经历了明显的变暖（Kuang *et al.*，2016），且在 1997 年出现了明显的增暖突变，相比全球近 15 年增暖趋缓现象，青藏高原在突变后的增暖幅度进一步加大（郑然等，2015）。青藏高原气候暖湿化给当地的气候条件带来了直接的变化：一方面，随着气候变湿、变暖，冰川和积雪不断融化减少，河流径流量随之增加，与此同时气温的上升加快了水循环的速率，植被覆盖面积增大，农田面积扩大；另一方面，冰川积雪和多年冻土的退化也加大了洪水、沙漠化等灾害风险。在此情景下，气候变化对于青藏高原地区经济的影响可以从农业和畜牧业两个方面予以考虑。

1. 气候变化与青藏高原的农业

农业是受气候变化影响最为直接的经济部门，就青藏高原的农业而言，主要是受到气温和降水变化的影响。首先，气候变化使得青藏高原的降水变化情况复杂，其中中部和北部降水普遍增加，而南部和东部降水减少。其次，气温的升高使得青藏高原主要径流的蒸发量也呈上升态势（Yang *et al.*，2014；Liu *et al.*，2018；Li *et al.*，2014）。气温、降水的变化直接导致了农作物生长所需水热条件的变化，进一步对青藏高原地区的农业产生了影响。

以玉米种植为例，在不同的地区，由于光照、温度、降水等气象因素的差异，带来了玉米生产潜力空间格局及其变化的巨大差异，因此，气候变化是玉米生产潜力变化的重要因素（葛亚宁等，2015）。与东北平原区和黄淮海平原区相比，受地形和土壤等因素的影响，青藏高原区玉米适宜种植区极为有限，且产量也不高，因此是全国范围内玉米生产潜力最小的区域。通过对玉米生产潜力变化趋势与气候因素的变化关系的研究，葛亚宁等（2015）发现，玉米生产潜力主要受温度的影响，温度升高，玉米生产潜力有增加趋势，且温度升高越快玉米生产潜力的增加越明显。因此，与长期以来的高寒气候相比，青藏高原的暖湿化趋势可能对以玉米为代表的农作物的生长具有促进作用。

陈德亮等（2015）在对青藏高原环境变化的评估研究中指出，气候变暖改变了农作物物候和农区种植制度。过去50年来，农作物大于等于0摄氏度的生育期平均每十年延长4～9天；大于等于10摄氏度的生育期平均每十年延长4天。20世纪70年代中期以来，冬小麦适种范围明显增加，分布海拔上限升高了约130米，春青稞种植上限升高了550米。两季作物适宜种植的潜在区域扩大，复种指数增加，拓展了农牧业结构调整空间，有利于增加农牧民收入。

2. 气候变化与青藏高原的畜牧业

除农业外，畜牧业也是青藏高原主要的经济部门之一，而畜牧业与草地生态环境系统有着密不可分的关联。在气候影响下，青藏高原草地生态环境系统的空间格局发生了重要变化，表现为高寒草原分布面积增加，而高寒草甸和沼泽草甸显著萎缩；草地植被物候总体表现为返青期提前，枯黄期推后，生长期延长。草地净初级生产力呈总体增加态势，1982年至2011年的30年间，共计增长了约20%，但存在区域上的不平衡，尤其是最近10年，青藏高原的西部地区变暖变干，草地生产力呈下降态势（陈德亮等，2015）。因此，气候变化的这一趋势一方面使得青藏高原畜牧业发展的条件得到了改善，对牧民收入的增加有一定的帮助，但是同时也加剧了区域内部畜牧条件的不平衡。

（二）喀斯特地区

西南喀斯特地区作为生态系统退化比较严重的典型生态脆弱区，地貌类型多样，生境具有高度的景观异质性，植被变化受气候变化影响和人类活动的干扰，也受喀斯特特殊地形地貌的影响。复杂的喀斯特山区地形，影响太阳辐射和降水的空间再分配，不同喀斯特地区土壤质地、水分和养分的差异造成植被生境的高度异质性，对植被变化产生重要影响（童晓伟等，2014）。

1. 气候变化、石漠化与喀斯特地区农村经济发展

中国西南地区是世界上饱受石漠化危害影响的区域之一（朱大运等，2018）。马华等（2014）通过分析广西的气候变化、石漠化状况以及农村经济状况发现：第一，农村经济社会、生态政策等人为因素是石漠化发展、逆转的主要影响因子，气候变化则是次要影响因子。2005～2010 年，人为活动、气候变化对石漠化的影响贡献率分别为 64.115%和 23.355%。张勇荣等（2014）对贵州的研究也得出了相似的结论，研究发现：贵州近 20 年间研究区石漠化面积变化比较剧烈，石漠化强度变化最大的是潜在石漠化，气温年际变化整体呈波动上升的趋势，降水呈波动减少趋势。石漠化对气候变化的响应不敏感，存在一定的滞后性，石漠化的产生和演化更多的是受人为因素的影响。

气候因素为石漠化的发展或逆转提供了基础条件。在多雨高温期，区域降雨以阵雨或者暴雨为主，土壤水力侵蚀加剧，水土流失量增加，为石漠化的发展提供了水热条件；在干旱期，土壤干燥易干裂，植被覆盖度降低，易加速石漠化的发育程度。第二，近 20 年来，广西气候呈暖干化趋势，石漠化面积减少显著，但仍存在较大面积的潜在石漠化土地，也就是说广西气候暖干化的趋势虽有利于抑制石漠化的发展，但不利于植物的生长，因此农村纯收入虽逐年增加但仍处于全国较低水平，与其他石漠化省份相比，还处于落后位置（马华等，2014）。

2. 气候变化、气象灾害与贫困

近 10 年间，中国气候灾害的强度和频率呈显著上升趋势，主要表现在区域强降水发生频率升高、极端事件频繁、大范围干旱、热带气旋（台风和飓风）强度增大等。此外，中国少数民族地区、生态脆弱区和贫困地区在地理

空间上高度耦合，应对气候变化风险的任务尤为艰巨，且与脱贫减贫工作密不可分。中国西南喀斯特地区受到东南季风和西南季风的共同影响，是以流水侵蚀为动力的季风性湿润和半湿润地区，在气象条件和地质条件的共同作用下，该地区极容易发生干旱、洪涝、冰雹、雪灾等气象灾害，并伴随有病虫害等次生灾害，也是中国的气象灾害密集地区之一。郑双怡（2017）基于西南喀斯特地区 14 个村庄的调查，从获得的 1 520 户农户基本数据开展研究发现，气象灾害冲击对农户返贫的影响较大，提高气候敏感地区农户适应能力是降低因灾返贫率的关键。在精准扶贫过程中，应将适应气候变化工作纳入到各县的扶贫规划中，并制订相关应急管理方案。

（三）黄土高原

黄土高原位于中国半湿润气候区与半干旱干旱气候区的过渡带，既是气候变化的敏感区，又是环境脆弱区，近 60 年来，黄土高原气候变化的主要趋势为暖干化，这一趋势对生态环境和社会可持续发展有着重要影响（李相儒等，2015）。降水和气温是影响黄土高原地区生态建设的关键气象要素。1961～2018 年，区域年平均气温呈显著升高趋势，升温速率约为每十年 0.33 摄氏度，高于全球和中国平均水平；增温速率季节差异明显，冬季气温增暖速率最大，夏季最小；气温年代际变化呈明显的变暖趋势。而黄土高原的年降水量变化不明显，整体呈现出波动式下降的特征（晏利斌，2015）。黄土高原地区气候变化总体（73.9%）仍表现为朝着暖干化的方向发展，仅局部地区（19.2%）具有暖湿化趋势，这种总体暖干化、局部暖湿化的趋势造成了黄土高原气候变化的复杂性（顾朝军等，2017）。

气候变化对于黄土高原经济的影响主要体现在农业领域。黄土高原气候暖干化将加快水面蒸发、降雨减少，加大径流损失，使河川径流下降，导致水资源短缺。研究表明，黄河上中游径流量减少的 11.9%和 15.1%正是由流域内气候变化引起的（李二辉等，2014）。同时气候变化通过改变土壤物理、生物和化学反应而影响农业生产及生态建设，如气候变暖加快土壤有机碳的矿化速率，从而可能导致土壤养分流失；同时土壤蒸发加剧，带动土壤盐分上移，将导致土壤盐渍化。与此同时，气候暖湿化现象在局部能增大湿润度，使水资源增多，不但有利于局部地区植被恢复，也有利于黄土高原农业的发展（顾朝军等，2017）。

邓浩亮等（2015）研究发现：光热资源的增加为农业耕作带来了新的机遇，打破了黄土高原作物种植空间异质性的平衡，致使越冬作物种植北界向北扩展，多熟制向北推移，喜温作物面积扩大，复种指数提高，作物农耕期延长。气候暖干化趋势下，作物物候发生改变，播种期和收获期提前，整个生育期缩短。这些自然选择使作物株型和喜温、生育期较短的早熟育种成为可能。然而，与此同时，气候变化直接作用于土壤环境，导致土壤养分各元素之间的迁移和重新分配，作物生产力稳定性受到影响。此外，极端气候事件频现，以及冬季气候暖化趋势加剧，气象灾害趋于加剧，加之农田管理不善，引发了诸如残膜滞留、土壤肥力下降、土壤干化等新的问题。冬小麦可种植区扩大，种植北界北移，可种植的海拔上限亦升高，玉米适宜种植区亦扩大了 20%左右（王鹤龄等，2017）。

三、气候变化对中国城市经济安全的影响

城市是中国社会经济活动、生产生活的核心地带与主要聚集地。1978～2017 年，城镇常住人口从 1.7 亿增加到 8.3 亿，2018 年末城镇化率为 59.58%，比上年末提高 1.06 个百分点，增加 1 790 万人（国家统计局，2018）。根据预测，2020 年中国常住人口城镇化率将达到 60%左右，户籍人口城镇化率将达到 45%左右；至 2030 年，中国将有超过 70%的人口居住在城市，城市人口总数超过 10 亿，城市对国内生产总值的贡献率将达到 75%（付琳等，2017）。然而气候变化和城市化却已成为使人类易受灾害的两个主要因素，两者叠加

还将进一步加剧灾害的严峻性[①]。

目前，全球大部分关键的和正在出现的全球气候风险集中在城市地区，与城市气候变化相关的风险正在增加，包括海平面上升和风暴潮、热应激、极端降水、内陆和沿海洪水、山体滑坡、干旱、干旱加剧、水资源短缺和空气污染（Revi *et al.*，2014）。中国城市多布局在易受气候影响地带，受极端事件频度和强度增加影响较大。据统计，城市地区 2012 年因气象灾害造成的直接经济损失高达 1 722.8 亿元，占全国损失（3 358.2 亿元）的 50%以上（张雪艳等，2018）。到 2050 年，全球遭受气候变化影响最严重的 20 个城市中，中国将有六个城市上榜（广州、香港、上海、天津、宁波、青岛）（Hallegatte *et al.*，2013）。在这种背景下，中国城市的韧性和适应能力就显得不足。

极端事件对城市的影响主要体现在四个方面，分别是：极端降水和城市内涝对特大型城市的影响，气候异常形成雾霾、沙尘、高温威胁城市居民健康，冰冻雨雪导致城市生命线中断，海平面上升、咸潮、台风和风暴潮对沿海城市构成严重威胁（Eckstein *et al.*，2017；张雪艳等，2018）。

（一）气候变化背景下城市暴雨内涝灾害的影响

暴雨袭击是对城市影响最大的极端事件类型，日益频发的城市暴雨内涝灾害已成为快速城镇化建设中亟须应对的严峻挑战。近年来，气候变暖导致极端降水的频率和强度显著增加；同时，城镇化加快而排水设施建设相对滞后，导致中国城镇频频遭受暴雨洪涝灾害的威胁（吴先华等，2017）。全国 62%的城市发生过城市内涝，其中有近 140 个城市洪涝灾害超过 3 次以上，并与城市空气环境以及地质条件叠加在一起，诱发一系列次生灾害，对城市安全运行产生重大影响（姜仁贵等，2016；张建云等，2016；Zhou *et al.*，2017；

---

① 联合国减灾战略："气候变化使人类更易受灾害的影响"，http://www.un.org/chinese/News/story. asp?newsID=7846.，2017 年。

张雪艳等，2018；Cai *et al.*，2018；Chan *et al.*，2018）。2013 年 10 月 7 日，宁波余姚市遭受了 100 年一遇的降雨，强降雨导致城区有 70%以上地区受淹 7 天以上，给人民的生活带来巨大的损失和困难。2014 年 5 月 11 日，深圳连续遭受暴雨袭击，全市出现约 300 处道路积水。部分地区积水超过 1 米，共约 2 500 辆汽车受淹。2015 年 6 月，上海、南京暴雨，机场高速受淹封闭，多所大学被淹（张建云等，2016）。2017 年，中国南方经历了长时间的强降雨过程，武汉市 780 万居民受到影响，34 处设施受到损坏，32 000 间房屋倒塌，41 000 间房屋损坏严重，造成直接经济损失 241.2 亿元（Sun *et al.*，2019）。

表 4–6　中国近 10 年引起严重城市内涝的极端降水事件

时间	地区	暴雨级别	最大日降雨量/毫米	直接经济损失/亿元
2005.6.30	河南南召	特大暴雨	≈360.1	3.5
2006.6.12	福建长汀	大暴雨	＞150.0	32.0
2007.7.31	山西垣曲	特大暴雨	303.4	10.0
2008.6.13	广东深圳	特大暴雨	＞250.0	＞5.0
2009.5.24	广东广州	大暴雨	147.9	2.0
2010.7.23	河南西峡	特大暴雨	288.0	24.1
2011.6.23	北京	特大暴雨	213.4	≈100.0
2012.7.21	北京	特大暴雨	＞460.0	159.9
2013.8.22	湖北武汉	大暴雨	＞101.1	2.5
2014.3.30	广东深圳	特大暴雨	318.0	0.5
2015.8.17	贵州铜仁	特大暴雨	293.8	＞1.4

资料来源：孔锋、史培军等（2017）。

未来，全国各地的暴雨频率和强度预计将增加，如果以洪灾造成的损失占国内生产总值的百分比来计算全球沿海城市损失风险，广州、湛江、深圳都排在前 10 名（IPCC，2013）。这意味着更频繁的城市洪水将成为中国发展可持续的社区的一个重大挑战（Guo *et al.*，2018；李柔珂等，2018）。

（二）气候变化对城市生命线系统的影响

气候变化能够从危害的规模和发生的频次这两个层面，对城市生命线系统造成不利影响。一是极端气候事件的规模增加，或多种气候事件产生协同效应，可能在短时间内严重侵占城市生命线系统的运行空间，迅速导致城市生命线系统的满负荷甚至超负荷运作，导致系统崩溃（陈惠娟，2007；曹文静等，2018）。二是愈发频繁出现的极端气候事件，提升了城市生命线系统发生事故的概率，可能引发严重的生命线系统事故和城市灾害（付琳等，2017）。

比如，上海就面临多种气象灾害，影响时段覆盖全年，加上城市化效应、人口经济要素密集，局地气候环境更为复杂，城市系统对气象灾害敏感度更高。以 2010 年为例，夏季日最高气温每升高 1 摄氏度，日供电最大负荷增加约 61 万千瓦，中心城区日供水量增加约 5.8 万立方米。气象灾害所致次生、衍生灾害还多次导致城市供电、排水、交通等基础设施故障，引发城市安全突发事件（穆海振等，2015；史军等，2016）。

表 4–7　城市生命线系统在适应气候变化领域面临的潜在风险

城市生命线	水分因素		温度因素		气流因素
	干旱	年降水量增加与频繁强降水	高温热浪	低温冰冻	台风/沿海洪灾
供/排水系统	储水量减少； 生活、市政用水量增加； 沿海城市海水倒灌，腐蚀设备、威胁饮水安全	破坏供水水质； 破坏供/排水系统； 增加河道清淤工作量； 应急排水系统负荷增加，排水系统严重超载； 导致疾病传播； 海水入侵，损坏基础设施； 海岸侵蚀、低洼地带洪灾和盐沼侵蚀	生活、市政、商业、工业用水量激增； 易发生水华； 供水难度加大	损坏城市供水管线，影响城市供水	应急排水设备负荷增加； 供水管线受损，影响城市供水； 排水系统超载

续表

城市生命线	水分因素		温度因素		气流因素
	干旱	年降水量增加与频繁强降水	高温热浪	低温冰冻	台风/沿海洪灾
能源系统	水电厂能源供应量降低	污染电厂水质，提升运营成本； 增加排水设施负荷、增加能耗； 损坏供能管线； 燃气气压低； 海水入侵，损坏能源基础设施、设备； 海水污染电厂水质，提升运营成本	能耗激增； 供电系统超负荷； 供能管线中断几率提高； 电压不稳、损坏设备，频繁断电； 能源输送成本增加	供电线路损坏，可导致电路中断或漏电； 生活供暖和市政照明能耗增加； 供电、供气系统运维费用增加	供能管线损坏； 控制洪水所需能耗增加
通信系统	通信设备负荷增加	通信设备负荷增加； 地下通信设施浸水、使用率下降； 通信系统损坏； 海水入侵，损坏通信基础设施、设备	通信设备受损； 通信设备维护工作增加； 通信设备负荷增加； 用能激增导致电压不稳、损坏通信设备，中断服务	通信设备受损； 检修防护费用增加	应急通信设备负荷增加； 管线设施淹泡受损
交通系统	交通基础设备负荷加大； 影响航运和渔业生产	交通基础设备负荷加大； 排水系统超载，影响运输和相关设施； 污染航道； 交通运输延误； 交通事故发生几率提高； 海水入侵，损坏交通基础设施； 桥下通行高度降低	交通基础设备负荷加大； 公路和铁路等基础设施热胀受损； 交通事故发生概率提高	交通拥堵，影响物资运送； 交通事故发生概率提高	交通基础设施的结构性损坏； 交通拥堵，影响物资运送

资料来源：付琳等（2017）。

总言之，气候变化的不利影响与自然灾害叠加，容易引发城市洪涝和高温热浪等极端事件，加剧了中国城市的气候脆弱性和运行风险，这可能导致城市系统瘫痪，引发供需矛盾和居民健康等问题，进而威胁社会稳定（刘长松，2019b）。

参考文献

Alfieri, L., L. Feyen, F. Dottori, *et al*. 2015. Ensemble Flood Risk Assessment in Europe Under High End Climate Scenarios. *Global Environmental Change*, 35.

Anderson, K., A. Strutt. 2014. Food Security Policy Options for China: Lessons from Other Countries. *Food Policy*, 49(1).

Ang, B. W., W. L. Choong, T. S. Ng. 2015. Energy Security: Definitions, Dimensions and Indexes. *Renewable and Sustainable Energy Reviews*, 42.

Baldwin, D. A. 2001. The Concept of Security. *Review of International Studies*, 23.

Barron's. 2019. Climate Change Is Already Reshaping Commercial Fishing. https://www.barrons.com/articles/climate-change-is-already-reshaping-commercial-fishing-51553605227, March 26.

Bellemare, M. F. 2015. Rising Food Prices, Food Price Volatility, and Social Unrest. *American Journal of Agricultural Economics*, 97.

Bevere, L., M. Gloor. 2020. Sigma 2/2020: Natural Catastrophes in Times of Economic Accumulation and Climate Change. Report published by Swiss Re Institute, April 8.

Bostick, T. P., E. B. Connelly, J. H. Lambert, *et al*. 2018. Resilience Science, Policy and Investment for Civil Infrastructure. *Reliability Engineering and System Safety*, 175.

BP. 2019. Energy Outlook: 2019. https://www.bp.com/content/dam/bp/business-sites/en/global/corporate/pdfs/energy-economics/energy-outlook/bp-energy-outlook-2019.pdf, February.

Busby, J. 2018. Taking Stock: The Field of Climate and Security. *Current Climate Change Reports*, 4.

Cai, J. L, M. Kummu, V. Niva, *et al*. 2018. Exposure and Resilience of China's Cities to Floods and Droughts: A Bouble-Edged sword. *International Journal of Water Resources Development*, 34.

Cai, R. S., H. J. Tan, H. Kontoyiannis. 2017. Robust Surface Warming in Offshore China Seas and Its Relationship to the East Asian Monsoon Wind Field and Ocean Forcing on Inter-Decadal Time Scales. *Journal of Climate*, 30(22).

Chan, F. K. S., J. A. Griffiths, D. Higgitt, *et al*. 2018. "Sponge City" in China—A Breakthrough of Planning and Flood Risk Management in the Urban Context. *Land Use Policy*, 76.

Carney, M. 2015. Breaking the Tragedy of Horizon-climate Change and Financial Stability. Bank of England speech, September 29.

Chen, X. G., L. Yang. 2019. Temperature and Industrial Output: Firm-Level Evidence from China. *Journal of Environmental Economics and Management*, 95.

Cornelis van Kooten, G. 2013. *Climate Change, Climate Science and Economics*. Springer.

Cui, K., S. P. Shoemaker. 2018. Public Perception of Genetically-Modified (GM) Food: Anationwide Chinese Consumer Study. *NPJ Science of Food*, 2(1).

Debelle, G. 2019. Climate Change and the Economy. https://www.bis.org/review/r190313d.htm, March 12.

Deng, K., M. Ting, S. Yang, *et al*. 2018. Increased Frequency of Summer Extreme Heat Waves over Texas Area Tied to the Amplification of Pacific Zonal SST Gradient. *Journal of Climate,* 31.

Deutsche Gesellschaft für Internationale Zusammenarbeit (GIZ). 2008. Climate Change and Security: Challenges for German Development Cooperation. PreventionWeb. https://www.preventionweb.net/publications/view/8023.

Eckstein, D., M. Hutfils, M. Winges. 2019. Global Climate Risk Index 2019: Who Suffers Most from Extreme Weather Events? Weather-Related Loss Events in 2017 and 1998 to 2017. Briefing Paper Published by Germanwatch. https://germanwatch.org/en/16046.

Eckstein, D., V. Künzel, L. Schäfer, *et al*. 2017. Global Climate Risk Index 2018: Who Suffers Most from Extreme Weather Events? Weather-Related loss Events in 2016 and 1997 to 2016. Briefing Paper Published by Germanwatch. https://germanwatch.org/sites/default/files/publication/20396.pdf, November.

Engels, A. 2018. Understanding how China Is Championing Climate Change Mitigation. *Palgrave Communications*, 4.

Fan, I. 2020. Weather Disaster Losses Rise as Economies Grow and Climate Changes. Report published by Swiss Re Institute. https://www.swissre.com/risk-knowledge/mitigating-climate-risk/weather-disaster-losses-rise-as-economies-grow-and-climate-changes.html.

FAO. 2003. Trade Reforms and Food Security: Conceptualizing the Linkages. http://www.fao.org/3/y4671e/y4671e00.htm#Contents.

FAO. 2018. Food Security & Nutrition around the World. http://www.fao.org/state-of-food-security-nutrition/2018/en/.

Feng, X. B., M. Tsimplis, 2014. Sea Level Extremes at the Coasts of China. *Journal of Geophysical Research: Oceans*, 119.

Fujimi, T., H. Tatano. 2012. Estimation of Indirect Economic Loss Caused by House Destruction in a Natural Disaster. *Natural Hazards*, 61.

Gonzalez-Benecke, C. A., R. O. Teskey, T. A. Martin, *et al.* 2016. Regional Validation and Improved Parameterization of the 3-PG Model for Pinus Taeda Stands. *Forest Ecology and Management*, 361.

Grist. 2019. Warming Oceans Have Already Harmed the World's Fish Supply. https://grist.org/article/warming-oceans-have-already-harmed-the-worlds-fish-supply/, March 1.

Gößling-Reisemann, S., J. Wachsmuth, S. Stührmann, *et al.*, 2013. Climate Change and Structural Vulnerability of a Metropolitan Energy System. *Journal of Industrial Ecology*, 17(6).

Gu, J., A. Chu, Y. Zhu, *et al.* 2017. Warning Water Level Determination for Luchaogang of Shanghai. https://www.dpi-proceedings.com/index.php/dtmse/article/viewFile/10876/10429.

Guo, J. H., G. H. Huang, X. Q. Wang, *et al.* 2018. Future Changes in Precipitation Extremes over China Projected by a Regional Climate Model Ensemble. *Atmospheric Environment*, 188.

Hallegatte, S., C. Green, R. J. Nicholls, *et al.* 2013. Future Flood Losses in Major Coastal Cities. *Nature Climate Change*, 3.

Hatzikyriakou, A., N. Lin. 2017. Simulating Storm Surge Waves for Structural Vulnerability Estimation and Flood Hazard Mapping. *Natural Hazards*, 7.

He, B., A. Chen, H. Wang, *et al.* 2015. Dynamic Response of Satellite-Derived Vegetation Growth to Climate Change in the Three North Shelter Forest Region in China. *Remote Sensing*, 7(8).

Hinkel, J., D. Lincke, A. T. Vafeidis, *et al.* 2014. Coastal Flood Damage and Adaptation Costs under 21st Century Sea-Level Rise. *Proceedings of the National Academy of Science of the United States of America*, 111.

Hodler, R., P. A. Raschky. 2014. Economic Shocks and Civil Conflict at the Regional Level. *Economics Letters*, 124.

IEA. 2017. World Energy Outlook 2017: China. https://www.iea.org/reports/world-energy-outlook-2017-china, November.

IPCC. 2012. *Managing the Risks of Extreme Events and Disasters to Advance Climate Change*

Adaptation. A Special Report of the Intergovernmental Panel on Climate Change. Edited by Field, C. B., V. Barros, T. F. Stocker, *et al*. Cambridge University Press.

IPCC. 2012. Summery for Pollicymakers. In: *Managing the Risks of Extreme Events and Disasters to Advance Climate Change Adaptation*. Edited by Field, C. B., V. Barros, T. F. Stocker, *et al*. A Special Report of Working Groups Ⅰ and Ⅱ of the Intergovernmental Panel on Climate Change. Cambridge University Press, pp. 1-19.

IPCC. 2013. *Climate Change 2013: The Physical Science Basis*. Cambridge University Press, pp. 159-254.

IPCC. 2014a. *Climate Change 2014: Impacts, Adaptation, and Vulnerability*. Cambridge University Press.

IPCC. 2014b. Fifth Assessment Synthesis Report, Climate Change 2014: Summary for Policymakers. https://www.ipcc.ch/report/ar5/syr/.

Jenkins, L. M., R. Alvarez, S. M. Jordaan. 2020. Unmanaged Climate Risks to Spent Fuel from U.S. Nuclear Power Plants: The Case of Sea-Level Rise. *Energy Policy*, 137.

Jiménez Cisneros, B. E., T. Oki, N.W. Arnell, *et al*. 2014. Freshwater Resources. In: *Climate Change 2014: Impacts, Adaptation, and Vulnerability. Part A: Global and Sectoral Aspects*. Edited by Field, C. B., V. R. Barros, D. J. Dokken, *et al*. Cambridge University Press, pp. 229-269.

Kahn, M. E., K. Mohaddes, R. N. C. Ng, *et al*. 2019. Long-Term Macroeconomic Effects of Climate Change: A Cross-Country Analysis. NBER Working Paper, August.

Kirby, J. M., J. Connor, M. D. Ahmad, *et al*. 2014. Climate Change and Environmental Water Reallocation in the Murray-Darling Basin: Impacts on Flows, Diversions and Economic Returns to Irrigation. *Journal of Hydrology*, 518.

Koubi, V. 2017. Climate Change, the Economy, and Conflict. *Current Climate Change Reports*, 3.

Kuang, X., J. Jiao. 2016. Review on Climate Change on the Tibetan Plateau during the Last Half Century. *Journal of Geophysical Research: Atmospheres*, 121(8).

Kundzewicz, Z. W., K. Shinjiro, S. L. Seneviratne, *et al*. 2014. Flood Risk and Climate Change: Global and Regional Perspectives. *Hydrological Sciences Journal*, 59.

Le, T.-H., Y. Chang, F. Taghizadeh-Hesary, *et al*. 2019. Energy Insecurity in Asia: A Multi-Dimensional Analysis. *Economic Modelling*, 83.

Lemoine, D., S. Kapnick. 2016. A Top-Down Approach to Projecting Market Impacts of Climate Change. *Nature Climate Change*, 6(1).

Leung, G. C. K., A. Cherp, J. Jewell, *et al*. Securitization of Energy Supply Chains in China. *Applied Energy*, 123.

Li, M. 2018. Climate Change to Adversely Impact Grain Production in China by 2030. Thomson Reuters Foundation News. http://news.trust.org/item/20180131161014-w5isg/, February 1.

Li, X., L. Wang, D. Chen, *et al*. 2014. Seasonal Evapotranspiration Changes (1983–2006) of Four Large Basins on the Tibetan Plateau. *Journal of Geophysical Research: Atmospheres*, 119(23).

Li, X. Y. 2010. The Impact of Climate Change Rules on the World Economy. *English Edition of Qiushi Journal*, 2.

Liu, B., C. Zhu, J. Su, *et al*. 2019. Record-Breaking Northward Shift of the Western North Pacific Subtropical High in July 2018. *Journal of the Meteorological Society of Japan*, 97(4).

Liu, D., G. Liu, F. Wang, *et al*. 2017. Typhoon/Hurricane Disaster Prediction and Prevention for Coastal, Offshore, and Nuclear Power Plant Infrastructure. In: *Hurricanes and Climate Change*. Edited by Collins, J., K. Walsh. Springer.

Liu, J., S. D., S. Liu, *et al*. 2018. Evaluation and Hydrological Simulation of CMADS and CFSR Reanalysis Datasets in the Qinghai-Tibet Plateau. *Water*, 10(4).

Liu, W., F. Sun, Y. Li, *et al*. 2018. Investigating Water Budget Dynamics in 18 River Basins Across the Tibetan Plateau through Multiple Datasets. *Hydrology and Earth System Sciences*, 22.

Liu, W., W. Yu, X. Yi, *et al*. 2015. Thermal Regime of Frozen Soil Foundation Affected by Concrete Base of Transmission Line Tower on the Tibetan Plateau. *Applied Thermal Engineering*, 75.

Lloyd, E. A., T. G. Shepherd. 2020. Environmental Catastrophes, Climate Change, and Attribution. *Annals of the New York Academy of Sciences*, 1469(1).

Lu, Y., J. Xu. 2014. The Progress of Emergency Response and Rescue in China: A Comparative Analysis of Wenchuan and Lushan Earthquakes. *Natural Hazards*, 74.

Mckinsey Global Institute. 2020. Climate Risk and Response: Physical Hazards and Socioeconomic Impacts. https://www.mckinsey.com/business-functions/sustainability/our-insights/climate-risk-and-response-physical-hazards-and-socioeconomic-impacts#, January 16.

Misa, T., B. Sandra, S. Rhiannon. 2016. Let's Talk About the Weather: The Impact of Climate Change on Central Banks. Bank of England.

Modéer, U. 2019. Why Does the UN Focus on Climate-Related Security Risks? UNDP. https://www.undp.org/content/undp/en/home/blog/2019/why-does-the-un-focus-on-climate-related-security-risks-.html, February 20.

Moore, F. C., Draz, D. B. 2015. Temperature Impacts on Economic Growth Warrant Stringent Mitigation Policy. *Nature Climate Change*, 5.

Moran, D. 2011. *Climate Change and National Security: A Country-Level Analysis*. Georgetown University Press.

Morton, J. F. 2007. The Impact of Climate Change on Smallholder and Subsistence Agriculture. *PNAS*, 104(55).

Muis, S., M. Verlaan, H. C. Winsemius, *et al*., 2016. A Global Reanalysis of Storm Surges and Extreme Sea Levels. *Nature Communications*, 7, DOI: 10.1038/ncomms11969.

Munir, Q., S. C. Kok. 2019. Greenhouse Gas, Carbon Dioxide Emissions and Economic Growth: Empirical Evidence from Threshold Effect. In: *Climate Change and Global Development: Market, Global Players and Empirical Evidence*. Editd by Sequeira, T., L. Reis. Springer, pp. 59-81.

Neumann, B., A. T. Vafeidis, J. Zimmermann, *et al*. 2015. Future Coastal Population Growth and Exposure to Sea-Level Rise and Coastal Flooding: A Global Assessment. *PLOS One*, 10(6).

Pan, Z., Y. Zhang, X. Liu, *et al*. 2016. Current and Future Precipitation Extremes over Mississippi and Yangtze River Basins as Simulated in CMIP5 Models. *Journal of Earth Science*, 27.

Perman, R. 1990. Greenhouse Effect Economics. *Nature*, 347.

Porter, J. R., L. Xie, A. J. Challinor, *et al*. 2014. Food Security and Food Production System. In: IPCC. *Cilmate Change 2014: Impacts, Adaptation, and Vulnerability*. Part A: Global and Sectoral Aspects. Edited by Field, C. B., V. R. Barros, D. J. Dokken, *et al*. Cambridge University Press, pp. 485-533.

Pretzsch, H., P. Biber, G. Schütze, *et al*. 2014. Forest Stand Growth Dynamics in Central Europe Have Accelerated Since 1870. *Nature Communications*, 5.

Prudential Regulation Authority. 2018. The impact of climate change on the UK insurance sector. A Climate Change Adaptation Report by the Prudential Regulation Authority, September.

Revi, A., D. E. Satterthwaite, F. Aragón-Durand, *et al*. 2014. Urban Areas. In: *Climate Change 2014: Impacts, Adaptation, and Vulnerability*. Part A: Global and Sectoral Aspects. Contribution of Working Group Ⅱ to the Fifth Assessment Report of the Intergovernmental Panel on Climate Change. Edited by Field, C. B., V. R. Barros, D. J. Dokken, *et al*. Cambridge University Press, pp. 535-612.

Shi, P., L. Liu, J. Wang, *et al*. 2013. Experience, Lessons and Recommendation of China's

Response to the Wenchuan Earthquake Disaster. In: *Integrated Risk Governance*. Edited by Shi, P., C. Jaeger, Q. Ye. Springer, pp.71-88.

Stefano, B., M. Antoine, M. Irene, *et al*. 2017. A Climate Stress-Test of the Financial System. *Nature Climate Change*, 7.

Stern, N. 2007. *The Economics of Climate Change: The Stern Review*, Cambridge University Press.

Strauss, B. H., S. Kulp, A. Levermann. 2015. Carbon Choices Determine US Cities Committed to Futures below Sea Level. *Proceedings of the National Academy of Sciences of the United States of America*, 112.

Sun, Y., S. Y. Dong, X. B. Zhang, *et al*. 2019. Anthropogenic Influence on the Heaviest June Precipitation in Southeastern China since 1961, In: *Explaining Extreme Events of 2017: From a Climate Perspective*. Edited by Herring, S. C., N. Christidis, A. Hoell, *et al*. Special Supplement to the Bulletin of American Meteorological Society, 100(1).

Tan, H., R. Cai. 2018. What Caused the Record-Breaking Warming in East China Seas During August 2016? *Atmospheric Science Leatters*, 19(10).

Tao, F., S. Zhang, Z. Zhang., *et al*. 2014. Maize Growing Duration was Prolonged Across China in the Past Three Decades Under the Comined Effects of Temperature, Agronomic Management, and Cultivar Shift. *Global Change Biology*, 20(12).

TCFD. 2016. Phase 1 Report of the Task Force on Climate-related Financial Disclosures, Presented to the Financial Stability Board. https://www.fsb.org/wp-content/uploads/TCFD-Phase-1-report.pdf, March 31.

The National Academies of Sciences, Engineering, Medicine. 2016. *Attribution of Extreme Weather Events in the Context of Climate Change*. The National Academies Press.

U.S. Global Change Research Program. 2018. Fourth National Climate Assessment Volume Ⅱ: Impacts, Risks, and Adaptation in the United States. https://nca2018.globalchange.gov/.

U.S. NIC. 2009. China: The Impact of Climate Change to 2030, A Commissioned Research Report. Special Report by National Intelligence Council. https://www.dni.gov/files/documents/climate2030_china.pdf, June.

U.S. The National Academies of Sciences, Engineering, Medicine. 2016. Attribution of Extreme Weather Events in the Context of Climate Change. https://www.nationalacademies.org/news/2016/03/attribution-of-extreme-weather-events-in-the-context-of-climate-change-new-report.

Voskamp, I. M., F. H. M. Van de Ven. 2015. Planning Support System for Climate Adaptation: Composing Effective Sets of Blue-Green Measures to Reduce Urban Vulnerability to

Extreme Weather Events. *Building and Environment*, 83.

Wang B., R. Ke, X. Yuan, *et al*. 2014. China's Regional Assessment of Renewable Energy Vulnerability to Climate Change. *Renewable and Sustainable Energy Review*, 40.

Wang, Q., L. Xu, N. Li, *et al*. 2019. The Evolution of the Spatial-Temporal Patterns of Global Energy Security since the 1990s. *Journal of Geographical Sciences*, 29.

WEF, Marsh & McLennan Companies. 2020. The Global Risks Report 2020. https://www.marsh.com/cn/zh/insights/research/global-risks-report-2020.html.

Wolfers, A. 1952. "National Security" as an Ambiguous Symbol. *Political Science Quarterly*, 67.

Xiao, D., F. Tao, Y. Liu, *et al*. 2012. Observed Changes in Winter Wheat Phenology in the North China Plain for 1981-2009. *International Journal of Biometeorology*, 57(2).

Xie, W., W. Xiong, J. Pan, *et al*. 2018. Decreases in Global Beer Supply Due to Extreme Drought and Heat. *Nature Plants*, 4(11).

Yan B., L. Chen. 2013. Coincidence Probability of Precipitation for the Middle Route of South-to-North Water Transfer Project in China. *Journal of Hydrology*, 499(1).

Yan, X. D., X. P. Li, Y. Liu, *et al*. 2014. Effects of Foggy Conditions on Drivers' Speed Control Behaviors at Different Risk Levels. *Safety Science*, 68.

Yang K, H. Wu, J. Qin, *et al*. 2014. Recent Climate Changes over the Tibetan Plateau and Their Impacts on Energy and Water Cycle: A Review. *Global and Planetary Change*, 112.

Yannis D., N. Maria, G. Giorgos. 2017. Stock-Flow-Fund Ecological Macroeconomic Model. *Ecological Economics*, 131.

Yannis, D., N. Maria, G. Giorgos. 2018. Climate Change, Financial Stability and Monetary Policy. *Ecological Economics*, 152.

Yue, Y. J., L. Wang, J. Li, *et al*. 2018. An EPIC Model-Based Wheat Drought Risk Assessment Using New Climate Scenarios in China. *Climatic Change*, 147.

Zhang, L., B. K. Sovacool, J. Z. Ren, *et al*. 2017. The Dragon Awakens: Innovation, Competition, and Transition in the Energy Strategy of the People's Republic of China, 1949-2017. *Energy Policy*, 108.

Zhang, P., O. Deschenes, K. C. Meng, *et al*. 2017. Temperature Effects on Productivity and Factor Reallocation: Evidence from a Half Million Chinese Manufacturing Plants, IZA Discussion Papers 11132, Institute of Labor Economics (IZA).

Zhang, T., Y. Huang, X. Yang. 2012. Climate Warming over the Past Three Decades has Shortened Rice Growth Duration in China and Cultivar Shifts have Further Accelerated the Process for Late Rice. *Global Change Biology*, 19(2).

Zhou, X. Y., Z. J. Bai, Y. H. Yang. 2017. Linking Trends in Urban Extreme Rainfall to Urban

Flooding in China. *International Journal of Cilmatology*, 37.
蔡汉成、李勇、杨永鹏等："青藏铁路沿线多年冻土区气温和多年冻土变化特征"，《岩石力学与工程学报》，2016 年第 7 期。
蔡榕硕、谭红建、郭海峡："中国沿海地区对全球变化的响应及风险研究"，《应用海洋学学报》，2019 年第 4 期。
曹竣云："气候变化经济学简论"，《当代经济》，2016 年第 15 期。
曹莉萍、周冯琦："能源革命背景下中国能源系统转型的挑战与对策研究"，《中国环境管理》，2017 年第 5 期。
曹荣湘：《经济安全：发展中国家的开放与风险》，社会科学文献出版社，2006 年。
曹文静、孙傅、刘益宏等："极端高温事件对城市用水量和供水管网系统的影响"，《气候变化研究进展》，2018 年第 5 期。
常浩娟、刘卫国："气候变化背景下气象灾害影响新疆生产建设兵团农业经济的动态效应分析"，《生态经济》，2019 年第 5 期。
陈斌、程永林："中国国家经济安全研究的现状与展望"，《中国人民大学学报》，2020 年第 1 期。
陈惠娟："中国城市水资源消费变化及其与经济和气候的关系"（硕士论文），广州大学，2007 年。
陈德亮、徐柏青、姚檀栋等："青藏高原环境变化科学评估：过去、现在与未来"，《科学通报》，2015 年第 32 期。
陈鹏云、曹波、罗弦等："中国电网主要自然灾害运行数据及特征分析"，《中国电力》，2014 年第 7 期。
陈莎、向翩翩、姜克隽等："北京市能源系统气候变化脆弱性分析与适应建议"，《气候变化研究进展》，2017 年第 13 期。
陈帅："气候变化对中国小麦生产力的影响：基于黄淮海平原的实证分析"，《中国农村经济》，2015 年第 7 期。
陈伟："决定南水北调工程成败的关键：水质抑或水量"，《中国软科学》，2016 年第 7 期。
陈鲜艳、梅梅、丁一汇等："气候变化对我国若干重大工程的影响"，《气候变化研究进展》，2015 年第 5 期。
陈雨露："当前全球中央银行研究的若干重点问题"，2019 中国金融学会年会暨中国金融论坛年会，2019 年。
陈志恒、纪希春："低碳经济全球博弈视角下的中国战略和竞争策略"，《甘肃社会科学》，2019 年第 4 期。
陈祖煜、程耿东、杨春和："关于我国重大基础设施工程安全相关科研工作的思考"，《土木工程学报》，2016 年第 3 期。

程蕾：“中国能源安全面临的挑战及煤炭保障作用分析”，《煤炭经济研究》，2018 年第 4 期。

成升魁、汪寿阳：“新时期粮食安全观与粮食供给侧改革”，《中国科学院院刊》，2017 年第 10 期。

丑洁明、董文杰：“气候变化对中国经济系统的影响及评估方法评述”，《气象科技进展》，2013 年第 2 期。

丑洁明、董文杰、延晓冬：“关于气候变化对社会经济影响的机理和途径的探讨”，《大气科学》，2016 年第 1 期。

初征、郭建平：“未来气候变化对东北玉米品种布局的影响”，《应用气象学报》，2018 年第 2 期。

崔鹏、陈容、向灵芝等：“气候变暖背景下青藏高原山地灾害及其风险分析”，《气候变化研究进展》，2014 年第 2 期。

戴至修、柳艳香、王志等：“高速公路降雨致灾风险预警技术应用进展”，《气象科技进展》，2017 年第 2 期。

邓浩亮、周宏、张恒嘉等：“气候变化下黄土高原耕作系统演变与适应性管理”，《中国农业气象》，2015 年第 4 期。

《第三次气候变化国家评估报告》编写委员会：《第三次气候变化国家评估报告》，科学出版社，2015 年。

窦睿音：“近半个世纪三江源地区气候变化与可持续发展适应对策研究”，《生态经济》，2016 年第 2 期。

杜创、王佰川：“基于文献计量分析的‘现代化经济体系’研究”，《北京工业大学学报（社会科学版）》，2019 年第 4 期。

杜祥琬：“推动能源转型，需在六大观念上创新”，《能源》，2020 年第 5 期。

杜运苏：《低碳经济条件下提升中国制造业贸易竞争力研究》，社会科学文献出版社，2015 年。

方思达、刘敏、任永建：“南水北调中线工程水源区和受水区旱涝特征及风险预估”，《水土保持通报》，2018 年第 6 期。

冯爱青、高江波、吴绍洪等：“气候变化背景下中国风暴潮灾害风险及适应对策研究进展”，《地理科学进展》，2016 年第 11 期。

冯源、肖文发、黄志霖等：“未来气候变化情景下三峡库区马尾松林生物量固碳动态与空间分异”，《生态学杂志》，2019 年第 12 期。

付琳、杨秀、冯潇雅：“城市生命线系统适应气候变化危机及其对策”，《环境经济研究》，2017 年第 1 期。

傅小琳：“气候变化对临朐玉米、小麦部分病虫害发生规律的影响”（硕士论文），山东农业大学，2015 年。

G20 绿色金融研究小组："G20 绿色金融综合报告"，2017 年。
高峰、王辉、王凡等："国际海洋科学技术未来战略部署"，《世界科技研究与发展》，2018 年第 2 期。
高静宇："三江源生态安全的战略思考"，《中国党政干部论坛》，2017 年第 3 期。
高坤山："海洋酸化正负效应：藻类的生理学响应"，《厦门大学学报（自然科学版）》，2011 年第 2 期。
高鸣："气候变化下的农业生产率再估计"，《中国软科学》，2018 年第 9 期。
高培勇、杜创、刘霞辉等："高质量发展背景下的现代化经济体系建设：一个逻辑框架"，《经济研究》，2019 年第 4 期。
葛珊珊、张韧："全球气候变化背景下灾害性天气变化及对海上风电的影响"，《中国工程科学》，2010 年第 11 期。
葛亚宁、刘洛、徐新良等："近 50a 气候变化背景下我国玉米生产潜力时空演变特征"，《自然资源学报》，2015 年第 5 期。
顾海兵、张安军："国家经济安全中的金融安全地位研究"，《学习与探索》，2012 年第 4 期。
顾西辉、张强、孔冬冬："中国极端降水事件时空特征及其对夏季温度响应"，《地理学报》，2016 年第 5 期。
顾朝军、穆兴民、高鹏等："1961—2014 年黄土高原地区降水和气温时间变化特征研究"，《干旱区资源与环境》，2017 年第 3 期。
国家统计局："中华人民共和国 2019 年国民经济和社会发展统计公报"，2020 年。
国家统计局："2015 年中国统计年鉴"，http://www.stats.gov.cn/tjsj/ndsj/2015/indexch.htm，2016 年。
国家统计局："2016 年中国统计年鉴"，http://www.stats.gov.cn/tjsj/ndsj/2016/indexch.htm，2017 年。
国家统计局："2017 年中国统计年鉴"，http://www.stats.gov.cn/tjsj/ndsj/2017/indexch.htm，2018 年。
国家统计局："2018 年中国统计年鉴"，http://www.stats.gov.cn/tjsj/ndsj/2018/indexch.htm，2019 年。
国家统计局："2019 年中国统计年鉴"，http://www.stats.gov.cn/tjsj/ndsj/2019/indexch.htm，2020 年。
国家海洋局："2016 年中国海洋灾害公报"，http://gc.mnr.gov.cn/201806/t20180619_1798020.html，2017 年 3 月 22 日。
国家海洋局："2017 年中国海洋灾害公报"，http://gc.mnr.gov.cn/201806/t20180619_1798021.html，2018 年 4 月 23 日 a。
国家海洋局："2017 年中国海平面公报"，http://gc.mnr.gov.cn/201806/t20180619_1798298.

html，2018 年 4 月 23 日 b。
郭佳、张宝林、高聚林等：“气候变化对中国农业气候资源及农业生产影响的研究进展”，《北方农业学报》，2019 年第 1 期。
郭建平：“气候变化对中国农业生产的影响研究进展”，《应用气象学报》，2015 年第 1 期。
郭洁、姚秀萍、吕明辉：“敏感性行业气象服务效益评估研究与业务进展”，《高原山地气象研究》，2015 年第 2 期。
郭君、孔锋、王品等：“区域综合防灾减灾救灾的前沿与展望——基于 2018 年三次减灾大会的综述与思考”，《灾害学》，2019 年第 1 期。
郭明晶、卜炎、陈从喜等：“中国天然气安全评价及影响因素分析”，《资源科学》，2018 年第 12 期。
郭腾蛟、李国胜：“风暴潮灾害经济损失灾前预评估研究进展”，《灾害学》，2018 年第 4 期。
韩芳玉、张俊飚、程琳琳等：“气候变化对中国水稻产量及其区域差异性的影响”，《生态与农村环境学报》，2019 年第 3 期。
何斌、刘智娟、杨晓光等：“气候变化背景下中国主要作物农业气象灾害时空分布特征（2）：西北主要粮食作物干旱”，《中国农业气象》，2017 年第 1 期。
何建坤：“努力实现能源和经济低碳转型”，《可持续发展经济导刊》，2019 年第 Z2 期。
何建坤、陈文颖等：《应对气候变化研究模型与方法学》，科学出版社，2015 年。
何研、方建、史培军：“湖北省暴雨经济暴露时空变化及贡献率研究”，《自然灾害学报》，2018 年第 3 期。
贺仕昌、张远辉、陈立奇等：“海洋酸化研究进展”，《海洋科学》，2014 年第 6 期。
洪银兴：“建设现代化经济体系的内涵和功能研究”，《求是学刊》，2019 年第 2 期。
侯静、陈帆、滕飞：“加强国家重点生态功能区建设 积极应对气候变化”，《环境保护》，2019 年第 1 期。
胡爱军、李宁、史培军等：“极端天气事件导致基础设施破坏间接经济损失评估”，《经济地理》，2009 年第 4 期。
黄承芳、李宁、刘丽等：“气候变化下农业领域的国际文献特征与热点演变：基于 CiteSpace V 的文献计量分析”，《中国农业气象》，2019 年第 8 期。
黄麟、祝萍、肖桐等：“近 35 年三北防护林体系建设工程的防风固沙效应”，《地理科学》，2018 年第 4 期。
黄翔宇、孟宪生：“习近平经济安全观的逻辑向度论析”，《理论导刊》，2019 年第 9 期。
黄耀：“粮食作物产量对气候变暖的响应”，《科学通报》，2017 年第 36 期。
黄一峰：“低碳经济下我国电力行业新能源转型机遇”，《科技风》，2020 年第 20 期。
霍治国、范雨娴、杨建莹等：“中国农业洪涝灾害研究进展”，《应用气象学报》，2017 年第 6 期。

贾根良、楚珊珊：“中国制造愿景与美国制造业创新中的政府干预”，《政治经济学评论》，2019 年第 4 期。
江涌：“当前中国经济安全态势”，《政治经济学评论》，2018 年第 4 期。
姜萍、朱振民：“港口机械结构稳定性设计”，《工业设计》，2016 年第 2 期。
姜仁贵、韩浩、解建仓等：“变化环境下城市暴雨洪涝研究进展”，《水资源与水工程学报》，2016 年第 3 期。
姜茸、梁双陆、李春宏：“国家经济安全风险预警研究综述”，《生态经济》，2015 年第 5 期。
姜彤、赵晶、曹丽格等：“共享社会经济路径下中国及分省经济变化预测”，《气候变化研究进展》，2018 年第 1 期。
金显仕、窦硕增、单秀娟等：“我国近海渔业资源可持续产出基础研究的热点问题”，《渔业科学进展》，2015 年第 1 期。
孔锋：“新时代国家发展战略下中国应对气候变化的透视”，《北京师范大学学报（自然科学版）》，2019 年第 3 期 a。
孔锋：“国家安全视阈下的区域综合灾害风险防范与风险融资战略思考”，《政府治理评论》，2019 年第 11 期 b。
孔锋、吕丽莉、方建：“农业巨灾风险评估理论和方法研究综述和展望”，《保险研究》，2016 年第 9 期。
孔锋、吕丽莉、方建等：“中国空气污染指数时空分布特征及其变化趋势（2001—2015）”，《灾害学》，2017 年第 2 期。
孔锋、吕丽莉、王品等，“灾害防御能力的基本定义与特征探讨”，《灾害学》，2018 年第 4 期。
孔锋、吕丽莉、王一飞：“透视中国综合防灾减灾的主要进展及其挑战和战略对策”，《水利水电技术》，2018 年第 1 期。
孔锋、史培军、方建等：“全球变化背景下极端降水时空格局变化及其影响因素研究进展和展望”，《灾害学》，2017 年第 2 期。
孔锋、王一飞、吕丽莉等：“互联互通背景下巨灾对经济影响的全球性和复杂性的进展与展望”，《华中师范大学学报（自然科学版）》，2018 年第 6 期。
孔锋、王一飞、辛源等：“防灾减灾新形势下中国高风险地区综合气候变化风险防范战略分析”，《安徽农业科学》，2017 年第 21 期。
〔美〕拉尔夫·戈莫里、威廉·鲍莫尔著，文爽等译：《全球贸易和国家利益冲突》，中信出版社，2018 年。
雷曜、赵天奕：“管理气候变化的金融风险”，《北京金融评论》，2019 年第 4 期。
黎琮炜、覃卫坚、高安宁：“1961—2013 年广西洪涝灾害时空分布特征及成因”，《气象研究与应用》，2015 年第 1 期。

李二辉、穆兴民、赵广举：“1919—2010 年黄河上中游区径流量变化分析”，《水科学进展》，2014 年第 2 期。

李凤廷、侯云先、邵开丽等：“突发事件下的粮食物流——基于情景应对的储备粮紧急调运决策框架”，《中国农村经济》，2016 年第 12 期。

李更丰、邱爱慈、黄格超等：“电力系统应对极端事件的新挑战与未来研究展望”，《智慧电力安全》，2019 年第 8 期。

李红亮：“风险社会视阈下匡正国家经济安全问题的伦理对策”，《经济问题》，2013 年第 12 期。

李辉、姚凤梅、张佳华等：“东北地区玉米气候产量变化及其对气候变化的敏感性分析”，《中国农业气象》，2014 年第 4 期。

李惠梅、张安录：“三江源草地气候生产力对气候变化的响应”，《华中农业大学学报（社会科学版）》，2014 年第 1 期。

李阔、李国胜：“气候变化影响下 2050 年广东沿海地区风暴潮风险评估”，《科技导报》，2017 年第 5 期。

李凌程、张利平、夏军：“气候波动和人类活动对南水北调中线工程典型流域径流影响的定量评估”，《气候变化研究进展》，2014 年第 2 期。

李宁、刘丽、张正涛等：“气候变化经济影响研究的足迹可视化：整合被引文献和突现词”，《地球科学进展》，2018 年第 8 期。

李品：“中国能源供给安全影响因素研究”，《西安科技大学学报》，2018 年第 3 期。

李柔珂、李耀辉、徐影：“未来中国地区暴雨洪涝灾害风险预估”，《干旱气象》，2018 年第 3 期。

李帅、高玉磊、杜涛等：“气候变化下三峡水库防洪调度方式优化与实践”，《中国防汛抗旱》，2018 年第 11 期。

李双双、杨赛霓、刘宪锋等：“2008 年中国南方低温雨雪冰冻灾害网络建模及演化机制研究”，《地理研究》，2015 年第 1 期。

李相儒、金钊、张信宝等：“黄土高原近 60 年生态治理分析及未来发展建议”，《地球环境学报》，2015 年第 4 期。

李卫江、蒋湧、温家洪等：“地震灾害情景下产业空间网络风险评估——以日本丰田汽车为例”，《地理学报》，2016 年第 8 期。

李琰、范文静、骆敬新等：“2017 年中国近海海温和气温气候特征分析”，《海洋通报》，2018 年第 3 期。

李泽椿、郭安红、延昊：“气候变化对生态保护工程的影响”，《气候变化研究进展》，2015 年第 3 期。

李作伟、吴荣军、马玉平：“气候变化和人类活动对三江源地区植被生产力的影响”，《冰川冻土》，2016 年第 3 期。
梁钟元、王海潮、雷晓辉：“气候变化对南水北调中线受水区径流量影响”，《南水北调与水利科技》，2014 年第 2 期。
廖春贵、熊小菊、胡宝清：“广西暴雨洪涝灾害的暴露度与脆弱性时空特征”，《福建农业科技》，2017 年第 4 期。
廖克武、丁晓光、潘池泓：“台风‘菲特’引发的浙江余姚地质灾害类型与特征分析”，《中国地质灾害与防治学报》，2014 年第 2 期。
林乐芬、祝楠：“中国经济安全：挑战与应对”，《中国浦东干部学院学报》，2015 年第 1 期。
林香红：“面向 2030：全球海洋经济发展的影响因素、趋势及对策建议”，《太平洋学报》，2020 年第 1 期。
凌广志：“我国能源转型进入关键期面临从结构到技术等挑战”，《能源研究与利用》，2018 年第 1 期。
刘彩红、余锦华、李红梅：“RCPs 情景下未来青海高原气候变化趋势预估”，《中国沙漠》，2015 年第 5 期。
刘长松：“我国气候贫困问题的现状、成因与对策”，《环境经济研究》，2019 年第 4 期 a。
刘长松：“城市安全、气候风险与气候适应型城市建设”，《重庆理工大学学报（社会科学）》，2019 年第 8 期 b。
刘长松、徐华清：“对气候变化与国家安全问题的几点认识与建议”，《气候战略研究简报》，2017 年第 13 期。
刘长松、徐华清：“对气候安全问题的初步分析与政策建议”，《宏观经济管理》，2018 年第 2 期。
刘春、李青：“气候变化对农业生产影响的研究进展”，《北方园艺》，2016 年第 17 期。
刘建、卢波：“非传统安全视角下中国石油安全的测度及国际比较研究”，《国际经贸探索》，2016 年第 7 期。
刘俊伶、夏侯沁蕊、王克等：“中国工业部门中长期低碳发展路径研究”，《中国软科学》，2019 年第 11 期。
刘立涛、刘晓洁、伦飞等：“全球气候变化下的中国粮食安全问题研究”，《自然资源学报》，2018 年第 6 期。
刘璐、李莉：“碳关税对我国对外贸易的影响及对策”，《商业会计》，2019 年第 20 期。
刘明浩、孙志忠、牛富俊等：“气候变化背景下青藏铁路沿线多年冻土变化特征研究”，《冰川冻土》，2014 年第 5 期。
刘笑、何学敏、游松财：“1976—2015 年中国主要农业气象灾害的变化特征”，《中国农业气象》，2017 年第 8 期。
刘轩、孙然、姜文超等：“低碳经济背景下制造业企业发展研究”，《科技经济导刊》，2020

年第 9 期。
刘远哲、宋伟、赵东升等："气候变化对工业经济系统的影响研究进展"，《资源与生态学报》，2020 年第 1 期。
刘志彪："建设现代化经济体系：基本框架、关键问题与理论创新"，《南京大学学报（哲学·人文科学·社会科学）》，2018 年第 3 期。
柳逸月、李锟："中国能源转型的挑战及对策研究进展"，《中国环境科学学会会议论文集》，2017 年。
〔美〕罗伯特·基欧汉、谈尧、谢来辉："气候变化的全球政治学：对政治科学的挑战"，《国外理论动态》，2016 年第 3 期。
罗红磊、何洁琳、李艳兰等："气候变化背景下影响广西的主要气象灾害及变化特征"，《气象研究与应用》，2016 年第 1 期。
吕丽莉、史培军："中美应对巨灾功能体系比较——以 2008 年南方雨雪冰冻灾害与 2005 年卡特里娜飓风应对为例"，《灾害学》，2014 年第 3 期。
吕晓莉、张秀燕："全球气候变化治理与全球能源格局调整的互动研究"，《学习论坛》，2014 年第 3 期。
马华、王云琦、王力等："近 20a 广西石漠化区植被覆盖度与气候变化和农村经济发展的耦合关系"，《山地学报》，2014 年第 1 期。
马建平："低碳转型政策经济效应和气候效应的实证研究"，《阅江学刊》，2019 年第 3 期 a。
马建平："中国低碳转型政策的措施和特征及影响"，《上海节能》，2019 年第 8 期 b。
马倩倩、贺勇、张梦婷等："中国北部冬麦区小麦生育期对生育阶段积温变化的响应"，《中国农业气象》，2018 年第 4 期。
马欣、王文涛、张雪艳等："基于哥本哈根学派的中国气候安全化比较分析"，《气候变化研究进展》，2019 年第 6 期。
马耀明、胡泽勇、田立德等："青藏高原气候系统变化及其对东亚区域的影响与机制研究进展"，《地球科学进展》，2014 年第 2 期。
马玉平："预测未来 40 年气候变化对我国玉米产量的影响"，《应用生态学报》，2015 年第 1 期。
马占云、冯鹏、高庆先等："华北地区能源及交通行业对极端天气的敏感性分析"，《环境科学研究》，2015 年第 4 期。
孟超、韩龙武、赵相卿等："气温持续升高对青藏铁路运输安全的影响研究"，《中国安全科学学报》，2018 年第 S2 期。
孟永昌、王铸、吴吉东等："巨灾影响的全球性：以东日本大地震的经济影响为例"，《自然灾害学报》，2015 年第 6 期。
孟永昌、杨赛霓、史培军等："巨灾对全球贸易的影响评估"，《灾害学》，2016 年第 4 期。

穆海振、史军、贺芳芳："上海城市气象灾害特点及巨灾防范浅析"，《上海保险》，2015年第8期。
穆彦虎、马巍、牛富俊等："多年冻土区道路工程病害类型及特征研究"，《防灾减灾工程学报》，2014年第3期。
宁思雨、黄晶、汪志强等："基于投入产出法的洪涝灾害间接经济损失评估——以湖北省为例"，《地理科学进展》，2020年第3期。
欧阳俊、邱琼："国家经济安全刍议"，《科学社会主义》，2015年第2期。
潘家华、张莹："中国应对气候变化的战略进程与角色转型：从防范'黑天鹅'灾害到迎战'灰犀牛'风险"，《中国人口·资源与环境》，2018年第10期。
潘敏："机遇与风险：北极环境变化对中国能源安全的影响及对策分析"，《中国软科学》，2014年第9期。
潘艳艳、张良："风暴潮灾害损失与沿海地区经济增长动态关系检验"，《经济师》，2020年第1期。
裴占江、刘杰、史风梅等："气候变化对我国农业生产的影响研究进展"，《黑龙江农业科学》，2017年第8期。
彭水军、张文城、孙传旺："中国生产侧和消费侧碳排放量测算及影响因素研究"，《经济研究》，2015年第1期。
齐庆华、蔡榕硕："21世纪海上丝绸之路海表温度异常与气候变率的相关性初探"，《海洋开发与管理》，2017年第4期。
齐庆华、蔡榕硕、颜秀花："气候变化与我国海洋灾害风险治理探讨"，《海洋通报》，2019年第4期。
钱凤魁、王文涛、刘燕华："农业领域应对气候变化的适应措施与对策"，《中国人口·资源与环境》，2014年第5期。
乔晓楠、何自力："理解《巴黎协议》——一个产业变迁与碳排放的双层分析框架"，《政治经济学评论》，2016年第3期。
秦大河："气候变化科学与人类可持续发展"，《地理科学进展》，2014年第7期。
秦大河：《中国极端天气气候事件和灾害风险管理与适应国家评估报告》，科学出版社，2015年。
秦大河："应对气候变化，加强冰冻圈灾害综合风险管理"，《中国减灾》，2017年第1期。
桑婧、郝璐："近30年中国主要农业气象灾害典型场时空格局分异特征"，《中国生态农业学报》，2018年第9期。
石先武、方伟华："1949—2010年西北太平洋热带气旋时空分布特征分析"，《北京师范大学学报（自然科学版）》，2015年第3期。
石先武、国志兴、张尧等："风暴潮灾害脆弱性研究综述"，《地理科学进展》，2016年第7

期。
史军、穆海振："大城市应对气候变化的可持续发展研究——以上海为例"，《长江流域资源与环境》，2016 年第 1 期。
史培军："建立巨灾风险防范体系刻不容缓"，《求是》，2008 年第 8 期。
史培军："灾害系统复杂性与综合防灾减灾"，《中国减灾》，2014 年第 21 期。
史培军、孔锋、叶谦等："灾害风险科学发展与科技减灾"，《地球科学进展》，2014 年第 11 期。
史培军、吕丽莉、汪明等："灾害系统：灾害群、灾害链、灾害遭遇"，《自然灾害学报》，2014 年第 6 期。
史培军、王季薇、张钢锋等："透视中国自然灾害区域分异规律与区划研究"，《地理研究》，2017 年第 8 期。
宋长青、程昌秀、史培军："新时代地理复杂性的内涵"，《地理学报》，2018 年第 7 期。
孙洪波："气候变化对拉美的影响：基于安全角度的评估"，《拉丁美洲研究》，2013 年第 6 期。
孙吉波、辛拓、王延纬："广东电网抗击超强台风'威马逊'的经验及反思"，《广东电力》，2014 年第 12 期。
孙鉴锋、王冀、何桂梅等："北京市行业经济产出对气候变化的敏感性分析"，《资源科学》，2017 年第 6 期。
孙薇、季双双："气候变化对经济影响的研究"，《改革与开放》，2015 年第 17 期。
谭林、高佳琳："气候变化风险对金融体系的作用机理及对策研究"，《金融发展研究》，2020 年第 3 期。
汤颖梅、谢萌："气候风险与我国巨灾保险发展空间不均衡实证性研究"，《生态经济》，2019 年第 4 期。
田丹宇、刘长松："能源转型政策的国际经验及国内挑战"，《中国经贸导刊》，2017 年第 2 期。
童晓伟、王克林、岳跃民等："桂西北喀斯特区域植被变化趋势及其对气候和地形的响应"，《生态学报》，2014 年第 12 期。
汪阳洁、仇焕广、陈晓红："气候变化对农业影响的经济学方法研究进展"，《中国农村经济》，2015 年第 9 期。
王方方、鲍正风、许浩："气候变化对三峡水库运行调度的影响及对策研究"，《水电与新能源》，2019 年第 3 期。
王鹤龄、张强、王润元等："气候变化对甘肃省农业气候资源和主要作物栽培格局的影响"，《生态学报》，2017 年第 18 期。
王佳佳、殷坤龙、肖莉丽："基于 GIS 和信息量的滑坡灾害易发性评价——以三峡库区万州区为例”，《岩石力学与工程学报》，2014 年第 4 期。
王建平、马林建：“岛礁工程长期安全保障理论与技术研究进展”，《防护工程》，2019 年第 3 期。
王鹏涛、延军平、蒋冲等：“三北防护林工程区气候变化分析”，《水土保持通报》，2014 年第 1 期。
王若瑜、谭云廷、程炳岩等：“基于高分辨率区域气候模式的三峡库区降水变化模拟与预估”，《干旱气象》，2017 年第 2 期。
王文涛、刘燕华、于宏源：“全球气候变化与能源安全的地缘政治”，《地理学报》，2014 年第 9 期。
王妍、高强、李华：“海洋灾害对海洋经济增长影响研究——基于内生经济增长与拓展 C-D 函数”，《地理科学》，2018 年第 6 期。
王志、韩焱红、李蔼恂：“我国公路交通气象研究与业务进展”，《气象科技进展》，2017 年第 1 期。
魏杰：“防范金融风险，建设现代化经济体系”，《政治经济学评论》，2018 年第 1 期。
温泉沛、周月华、霍治国等：“气候变暖背景下东南地区暴雨洪涝灾害风险变化”，《生态学杂志》，2017 年第 2 期。
文彦君、方修琦、刘洋等：“18～19 世纪之交华北平原的气候变化与粮价异常”，《中国科学：地球科学》，2020 年第 1 期。
吴吉东：“经济学视角的自然灾害损失评估理论与方法评述”，《自然灾害学报》，2018 年第 3 期。
吴吉东、郝晓琳、李宁等：“中国‘举国体制’应对巨灾的经济效益评估方法及应用”，《北京师范大学学报（自然科学版）》，2014 年第 1 期。
吴乔一康、冯晓：“我国 CO_2 减排成本对于产业集聚的影响研究——基于制造业 29 个大类省级面板数据的分析”，《云南财经大学学报》，2019 年第 10 期。
吴绍洪、黄季焜、刘燕华等：“气候变化对中国的影响利弊”，《中国人口·资源与环境》，2014 年第 1 期。
吴绍洪、罗勇、王浩等：“中国气候变化影响与适应：态势和展望”，《科学通报》，2016 年第 10 期。
吴先华、肖杨、李廉水等：“大数据融合的城市暴雨内涝灾害应急管理评述”，《科学通报》，2017 年第 9 期。
吴勇军、薛禹胜、谢云云等：“台风及暴雨对电网故障率的时空影响”，《电力系统自动化》，2016 年第 2 期。
吴玉宇：“我国碳金融发展及碳金融机制创新策略”，《上海金融》，2009 年第 10 期。
武斌、赵俊康、煜姝：“气候变化对油气长输管道的影响分析”，《石油规划设计》，2015

年第 3 期。
习近平："决胜全面建成小康社会夺取新时代中国特色社会主义伟大胜利——在中国共产党第十九次全国代表大会上的报告"，新华社，2017 年 10 月 27 日。
向菲菲、王伦澈、姚瑞等："三峡库区气候变化特征及其植被响应"，《地球科学》，2018 年第 S1 期。
肖宇赫："中国开放型经济体制下国家经济风险管控研究"，《河南社会科学》，2020 年第 6 期。
谢地、张巩："中美贸易摩擦的政治经济学分析"，《政治经济学评论》，2018 年第 5 期。
谢地、张巩："国际贸易和国家利益冲突：中美贸易战的多重博弈与中国的出路"，《政治经济学评论》，2019 年第 4 期。
谢伏瞻、刘雅鸣主编：《应对气候变化报告（2019）：防范气候风险》，社会科学文献出版社，2019 年。
谢立勇、李悦、徐玉秀等："气候变化对农业生产与粮食安全影响的新认知"，《气候变化研究进展》，2014 年第 4 期 a。
谢立勇、李悦、钱凤魁等："粮食生产系统对气候变化的响应——敏感性与脆弱性"，《中国人口 • 资源与环境》，2014 年第 5 期 b。
谢舒笛、莫兴国、胡实等："三北防护林工程区植被绿度对温度和降水的响应"，《地理研究》，2020 年第 1 期。
解雅麟、王海燕、雷相东："基于过程模型的气候变化对长白落叶松人工林净初级生产力的影响"，《植物生态学报》，2017 年第 8 期。
熊治文、杨永鹏、朱兆荣等："气候与冻土环境变化对青藏铁路路基的影响"，《青藏铁路运营十周年学术研讨会论文集》，2016 年。
许朗、刘金金："气候变化与中国农业发展问题的研究"，《浙江农业学报》，2013 年第 1 期。
许霜、付加锋、居辉等："华北地区能源行业产出对气象条件变化的敏感性分析"，《资源科学》，2014 年第 3 期。
薛澜等：《应对气候变化的风险治理》，科学出版社，2014 年。
徐雨晴、何吉成："气候变化对公路交通的影响研究进展"，《气象与减灾研究》，2016 年第 1 期。
闫绪娴："灾害损失与经济增长：基于中国 2002—2011 年的省际面板数据分析"，《宏观经济研究》，2014 年第 5 期。
闫云凤、常荣平："全球价值链下的中美贸易利益核算：基于隐含碳的视角"，《国际商务》，2017 年第 3 期。
晏利斌："1961—2014 年黄土高原气温和降水变化趋势"，《地球环境学报》，2015 年第 5 期。
杨浩、陈光燕、庄天慧等："气象灾害对中国特殊类型地区贫困的影响"，《资源科学》，2016

年第 4 期。
杨磊："我国粮食安全分辨分析及粮食安全评价指标体系研究"，《农业现代化研究》，2014 年第 6 期。
杨理智、张韧、葛珊珊等："基于气候变化背景下西北航道自然环境风险评估"，《创新驱动发展 提高气象灾害防御能力——S3 第三届中国气象服务发展论坛——公众、专业气象预报服务技术与应用（会议论文集）》，2013 年。
杨啸、王文渊、郭子坚："突发性洪水对港口及其集疏运通道的影响"，《人民长江》，2017 年第 18 期。
杨永鹏、孟进宝、韩龙武等："青藏铁路工程走廊多年冻土对全球气候变化的响应"，《中国铁道科学》，2018 年第 1 期 a。
杨永鹏、孟进宝、韩龙武等："青藏铁路路基下多年冻土演化特征及规律研究"，《铁道建筑》，2018 年第 5 期 b。
叶滨鸿、程杨、王利等："北极地区地缘关系研究综述"，《地理科学进展》，2019 年第 4 期。
叶卫平："国家经济安全的三个重要特性及其对我国的启示"，《马克思主义研究》，2018 年第 11 期。
尹国安、牛富俊、林战举等："青藏铁路沿线多年冻土分布特征及其对环境变化的响应"，《冰川冻土》，2014 年第 4 期。
尹慧："重大工程不能忽视气候变化的影响"，《经济日报》，2014 年 12 月 3 日。
尹朝静、李谷成、高雪："气候变化对中国粮食产量的影响：基于省级面板数据的实证"，《干旱区资源与环境》，2016 年第 6 期。
于春海："贸易赤字、债务可持续性与美国的贸易政策行为"，《政治经济学评论》，2019 年第 4 期。
余江游、夏军、佘敦先等："南水北调中线工程水源区与海河受水区干旱遭遇研究"，《南水北调与水利科技》，2018 年第 1 期。
余丽丽、彭水军："中国区域嵌入全球价值链的碳排放转移效应研究"，《统计研究》，2018 年第 4 期。
喻飞、刘海波、肖华等："内陆核电站水供给安全问题分析及对策研究"，《人民长江》，2015 年第 8 期。
喻孟良、梅红波、李冀骅等："基于变系数回归模型的三峡库区滑坡位移预测"，《地球科学》，2016 年第 9 期。
占才亮、程志涛："抗击'威马逊'超强台风对广东电网调度应急处理的启示"，《广东科技》，2015 年第 8 期。
张德斌、章卫胜、王金华："气候变化及人类活动背景下水源地安全研究综述"，《人民长江》，2018 年第 20 期。

张海波：“高风险社会中的自然灾害管理——以‘2008 年南方雪灾’为案例”，《北京行政学院学报》，2010 年第 3 期。
张海燕、樊江文、邵全琴等：“2000—2010 年中国退牧还草工程区生态系统宏观结构和质量及其动态变化”，《草业学报》，2016 年第 4 期。
张建云、王银堂、贺瑞敏等：“中国城市洪涝问题及成因分析”，《水科学进展》，2016 年第 4 期。
张杰：“中美经济竞争的战略内涵、多重博弈特征与应对策略”，《世界经济与政治论坛》，2018 年第 3 期。
张金满、谭桂容、武辉芹等：“灾害性天气交通事故特征及雾天公路通行预警指标体系”，《干旱气象》，2016 年第 2 期。
张兰、沈敬伟、刘晓璐等：“2001—2016 年三峡库区植被变化及其气候驱动因子分析”，《地理与地理信息科学》，2019 年第 2 期。
张曙光：“中国愿景：构建现代化经济体系十大内涵”，《经济研究参考》，2019 年第 19 期。
张所续：“浅析能源转型对地缘政治的影响”，《国土资源情报》，2019 年第 8 期。
张晓艳：“环境风险对金融稳定的影响方式研究”，《金融纵横》，2019 年第 10 期。
张雪艳、何霄嘉、马欣：“我国快速城市化进程中气候变化风险识别及其规避对策”，《生态经济》，2018 年第 1 期。
张文城：“中国参与家用设备制造的经济收益与碳排放——基于全球价值链视角”，《环境经济研究》，2017 年第 3 期。
张雅鑫、赵俐：“我国巨灾保险制度建设发展现状及法律支持的思考”，《湖北经济学院学报（人文社会科学版）》，2020 年第 5 期。
张燚、印振华、张根全等：“近坝库岸古滑坡体稳定性及其对大坝安全的影响研究”，《水力发电》，2019 年第 8 期。
张一弓、高昊、崔俊富：“中国国家经济安全战略的演进及内涵”，《财经问题研究》，2010 年第 3 期。
张颖、章超斌、王钊齐等：“气候变化与人为活动对三江源草地生产力影响的定量研究”，《草业学报》，2017 年第 5 期。
张永恒、孔祥一、张立生等：“2018 年我国灾害性天气及决策气象服务分析”，《海洋气象学报》，2019 年第 4 期。
张勇荣、周忠发、马士彬：“近 20 年贵州喀斯特山区石漠化与气候变化特征分析”，《环境科学与技术》，2014 年第 9 期。
张云、唐海燕：“经济新常态下实现碳排放峰值承诺的贸易开放政策——中国贸易开放环境效应与碳泄露存在性实证检验”，《财贸经济》，2015 年第 7 期。
张振、唐仁敏、王大千：“世界能源转型面临的双重挑战——BP 世界能源展望 2019 成果研讨”，《中国经贸导刊》，2019 年第 11 期。
赵东升、郭彩赟、郭义强等：“气候变化对‘山水林田湖草’重大生态工程的影响”，《生态学报》，2019 年第 23 期。
赵淼、赵闯、孙振中等：“近 20 年来我国农作物病虫害时空变化特征”，《北京大学学报（自然科学版）》，2015 年第 5 期。
赵珊珊、高歌、黄大鹏等：“2004—2013 年中国气象灾害损失特征分析”，《气象与环境学报》，2017 年第 1 期。
郑景云、郝志新、方修琦等：“中国过去 2000 年极端气候事件变化的若干特征”，《地理科学进展》，2014 年第 1 期。
郑然、李栋梁、蒋元春：“全球变暖背景下青藏高原气温变化的新特征”，《高原气象》，2015 年第 6 期。
郑双怡：“西南喀斯特地区农户气象灾害致贫的影响因素分析”，《西南民族大学学报（人文社科版）》，2017 年第 3 期。
郑天天：“气候变化的经济影响研究综述”，《气象科技进展》，2019 年第 4 期。
郑艳、潘家华、谢欣露等：“基于气候变化脆弱性的适应规划：一个福利经济学分析”，《经济研究》，2016 年第 2 期。
中共中央国务院：“《中国的粮食安全》白皮书”，http://www.gov.cn/zhengce/2019-10/14/content_5439410. htm，2019 年 10 月 14 日。
中共中央国务院：“中共中央国务院关于新时代加快完善社会主义市场经济体制的意见”，http://www.gov.cn/zhengce/2020-05/18/content_5512696.htm，2020 年 5 月 18 日。
中华人民共和国水利部：《中国水旱灾害公报》，中国水利水电出版社，2018 年。
中华人民共和国中央人民政府：“2020 年政府工作报告”，http://www.gov.cn/premier/2020-05/29/content_5516072.htm，2020 年 5 月 29 日。
中华人民共和国中央人民政府：中华人民共和国国民经济和社会发展第十三个五年规划纲要，http://www.gov.cn/xinwen/2016-03/17/content_5054992.htm。
中华人民共和国自然资源部海洋预警监测司：“2018 年中国海平面公报”，http://gi.mnr.gov.cn/201905/t20190510_2411197.html，2019 年 4 月 28 日。
中国海洋可持续发展的生态环境问题与政策研究课题组：《中国海洋可持续发展的生态环境问题与政策研究》，中国环境出版社，2013 年。
中国国家气候变化对策协调小组办公室、中国 21 世纪议程管理中心：《全球气候变化：人类面临的挑战》，商务印书馆，2004 年。
中国气象局国家气候委员会：“中国气候公报（2019）”，http://zwgk.cma.gov.cn/zfxxgk/gknr/qxbg/202102/t20210224_2756250.html，2021 年 2 月 24 日。
中国气象局科技与气候变化司：“2018 年中国气候公报”，http://www.cma.gov.cn/root7/

auto13139/201903/t20190319_517664.html，2019 年 3 月 18 日。
舟丹：“国际能源转型面临五大挑战”，《中外能源》，2019 年第 4 期。
周福、钱燕珍、朱宪春：“‘菲特’减弱时浙江大暴雨过程成因分析”，《气象》，2014 年第 8 期。
周洪建：“当前全球减轻灾害风险平台的前沿话题与展望——基于 2017 年全球减灾平台大会的综述与思考”，《地球科学进展》，2017 年第 7 期。
周梦岩、苏丽丽、石书兵：“气候变化对农业的影响研究进展”，《农村经济与科技》，2016 年第 9 期。
周曙东、周文魁、林光华等：“未来气候变化对我国粮食安全的影响”，《南京农业大学学报（社会科学版）》，2013 年第 1 期。
周小英、谢世友、任伟：“1955—2014 年三峡库区降水特征分析——以重庆市万州区为例”，《西南大学学报（自然科学版）》，2017 年第 10 期。
朱大运、熊康宁：“气候因子对我国喀斯特石漠化治理影响研究综述”，《江苏农业科学》，2018 年第 7 期。
朱彤：“我国可再生能源的发展阶段与面临挑战”，《中国国情国力》，2019 年第 7 期。
祝毅然：“气候变化对交通领域的影响及相关对策”，《交通与运输》，2018 年第 6 期。
庄贵阳、薄凡、张靖：“中国在全球气候治理中的角色定位与战略”，《世界经济与政治》，2018 年第 4 期。
邹荣、李勇：“温室气体排放与农业生产者福利：理论与实证分析”，《当代经济科学》，2018 年第 6 期。
左健忠、韩雪、潘锡山等：“海平面变化对江苏沿海的影响分析”，《淮海工学院学报》，2019 年第 4 期。

第五章　气候变化对中国社会安全的影响

气候变化对中国社会安全的影响是较为显著的，尤其在实现社会稳定与和谐、保障民众健康，以及就业和脱贫方面，这种影响是长期且明显的。本章总结了近年来在气候变化影响中国社会安全的重点领域、风险评估和适应方案上所取得的新认识，主要结论如下：

第一，在有关社会稳定与和谐方面，气候变化影响社会经济转型，引发经济发展方式和生产方式的转变、改变了人们的生活方式和消费方式、推动低碳经济和绿色能源体系以及低碳城市的构建；气候变化导致的极端气候事件加剧了社会不稳定和民生问题，对此必须不断提升对于气候变化问题的认知，并在统筹城乡的基础上保障民生；气候风险与灾害容易引发社会矛盾与冲突，气候适应型城市的建设将有助于化解冲突并推进可持续发展。

第二，在民众健康方面，气候变化增加了民众的健康风险，影响身体健康的同时也对心理健康造成负面影响，这种影响在长期积累演变后会愈加明显。气候变化是新发传染性疾病增加的主要原因，已有研究证实新冠肺炎疫情与气候因素相关；气候变化导致的直接和间接健康问题日益频发，提升民众对于气候健康风险的认知势在必行；气候变化引发的国民健康问题将推进中国应对气候变化的政策体系。

第三，在就业和脱贫方面，气候变化带来的绿色就业机遇与挑战并存，促使就业市场面临转型，并带来间接就业效应；气候变化带来的低碳经济转型使得国内三大产业就业面临艰巨的转型压力；气候变化对林业发展产生直接影响，绿色就业将有助于缓解相应的就业压力；气候变化将造成贫困和气候移民问题，充分利用碳汇和碳交易有助于实现减贫模式的优化。

第一节　基本概念与评估内容

一、基本概念

“社会安全”这一概念最早于20世纪80年代由布赞（Buzan，1983）提出，认为社会安全是社会认同的安全，贝克（Beck，1986）随后指出社会安全的本质就是社会风险的降低与可控，希尔（Hill，1999）则认为狭义的社会安全指社会保障体系，广义的社会安全指全社会各个群体避免伤害的能力和机制。“社会安全”自20世纪90年代起作为独立的理论得到发展和完善，并成为哥本哈根学派的重要理论主张（李明明，2006）。

一般意义上的“社会安全”指的是用于衡量一个国家或地区社会安全基本方面的综合性指数，包括社会治安、交通安全、生活安全和生产安全四方面。社会安全是社会发展的基本保障，是社会建设发展水平和运行健康程度的重要体现。实现社会安全有序、提升社会治理现代化水平并达到长治久安，是社会治理追求的重要价值目标。从理论研究层面来看，学界关于社会安全本质内涵及其影响因素的研究起步较早，已经确定的影响因素包括社会公正、社会信任、社会认同、全球化、信息化、现代化以及社会安全评价等，整体上呈现出从宏观性、外部性、物质层面的因素向根源性、内向性、精神层面的因素拓展深化的态势。

学界对社会安全概念的论述主要包括：社会安全是以社会协调发展和全球化理念为先导，政府通过社会风险管理，尽可能为社会群体提供一种“生存优态”（秦立强，2005）；社会安全是具有保险、救助和服务等防范风险和不确定性功能的正规和非正规制度构成的社会保护体系（朱玲，2010）；社会安全是良好的生活和工作环境以及社会秩序（王盼盼，2011）；社会安全是行为体间“优态共存”的安全模式，通过行为体间“互惠共建”的和合互动，达到“和合”“优化”的生存状态（余潇枫，2013）；社会安全是大多数人的健康、人身、财产等不受威胁、没有缺损等状态，以及由人群而产生的社会公共秩序的良好与有序（朱志萍，2016）。社会学视角下的社会安全是一种社会现象和安全秩序，是关注安全过程变化的社会效应的社会学科，不仅是安全学的分支，也是社会学的分支，并且随着社会变迁与发展，呈现出多样化类型，根据专业和行业领域主要可分为社会保障、自然灾害、人为灾难、环境安全等；根据形态可分为硬安全和软安全；根据对象可分为人身安全、财产安全、环境安全等（申有军，2015）。心理学视角下的社会安全指的是，社会中的人所倾向建立的安全、有序、可预见、合法及有组织的世界，而社会安全的实现则有赖于社会保障法制的建设（李春斌，2016）。

社会安全的基本内涵随着社会发展不断演变，不同国家之间、同一国家的不同发展时期，关于社会安全内涵的界定差别也较大，现有文献关于社会安全的内涵本质研究主要有“社会保障说”“社会风险说”“社会认同说”“动态平衡说”“社会秩序说”“社会公共品说”“人本导向说”等观点，构成了社会安全本源因素分析的重要基础（王龙等，2019）。有研究将社会安全风险进行细化，认为社会安全主要包括群体性事件、人口老龄化、劳动力供给短缺，局部地区出现的干群关系、警民关系紧张情况，以及分裂势力、境外敌对势力的渗透等（林坚，2016）。2014 年，社会安全被列为总体国家安全观的重要组成部分，凸显出当下中国确保社会安全的重要性，大数据时代下中国社会安全呈现出不确定性、泛在性、即时性、震荡性、巨变性和传染性的基本特征（李丽华等，2020）。社会安全是国家安全的基本构成要素，是影响国家安全的重要因素，作为国家安全基本构成要素的社会安全既是民生问题，也是社会治理的热点问题。总体国家安全观的设立，标志着国家及社会安全领域的顶层设计已经完成，国家安全内涵和外延也更加丰富（彭向刚等，2020）。

结合气候变化引发的社会问题与已有研究，本章将“社会安全”界定为影响社会秩序稳定、民生发展、民众健康的安全。与气候变化直接相关的安全问题具体包括气候变化带来的经济转型、生产生活方式转变；低碳城市构建中出现的民生问题和社会冲突；极端气候事件引发的生理及心理健康风险、新发传染性疾病传播、气候健康政策框架构建；绿色就业和低碳经济转型带来的挑战、林业就业问题、解决气候移民以及实现脱贫等方面。

二、评估内容

由于气候变化危及中国民众的健康、生活和就业，因而本章评估的社会安全内容主要涉及社会稳定与和谐、人类健康以及就业和脱贫等三个方面。其中，在社会稳定与和谐方面，主要评估了气候变化对中国社会转型、民生发展以及适应性城市建设的影响；在人类健康方面，主要评估了不断上升的气候风险对人类健康的直接影响、间接影响以及对应对气候变化的政策体系的影响；在就业和脱贫方面，主要评估了近年来气候变化对绿色就业、低碳经济转型、林业就业以及脱贫的影响。

第二节　气候变化对社会稳定与和谐的影响

气候变化造成的影响不仅仅局限于生态环境领域，在很大程度上也对中国社会的稳定与和谐造成了较大的影响，能否在减缓与适应的目标指引下有效应对气候变化，将对新时代生态文明建设以及中国社会的转型发展、社会民生的稳步推进以及气候适应型城市的构建产生深远影响。

一、气候变化对中国社会转型的影响

气候变化给中国社会转型带来严重影响。自然灾害的发生越来越频繁、气候变暖日益严重、人类对自然资源的争夺愈加激烈，人类生存发展受到的威胁愈加严重。如果想解决这些问题，就必须对目前的经济发展模式、能源利用模式进行改革，改变目前经济发展对自然资源的严重依赖，实现向资源节约型和环境友好型社会的转型发展（林黎等，2020）。为应对气候变化引发的社会转型压力，就必须转变经济发展方式和生产方式，不仅要从粗放型增长转变为集约型增长，而且还要从通常的经济增长转变为全面、协调、可持续的经济发展。为实现经济发展方式的转变，就必须抓住重点，适度调整发展速度，提高内需对经济的拉动作用，加快发展第三产业，加大科技创新等资源投入对经济发展的拉动作用等。转变生产方式，就是要从目前的供给侧结构改革入手，走新型工业化和信息化结合的道路，需要充分利用要素投入手段全面拓展的机遇，走跨越式的发展道路和可持续发展道路。其中包括产业结构的调整，产品附加值的提高，信息化与工业化结合，提高能源利用效率、降低污染物排放、发展循环经济等（李鲁等，2020；张国兴等，2018）。

气候变化带来不可逆转的低碳经济发展趋势，在低碳经济模式下，产业结构优化升级不能片面追求降低农业产值占的比重，原因在于，农业能源强度和碳排放强度均低于工业，并且具有较强的碳汇功能，因而农业能源在产业结构低碳化中的作用不可忽视。同时，需要加强各产业之间联系的低碳化，在低碳技术的研发与使用、中间产品、最终产品的流通与使用等环节做到互融互通，重点减少各产业间因交易成本而产生的环境负效应，实现产业间的低碳关联（李晶，2014；成金华等，2020）。

极端气候事件频发也亟待绿色能源体系的构建。国家需要在能源供应领域，积极发展可再生能源，加快发展核电，重点突破化石能源的低碳利用技术，研发下一代低碳清洁能源，提高二氧化碳收集和固定能力等。在能源需要利用领域，应着力提高工业、建筑、交通行业的能源利用效率。在能源电气化领域，重点推进电气利用比例，减少化石能源的直接利用，推进电力供暖、电动车等电力技术。构建绿色能源体系的直接目标是降低排放强度，排放强度是给定污染者特定行为的平均排放率，用于估计基于一定数量或水平的燃料燃烧、畜牧业养殖、工业生产、运输及类似活动所产生的空气污染或温室气体排放水平，也可用于比较不同能源或行为对环境的影响（赵成柏，2019）。

当前阶段，中国应对气候变化进程中降低排放强度的主要任务是降低碳及二氧化碳排放强度，即降低单位国内生产总值的碳及二氧化碳排放量。在低碳经济模式下，一国在经济增长的同时，每单位国民生产总值所带来的碳及二氧化碳排放量在下降。以降低排放强度为目标，构建绿色能源体系应主要沿着两条主线展开：第一，提高化石能源利用效率，降低能源强度。就国家层面而言，能源强度受家电及建筑物的能源效率、气温、汽车用量及燃油经济性、交通模式、居民区与工作区的距离、自然灾害、战争、能源政策等诸多因素的影响，一个地处温带且建筑物隔温性能良好、居住区与工作区较近、汽车燃油经济性好、大量应用非燃油性交通工具的国家要比相应条件相反的国家能源强度低。因此，国家应根据实际情况采取综合措施降低化石能源用量。第二，调整能源结构，用低碳能源替代化石能源。实践中的工厂建设、运行、铀矿开采与选矿、工厂关闭等都可以导致二氧化碳排放，具体排放量由不同生产环节而定，因此在利用低碳能源发电时必须提高电厂运行效率，在生产各个环节上做到节能减排（崔维军等，2015；孙士昌等，2020）。

在减缓和适应气候变化引发的社会问题方面，已有研究指出，国家要充分认识到气候变化议题的重要性，努力实现生活方式和消费方式的转变。首先，在转变社会消费模式方面，需要从市场主导的被动的消费升级，转变为主动推进节约型的公共服务，重点领域包括选择合理的城市化道路、严格控制城市拆建、合理调控居民生活消费升级等。同时，通过相关气候变化适应政策的引导，增强公众购买气候友好型和环境友好型产品的意愿，引导适度消费，鼓励节能低碳产品的措施（王丽萍，2016）。其次，在转变个人消费方式方面，需要从崇拜物质消费，向绿色消费、节约消费和低碳消费转变。针对物质消费崇拜群体的心理特征，研究其消费习惯，设计针对性的行动指南，重点领域包括转变消费观、鼓励低碳生活方式等（庄贵阳，2019）。政府、媒体等相关部门和机构在转变民众的生活方式和消费方式方面需要作出更多的努力，有针对性地制订调动公众参与积极性的策略，使公众意识到自身在缓解气候变化问题上的重要性和巨大潜力，推动更多的民众改变现有过度物质性消费的倾向，实现从单纯的气候变化认知到实际行动的重要转变（崔维军等，2015）。

在气候事件频发的背景下，国家应当全面追踪城市碳足迹，重点治理关键行业碳排放。通过气候知识宣传普及，让城市居民和企业全面认识到城市在应对全球气候变化中的重要作用，充分了解各个行业的碳排放情况，以此确定重点行业和部门的减排战略。发展低碳经济必须在全社会确立低碳理念，政府是低碳经济政策的制定者和低碳理念的引导者，企业是实现减排目标的主体，是低碳能源、低碳技术、低碳产品的主要开发者和生产者，广大公民是实现低碳消费模式的依托，社会团体在维系各方面关系中发挥着不可忽视的作用（李玉洁，2015）。

根据城市和农村在能源消耗和二氧化碳排放方面表现出的总量差异和不同特征，建设低碳城市的重点在于实现节能、降耗、减排，建设低碳农村的重点在于增强农业的碳汇功能。低碳产业革命的实质是建设低碳农业、低碳工业和低碳服务业并实现产业关联的低碳化，是向低碳经济模式转变的最主要途径，是低碳能源革命和低碳技术创新的具体实践，也是实现低碳时代城乡之间的生产要素与产品流通的主要手段（刘柄麟等，2016）。了解城市碳足迹是制订气候应对战略的基础性工作，不仅有助于制订应对气候变化的减缓策略，而且有助于制订适应策略，这对于城市选择合理的排放路径和编制碳减排路线图具有重要意义。

二、气候变化感知与适应对民生的影响

气候变化的负面影响会放大现有的社会和资源压力，加大民生工作和社会治理的难度，间接威胁社会稳定和政治稳定，凸显出构建一个气候变化框架下有效的社会保障系统的必要性和急迫性（U. S. NIC，2009）。气候变暖是我们这个时代的根本挑战，不仅因为它将根本性地改变我们的自然环境，也因为它将重新定义社会发展和民生问题。国外的相关研究指出，气候变化将对政治、经济和社会产生一定影响，越来越多的国外政治抗议活动浪潮和进步政策倡议都在呼吁加强气候变化与民生之间的互动研究（Iskander *et al.*，2020；Steinbrune *et al.*，2013；Bohr，2017；Brulle et al.，2012）。气候变化导致一系列极端气候事件发生，适应气候变化以及变化引发的风险是国内外研究的焦点。全球范围的旱涝、热浪愈发严重且发生频次变多，严重影响了居民的生存生态环境，在一定程度上限制了经济发展。

应急管理部的最新统计显示，2020 年中国雨季的提前导致了严重的洪灾，约 3 800 万人受到影响，造成的直接经济损失高达约 118 亿美元。气候变化和生态退化是洪灾加剧的主要因素，洪泛区和蓄洪区消失、城市化进程加快和河流淤积等生态变化对该流域的洪水发生频率和规模产生了严重影响（张庆丰，2020）。2020 年 7 月份以来，洪涝灾害造成江西、安徽、湖北、湖南、重庆、贵州等 24 省（区、市）2 385.7 万人次受灾，31 人死亡失踪，203.9 万人次紧急转移安置；1.6 万间房屋倒塌，15.1 万间受到不同程度损坏；农作物受灾面积 2 478 千公顷；直接经济损失 643.9 亿元。就气候变化感知度而言，在气候变化不断突出的背景下，民众已经能够明显感受到气候变化带来的各项变化，气候问题日益严重，适应并减缓气候变化风险是城市及农村社会经

济发展和人类生存环境可持续发展的必然选择（刘绿柳等，2014）。

城市在气候变化过程中，既是重要的压力源之一，也是采取适应措施的关键，而人类活动是造成气候变暖的重要原因（于宏源，2017）。2016 年，中国发布《城市适应气候变化行动方案》，并提出 2020 年发展目标，即适应气候变化指标与城市建设规划相融合，以典型城市试点示范，积累科学经验，提高治理水平，争取到 2030 年，人民适应意识明显提高，适应能力全面改善。2017 年，气候适应型城市建设试点工作正式提上议程，根据中西部地区不同城市气候压力、城市发展规模和类型及其功能模式，选择了 28 个典型城市和试点区域（张丽华等，2019）。

在农村方面，伴随着生态环境的破坏，农村的生态环境问题已经给农民的生产生活造成了严重的负面影响（梁流涛等，2016），并已成为农村治理中亟待解决的问题（杜焱强等，2016）。目前，以政府管理与市场调控为主要模式的农村生态治理体制，虽然取得了一些成效，但是治理效果仍不尽人意。农村生态环境具有问题复杂性、利益多元性以及任务艰巨性的特征，使得现有的治理模式无法应对农村生态环境治理的需求，更为明显的是，农村生态环境治理的公众参与度仍处于较低的水平（于法稳，2017）。在生态治理方面，农户往往能够关注到气候变化给自身的生产生活带来的巨大影响，但在参与度上更多是基于集体无意识的“群体一致性响应”。与城市地区相比，中国农村地区往往缺乏关于降低洪灾风险的标准，为促进农村和城市地区的防洪协调，通过修建生态堤坝、保护湿地和恢复生态系统等基于自然的方法，减轻洪水灾害至关重要（张庆丰，2020）。

为提升中国民众的气候变化感知与适应能力，应当做到以下三点：第一，基于城市压力层的适应能力指数，将城市化发展战略与气候变化适应政策进一步结合。城市化发展加大了生态环境压力和人口压力，城市人口政策不仅要考虑城市人口容量，还应考虑生态环境承载力，相关部门可以通过建立合作研究小组，将对应的衡量指标进行各层次交叉对比。第二，基于城市发展状态层的适应能力指数，重点解决落后省份的短板问题。加大科研与技术方面的投入，借鉴成功省份的经验，进行跨区域合作。对于欠发达地区，将短板部分划分多个模块，分别给予针对性的帮扶，实现一对一目标。第三，基于区域差异现状，增加风险预测的投入，并充分考虑极端气候事件的强度与常态化的自然灾害，避免科技和基础设施资源分配不均匀（刘长松，2019a；王尧等，2020）。为提升农村农户的参与度，在社会教育层面，应当加大对农户的教育力度，提高农户的生态环境意识，并通过会议、讲座、发放相关读物或制作相关宣传视频、节目等方式提高农户对生态气候问题的重视程度。在政策层面，应该采取合理的政策，积极引导农户参与到村域气候变化治理进程中去，例如可通过制定合乎当地生态实际的气候变化补偿机制，以增加农户的收入和主观规范；同时可采取必要的物质奖励措施，激励那些积极参与到气候治理中的农户。在社会舆论宣传层面，要加大对气候变化和生态保护的宣传力度，开展多形式多层级的能力建设培训和宣传活动，提升应对气候变化的认知感，改善原有被动从众的气候治理参与形式，加快农村生态文明建设进程，以更好地应对气候变化带来的各项变化（李荣涛，2019）。

因此，为应对气候变化引发的社会民生问题，应做好城乡统筹与城乡一体化的规划调控，具体可通过以下四个途径：第一，在农村聚落体系、产业发展与农村劳动力就业、基础设施与人居环境、环境保护方面，要做到“依托新村建设，整合边远散户，提升农户凝聚力”；第二，依托特色资源，发展绿色经济，消化农村劳动力；第三，完善基础设施，改善人居环境，提高农户适应力；第四，开展知识宣传，防止环境污染，保障生计可持续（张克俊等，2019；赵康杰等，2019）。

三、气候变化对社会稳定的影响

气候变化带来严峻的极端气候事件挑战，正在威胁着社会稳定。越来越多的研究将恶劣气候事件的发生次数和暴力、社会冲突甚至战争联系起来（Jones，2011），气候变化间接影响社会稳定和政治合法性。中国历史上王朝的兴衰与气候变化有关，最突出的因素是低温、干旱或洪灾。低温会导致减产，进而导致社会动荡和政治危机；而在发生大旱或洪灾时，更容易发生农民起义（Hsiang *et al.*，2014）。在当代，气候变化与其他压力交织，不仅会让脆弱国家不堪重负，也可能使相对稳定的国家陷入社会动荡。气候变化的这种间接影响主要通过七个路径发生：地区资源争夺；生计不安全和移民；极端气候事件和灾害；粮食价格和供给波动；跨境水资源管理；海平面上升和海岸带退化；气候政策的意料外后果（Rüttinger *et al.*，2015）。

气候变化与冲突的上述关联在非洲地区表现得尤为突出（USAID，2019、2018、2017）。据研究，在种族分离的国家，1980～2010 年间 1/4 的冲突与气候相关自然灾害的发生吻合（Schleussner *et al.*，2016）；1989～2014 年间，持续干旱对非洲、亚洲农业社区的影响将冲突风险提高了 15%，并在冲突、环境冲击之间构建起了一个持续的恶性循环（Uexkull *et al.*，2016）。近年来，“非洲之角”的干旱、半干旱地区经历了更频繁、更严重的旱灾，导致牧民团体之间因争夺资源而冲突不断，威胁到“非洲之角”的地区稳定与安全（USAID，2017）。根据对埃塞俄比亚地方居民的问卷调查和访谈，冲突、干旱、雨量短缺、极端高温、极端降水和洪涝是对生计的最大威胁（Shimelis *et al.*，2015）。除了环境变化和资源短缺的直接影响，更深层的原因在于，气候变化持续地使农民的传统知识、耕作机制趋于无效，通过突出发展转型的必要性给社会经济系统、人民生计造成压力（Stark，2014）。

对此我们应当予以高度重视，避免未来发生由气候变化引发的社会冲突，构建生态文明社会并推进可持续发展。加快生态文明体制改革、推进绿色发展、建设美丽中国，必须加大环境治理力度，加快构建环境管控的长效机制，全面深化绿色发展的制度创新。中国是遭受极端气候事件和气候变化不利影响较严重的国家，随着城市化进程持续快速推进，气候变化的不利影响与自然灾害叠加，已成为制约城市可持续发展的重大问题。积极推动气候适应型城市建设，是推动中国城镇化迈向高质量发展的必然要求。

《2019全球气候风险指数报告》指出，中国每年因极端天气造成的平均死亡人数及经济损失分别位居全球第4位和第2位，每年极端天气事件造成的平均死亡人数高达1 200人。1998～2017年平均每年气候灾害造成的直接经济损失达366.01亿美元，占中国国内生产总值的比例为0.288%。与此同时，全球气候适应成本也大幅上升。

联合国环境规划署的报告显示，到2030年，全球适应成本可能增加4至5倍。《第三次气候变化国家评估报告》指出，中国面临的自然灾害风险等级处于全球较高水平，气候变化对经济社会发展的负面影响逐渐加深，灾害损失持续上升，气候灾害风险具有明显的区域差异，东部风险高于西部。气候变化对农业、城市、交通、基础设施、南水北调工程、电网等能源设施的不利影响更加明显，导致我国水安全、生态安全、粮食安全、能源安全等问题进一步加剧（《第三次气候变化国家评估报告》编写委员会，2015）。

在城市发展方面，气候变化的不利影响与自然灾害叠加，加剧城市运行风险，已成为制约城市发展的重大问题。气候变化和极端气候事件加剧城市脆弱性，产生城市洪涝和高温热浪风险，导致城市运输系统中断，加剧水资源供需矛盾，危害居民健康等，沿海城市面临的极端气候事件和海平面上升的风险加大。台风、暴雨、洪涝等引发的城市型水灾已给中国许多城市的正常运行造成重大影响（刘长松，2019a；徐一剑，2020）。

国家统计局数据显示，1978～2017年，中国城镇常住人口从1.7亿人增加到8.3亿人，2018年末，城镇化率为59.58%，比上年末提高1.06个百分点，增加1 790万人（林小昭，2019）。随着城市化进程持续快速推进，未来城镇人口仍将快速增长，人口和经济活动的集聚度进一步提高，城市面临的气候变化相关灾害与风险也显著增加。提升城市韧性和适应能力，积极推动气候适应型城市建设，已成为推动中国城镇化高质量发展的重要途径，也是中国全面实施适应气候变化战略和实现城市可持续发展的内在要求。

中国仍处于城镇化快速发展阶段，气候变化对城市建设和发展将持续产生重大影响。积极应对气候变化，把适应气候变化融入城市规划、建设、运营、管理全过程和经济社会发展各方面，有利于全面提升城市应对气候风险的能力和水平。这既是中国推动新型城镇化建设、维护城市运行安全的战略要务，也是深化生态文明建设和实现城市可持续发展的内在要求。城市人口和基础设施密集，经济集聚度较高，受气候变化的影响尤为严重，推动气候适应型城市建设不仅关系到城市自身的可持续发展，也是提升城镇化发展质量的必然选择；不仅会影响人民群众的切实利益，也将有助于全面实现建成小康社会的国家战略目标（张雪艳等，2018）。

第三节 气候变化对人类健康的影响

气候变化与人类健康密不可分，目前中国正面临着气候变化带来的环境质量恶化与不断增大的健康风险，气候变化引发的生态环境破坏已经对人类健康造成了严重损害，并威胁到经济社会的可持续发展。国家卫生计生委（现为国家卫生健康委）积极开展适应政策指标研究，与世界卫生组织（World Health Organization，WHO）合作开展全球环境基金项目“适应气候变化保护人类健康”，发现人体健康可由于气候因素，如温室气体浓度增加、极端天气、热浪寒潮、空气污染等，而发生各种变化，表现出明显的脆弱性，这些变化给人们的身体和心理健康带来了各种直接或间接的影响（Eckelman *et al.*，2017）。

一、气候变化对健康的直接影响

气候变化对人类健康的直接影响包括高温暴露造成的生理疾病，增加呼吸道、心血管等非传染性疾病的发病率，以及干旱、洪水、风暴、野火等极端天气事件造成的伤亡等。气候科学的研究也表明，极端事件如热浪、大冰原的崩塌和生物灭绝等发生的可能性正变得越来越高（赵群等，2016）。综合大量学者对气候变化影响居民健康的研究，得出如下观点：

在中国，热浪和寒潮已引起居民死亡和发病人数增加（蔡闻佳等，2018），温度与健康研究领域大家公认的学科范式虽尚未建立（陈正洪等，2014），但研究表明，极端气候事件增加了不同类型非传播性疾病的发病率及死亡率。受热浪、寒潮影响引起的高死亡率疾病主要包括心脑血管及呼吸系统的疾病等。热浪过程中气温越高，因呼吸系统疾病而死亡的概率越大（张轩等，2014），气温的升高也增加了心脑血管疾病的发病率和死亡率（陈正洪等，2014）。气候变化引起的极端天气事件或气象灾害，如泥石流、洪水、台风等会直接导致死亡率、伤残率和传染病发病率的增加，甚至会产生创伤后应激障碍影响心理健康，并对公共卫生设施造成破坏。

越来越多的证据表明，在不久的将来，气候变化将对人类健康产生极端影响（McMichael *et al.*，2011；WHO，2019）。科学家使用气候变化对人类健康影响的模型进行预测，2050 年以后，全球大约一半的人口将面临夏季平均气温高于有记录以来最热的夏季平均气温 50%的可能性，除非全球立即采取大规模行动。到 21 世纪末，在世界上人口最密集的地区，热浪超过 130 华氏度的概率为 10%～30%。预计到 2030 年，食品价格将上涨 23%，这将使食品市场更加动荡，在高温下，粮食作物的营养成分也正在下降，炎热和干旱将威胁着世界大部分粮食生产的地区。气候变暖导致的极端高温对中国某些地区造成了干旱威胁。干旱期间，粮食短缺导致人体能量供应不足，营养不良的患病率升高，人体某些维生素和微量元素缺乏症的患病率也会提高（王宁等，2015）。

此外，极端天气灾害对人类心理健康也有负面影响（崔学勤等，2019），主要是通过媒体和社会交流等方式间接扩大人群的恐惧意识，增强敌对情绪，增加个人之间、群体之间的攻击行为，影响社会认同感和凝聚力。长期累积的气候变化相关消极情绪体验可能严重影响个体的正常生活，甚至引发攻击性行为和暴力犯罪（陆亚等，2014）。气候变化对人类造成的心理影响是间接且长期的，并随着时间的增长不断地影响着人们的心理和行为。气候变化在影响人类身体健康的同时，也影响着人类的心理健康，如在面对健康问题时，易造成医患矛盾和社会焦躁，进而在一定程度上影响社会稳定与发展。气候变化无疑是21世纪全球最大的健康威胁，人们同时应该意识到，解决气候变化问题能够给出“21世纪全球最大的健康机会”。减轻气候变化的行动能提供大量有益健康之处，这些行动包括减少化石燃料燃烧带来的空气污染和水污染，规划更加绿色的城市，避免大量医护和急救开销，并保证能源、食物和水资源的安全（Achakulwisut，2019）。

气候变化对人体健康的影响路径如图5–1所示。近期一项研究进一步指出，气候变化带来的危害可能通过467种不同途径影响人类的健康、水、食物、经济、基础设施以及安全。由于人类活动，目前大气中的二氧化碳水平约为410 ppm，为过去1 500万年来的最高值。如果人类的活动轨迹保持不变，那么到2100年，大气中的二氧化碳水平将会突破1 000 ppm。室外二氧化碳水平升高，室内水平也有可能会随之升高。虽然目前其对公共卫生和经济生产力方面的影响尚不明确，但值得注意的是，现行指南一般建议把室内二氧化碳水平控制在1 000～1 500 ppm以下。气温升高、降水变化以及海平面上升等，都将在时间（传播季节）和空间（海拔和纬度）上影响传播媒介和它们所传播的病原体的数量和分布（林落，2019）。

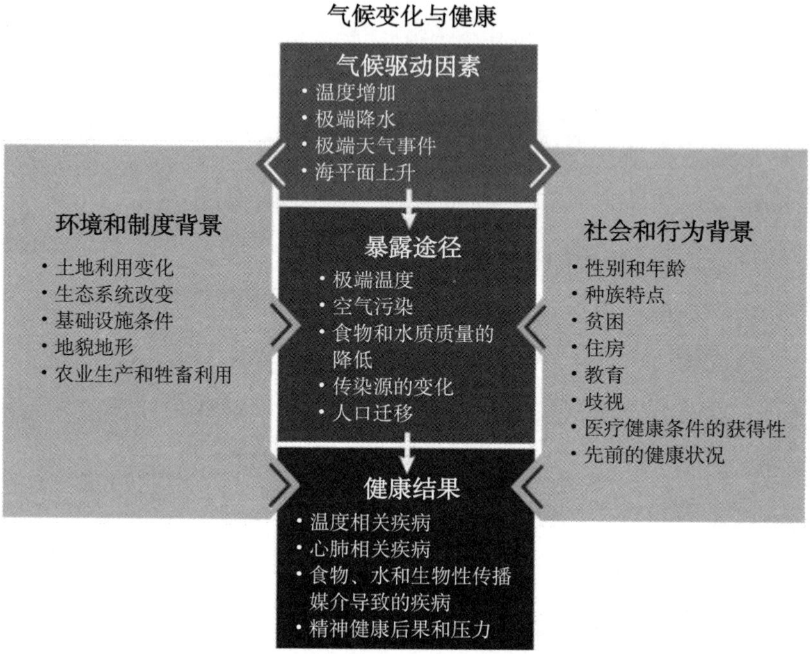

图 5–1　气候变化对健康影响的途径

资料来源：Crimmins *et al.*（2016）。

气候变化对中国民众健康的影响是长期积累与演变的结果。中华人民共和国建国初期至 20 世纪 70 年代，中国工业规模有限、污染排放量总体较小，污染程度也相对较低。传统型环境污染产业的健康风险主要表现为由生活基础设施及公共服务供给不足导致的环境健康问题，整体而言，这一阶段气候变化对中国的总体影响有限，对于公共安全与健康的损害也相对较轻。改革开放以来，随着中国经济快速持续发展，粗放的生产方式弊端突出，中国面临的气候健康风险不断上升。此阶段中国民众健康问题主要呈现出复杂性与长期性的特征。复杂性在于中国快速增长的经济使得气候变化引发的生态问题达到了集中爆发的程度，中国人民正面临着现代和传统双重的生态安全与风险压力，大气污染、水污染、土壤污染以及与生态环境等因素相关的疾病总量呈逐年上升趋势。

二、气候变化对健康的间接影响

间接健康效应表现为通过媒介传染病、空气污染等对健康产生的影响。中国出台了《中国消除疟疾行动计划（2010～2020 年）》《“十三五”全国血吸虫病防治规划》等，说明中国媒介传染病的形势仍然十分严峻。研究发现，气候变化影响传播性疾病（如疟疾、血吸虫、登革热等）发病率的空间和时间范围（王灏晨等，2014）。气候变化会影响血吸虫的传播程度和传播范围（段居琦等，2019），扩大血吸虫、疟疾流行区范围（张成等，2019），随着温度的升高，疟疾的发病率会增加，传播季节会延长（王华等，2016）。对海南省登革热的研究表明，温度是登革热流行的决定性因素之一（葛文鑫等，2019）。此外，气候变化导致温度升高、降雨量增加、洪涝频发以及泥石流山体滑坡等环境恶化，还会使各种水源性传染病、食源性传染病以及再现和新发传染病发病率增加（屈芳等，2019）。

气候变化导致自然生态系统的混乱，增加了疾病从野生物种向人类的转移，被认为是新发人类疾病发病率增加的主要原因。已有证据表明，气候可能调节 SARS-CoV-2 的传播（Baker *et al.*，2020；Araújo *et al.*，2020）。面对 2020 年全球范围内爆发的新型冠状病毒性肺炎（COVID-19）疫情，已有相关研究成果指出，COVID-19 可能是人为生物多样性危机和气候变化的结果（Lorentzen *et al.*，2020），气候因素与 COVID-19 的疫情传播十分相关（Monami *et al.*，2020；Bonar，2020）。

根据全国第三次死因回顾抽样调查（2004～2005 年）结果可知，中国居民的死因谱已较 30 年前发生了明显变化，基础设施不良等造成的传染病死因顺位大幅后移，而与环境污染关系密切的恶性肿瘤、心脑血管疾病、呼吸系统疾病等的顺位前移，说明气候变化导致的环境污染对中国人群健康的影响是显著增加的（段小丽等，2011）。同时，中国环境污染健康风险将长期存在。究其原因，一是中国工业占比大的产业结构和以煤炭为主的能源结构，决定了中国环境问题的结构性特征短期内难以根本改变；二是中国环境问题历史欠账多，环境污染范围广，暴露人口多，暴露时间长，污染物暴露水平高等，短期内对健康的影响难以消除；三是环境污染对健康的影响有滞后性。未来可能还有更多与健康损害有关的环境问题暴露出来，环境污染对健康的损害将长期存在（张海滨，2015）。

气候变化也以间接形式影响到了大气中 SO_2、PM2.5、NO_X 等污染物的迁移转化，改变了 O_3 前体物浓度，加剧了 O_3 的生成速度及其在大气中的浓度，从而对空气质量造成一定影响。相关研究表明，全球气候变化导致极地北冰洋海冰消融与西伯利亚降雪增加，会影响中国冬季风的传播路径与强度，使得区域静稳天气形成，不利于空气污染物扩散，中国东部平原人口与工业中心地区因此更易遭受严重空气污染侵袭（Zou *et al.*，2017），并进而对人体健康造成严重影响。近年来，中国已经实现了显著的大气污染物排放削减，但是空气质量对人体健康的影响依旧十分明显，具体如图 5–2 所示。官方监测数据显示，2017 年中国 338 个地级及以上城市 PM10 和 SO_2 年平均浓度相比 2013 年分别下降 22.7%和 41.9%；京津冀、长三角、珠三角等重点地区 PM2.5 平均浓度比 2013 年分别下降 39.6%、34.3%、27.7%，2013 年 9 月起实施的《大气污染防治行动计划》所列目标全面实现。室外空气污染是导致中风、心脏病、肺癌和呼吸疾病的主要原因之一，近年来造成中国每年约 100 万人早逝（寇江泽，2018）。

由于显著的空气质量改善，2017 年全国 74 个重点城市空气污染导致的死亡人数比 2013 年减少了 47 240 人（95%置信区间为 25 870～69 990 人），早逝所致的寿命损失年减少了 710 020 年（95%置信区间为 420 230～1 025 460 年），这意味着全国空气污染导致的死亡人数减少了约 5%，其中京津冀、长三角和珠三角等三个重点地区的健康收益占全国总量近六成（Huang *et al.*，2018）。

图 5–2 空气质量与气候变化的相互作用

资料来源：Schneidemesser *et al.*（2015）。

温室气体减排不仅能够在短期内减少空气污染、产生直接协同效益，也能够减少未来不利于污染控制的气象条件的发生频率。因此，从大气污染控制的角度来看，温室气体减排行动的重要性在中国应得到进一步提高。温室气体减排带来的空气质量改善和健康协同效益应纳入中国气候变化政策制定的成本效益分析中。

三、气候变化对应对政策体系的影响

中国气候健康政策框架随着应对气候变化的总体政策而不断发展与完善，历届政府都十分重视气候变化及其对国家发展的影响，尤其是 21 世纪以来更是加大了对气候变化问题的重视程度。2007 年成立了国家应对气候变化领导小组，制定了一系列减缓气候变化的重大战略、方针和政策，先后发布了《中国应对气候变化国家方案》《国家环境与健康行动计划（2007～2015年）》和《中国应对气候变化的政策与行动》等政策文件，明确了应对气候变化的指导思想与原则，提出了相关政策措施，并加强了气候变化对人体健康影响方面的研究，定期公布年度报告。十八大以来，中国修订了《中华人民共和国环境保护法》，将保护环境上升为基本国策，通过保护环境促进居民健康。习近平总书记在2018年全国生态环境保护大会上强调，要实施积极应对气候变化的国家战略，为应对全球气候变化贡献中国智慧与中国方案，并努力推动构建人类命运共同体（邹志鹏，2018）。中国在制订或执行气候变化应对措施、计划或战略，促进气候变化的卫生适应和缓解等方面做了诸多工作。

从政策层面看，建国初期中国并没有提出"环境与健康"这一概念，相关的工作主要体现为环境卫生工作，主要内容包括总体规划与落实、科学研究与相关标准制定等三方面。从1952年起，中国发起爱国卫生运动，20世纪50年代中期，为配合大规模工业建设和城市建设，国家确定了"预防为主"的工作指导方针，开始预防性卫生监督。改革开放以来，环境卫生领域的政策稳中有变。1983年、1986年、1991年先后召开了三次全国环境卫生工作会议，坚持贯彻"预防为主"的工作方针，深入推进爱国卫生运动（金仲夏，2018）。

从法律层面看，中华人民共和国建国初期至20世纪70年代，涉及环境与卫生的法律很少。改革开放以后，越来越多的法律法规中包含减少环境污染所致人体健康损害的目标与手段，但不同类型法律法规在目标的明确性、手段的针对性、机制的系统性上有所不同。宪法对环境、人体健康分别给予重视，但这两种目标并没有明确联系在一起，只是在环境保护中暗含了健康保护的目的。环境领域的法律法规在减少环境污染方面具备了保护人类健康免遭环境污染影响的功能。

2015年生效的新《环境保护法》在总则第1条中明确提出要"保障公众健康"，并新增第39条，规定国家要建立、健全环境与健康监测、调查和风险评估制度，鼓励和组织开展环境质量对公众健康影响的研究，采取措施控制和预防与环境污染有关的疾病。这是中国第一次在法律层面对环境与健康管理工作进行了明确规定，开启了中国环境与健康保护工作法制化的新局面。各环境单行法则致力于通过监管各种媒介或农业、粮食产品本身带有的污染物、有害物质来降低环境健康风险。

与卫生健康相关的国家对策包括以下几大类：第一，发布年度报告：如《中国气候变化国家评估报告》和《中国应对气候变化的政策与行动报告》。第二，施政和政策：国家确认了卫生部内的国家气候变化协调机构；国家制定了经相关政府机构批准的国家卫生适应战略；国家向联合国气候变化框架公约提交的公文包括了气候变化缓解政策所涉卫生问题。第三，实施卫生适应行动：国家目前正在执行卫生适应气候变化项目或规划（国家重大科学研究计划 973 计划项目）；国家已经采取行动，在气候变化与卫生工作方面建设体制和技术能力；国家开展了相关知识性活动，加强卫生基础设施的气候抗御能力。第四，考虑气候变化带来的健康利益：缓解气候变化的国家战略包括了对气候变化缓解行动所涉卫生问题（健康风险或连带利益）的考虑（WHO，2016）。

1979 年、1984 年、1990 年、2001 年先后召开了四次全国环境卫生学学术会议，中国环境卫生学、环境卫生事业取得长足进步。研究领域也逐渐拓展到对化学和物理性因素的研究、环境因素与卫生和健康关联性的基础研究以及环境和健康相结合的监测、调查以及宏观人群调查与微观实验室相结合的调查研究。从“六五”计划开始，环保部门逐渐通过开展调查研究，为环境和健康工作奠定了一定的基础。“十一五”规划以来，环保部门进一步加大了调研力度，开展了一系列的基础调查和研究工作，如重点地区环境与健康调查、大气污染对城市居民死亡影响研究、中国人群环境暴露行为模式研究等，建立了反映中国居民环境暴露行为特点的暴露参数数据库、环境与健康风险评价的方法学、环境与健康综合监测体系等。

基于中国现实取得的一些环境污染对民众健康不良影响的研究结果，为环境管理工作提供了有力支持。2013 年 10 月，国家卫生计生委（现为国家卫生健康委）发布了《2013 年空气污染（雾霾）健康影响监测工作方案》，提出用三到五年的时间，建立覆盖全国的空气污染健康影响监测网络。2013 年，国家发展改革委等多部委发布了《国家适应气候变化战略》，明确建立气候变化与健康监测网络，开展健康风险分析和公众信息服务，实施预警和应急响应。

2013 年 5 月 24 日，习近平主席主持第六次中央政治局集体学习时明确提出，环境保护和治理要以解决损害群众健康的突出环境问题为重点，要“为人民创造良好的生产生活环境”。李克强总理指出，基本的环境质量、不损害群众健康的环境质量是一种公共产品，是一条底线，是政府应当提供的基本公共服务。为支持环境与健康问题的科学研究，2015 年国家自然科学基金委特别设立了“中国大气复合污染的成因、健康影响与应对机制”联合重大研究计划，主要目的是继续扩大中国政府对环境与健康问题的科学认知，为政府决策提供更好的智力支撑。从思想认识上看，近年来中国政府对气候与健康问题重要性的认识程度进一步提升到了政治高度。

第四节　气候变化对就业和脱贫的影响

在气候变化问题不断突出、中国生态环境不容乐观、碳减排压力不断增大、脱贫攻坚进入决胜阶段的大背景下，有效应对气候变化，实现绿色就业和脱贫致富以及应对气候移民问题，已经成为关乎民族未来和实现中华民族伟大复兴中国梦的重要议题。

一、气候变化对行业就业的影响

气候项目总会涉及产业转型和经济发展方式的转变，会淘汰一批传统的高能耗产业和技术，影响到部分人的就业。但是，从国际先进城市气候变化治理实践看，气候项目不仅能够创造新的就业机会，而且能够实现绿色就业（王菲瑶，2019）。绿色就业是在经济绿化的过程中产生、发展，主要是指从事经过绿化的经济活动的就业和从事绿色经济活动的就业，具体而言是采用绿色技术、工艺和原材料进行生产的就业；从事绿色产品生产和服务的就业；直接从事环境和生态保护工作的就业。国际劳工组织则将绿色就业定义为，在经济部门和经济活动中创造的，可以减轻环境影响，并最终实现环境、经济和社会可持续发展的体面工作。为使人类社会实现可持续发展，人类开始注重环境保护，并提倡绿色产业。然而，由于人口增多，能源的不可循环使用等原因，人类需要重新审视经济发展，寻找新的经济增长点。在对环境与经济发展及就业关系的探究中，人类越来越意识到，环境保护无论对经济发展、就业扩张还是社会发展，都具有重要意义，绿色就业因此成为新兴的研究课题（姚慧霞，2019）。

与传统就业相比，绿色就业的特征是环保性。绿色就业环保性是指绿色就业在实施过程中，较少甚或不造成环境污染，不威胁人类居住环境及地球物种生存。绿色就业的环保特征表现，一是避免气候继续变暖的“低碳经济”，如开发利用新能源，注重发展碳封存技术，减少二氧化碳排放严重部门的就业人数。二是减少生态破坏的“绿色经济”（白莹，2019），如退耕还林、植树造林、促进生态农业发展等。三是减少废弃物污染的“环境经济”，如垃圾回收行业的就业。绿色就业人员多数来自传统职业，如建筑工人、制造业生产工人、农业工人、科学家等，这些职业并不新潮，而是被赋予“新绿色”含义的传统职业。传统职业一旦致力于保护环境，节约能源，减少污染，就蜕变成了新的绿色职业（谢良才等，2019）。

气候变化已给就业与劳动力市场带来了严重的威胁，随着产业转型的不断推进，绿色就业面临的挑战不断增多（陈致远，2017），具体表现为：第一，传统岗位的丢失。此类工作多在采矿、电厂等碳排放及能耗密集型产业，伴随着能源效率的提高及能源总需求的降低，此类工作需要大面积削减。第二，新型岗位的创造。即绿色经济在可再生能源、环保产品生产与服务、绿色供应链等领域的岗位需要增加。第三，现有岗位的替换。此类指伴随着绿色技术的突破，现有的岗位和生产工艺将被更清洁、更加环保的技术，甚至机器人替代。第四，现存岗位的转换。此类岗位如建筑工人、锅炉工人等，其工作场所及工作方法需要在现有基础上进行改良与“绿化”（岳鸿飞，2017）。此外，已有研究指出，绿色就业在发达国家的具体实践也遭遇一定困境，因相关政策的关键性问题未能将环境收益与保护结合起来，加剧了相关行业工人的不公平感（Iskander *et al.*，2020；Brecher，2018）。

自 2007 年国际劳工组织与联合国环境规划署首次合作提出绿色就业概念至今，绿色就业已经成为许多国家共同关注的重要命题，也成为中国就业发展的必然趋向。正确运用产业政策将有利于合理开发利用资源，保护生态平衡，防止污染。气候变化给劳动力市场带来了巨大挑战，也蕴含着新的机遇。中国已经确立了绿色发展理念，并把生态文明建设作为“十三五”规划的重要内容，在发展绿色经济的同时，中国也应将绿色就业提上工作日程。在产业结构调整中，逐渐淘汰一批高耗能、高污染的传统行业，从业人员失业问题就会凸显，但在产业转型升级特别是新兴产业发展过程中又会创造出新的就业岗位，因势利导就可以用绿色就业引领这一转换过程，为就业打开新的空间并产生可持续效应（黄守宏，2020）。

同时，国家在就业战线建立绿色发展的理念，认识和了解绿色经济的发展及其中的就业内涵，结合中国国情和各地实际，确定绿色就业的新职业、新工种和新业态、新形式，明确开发绿色就业的渠道和途径，从而把握绿色就业的发展方向。进一步加强宣传力度，提高全社会对绿色就业的认知程度。为适应绿色经济及从业的需求，强化绿色职业教育和技能培训，更多地培养绿领人才，并鼓励绿色创业，引导创业者更多地开发低碳、环保、节能、新能源创业项目。根据2016年制定的《人力资源和社会保障事业发展"十三五"规划纲要》，就业部门则应抓紧研究促进绿色就业和创业专项扶持政策，将其纳入整体的就业创业政策中，与产业转型等政策相衔接，作为绿色就业的先导，并为绿色就业的发展注入新的动力。

联合国《2030可持续发展议程》与《巴黎协定》的签署，标志着全球绿色经济与可持续发展迎来了新的高峰，绿色就业作为推行绿色经济与可持续发展的重要落脚点，已经成为重要的发展聚焦点。气候变化与可持续发展问题将成为未来就业结构与格局变化的重要影响因素，具体表现为以下四个转变：第一，未来的工作岗位将由高碳型向低碳型转变，例如从化石燃料向可清洁能源的转变，进而减缓气候变化、缓解环境压力。第二，工作要素由依靠资源向依靠知识转变，从而降低工作对环境的依赖。第三，劳动关系由雇主式向自营式转变，以此增加应对环境灾害的自主性。第四，工作性质由专业化向碎片化转变。特别是在发展中国家，碎片化的工作性质将使劳动者从事多种工作，进而摆脱单一的收入模式，拓宽收入渠道，增加抗风险能力（干勇，2018；邹才能，2020）。

整体而言，在经济层面上，绿色就业将有力地促进经济发展方式的转变，发展以资源、环境与经济协调为核心的可持续就业方式，提高组织管理水平和生产效率，推动实现能源低耗和环境保护，促使经济发展方式从粗放型转向集约型。同时，绿色就业增加了大量就业机会，带来间接就业效应，对解决各国就业难题，实现国家和社会安定提供了保障。绿色就业工作环境和劳动条件环保清洁，收入水平较高，有利于就业人员实现体面劳动（周亚敏等，2014）。

在社会层面上，绿色就业将有效解决社会性挑战，改变人们现有的生活方式。绿色就业在减少侵蚀和耗费自然资源前提下，寻找多层次的发展经济及减少贫困的机会，为低收入人群提供就业机会，通过就业实现社会公平，尤其解决依靠自然资源生存的低收入国家的发展问题。绿色就业的实施也是一个循序渐进的过程，逐渐将人们的生活方式转向低耗高效、环保和谐、适宜健康（王世威，2020）。

二、气候变化对低碳经济转型的影响

低碳城市是指以低碳经济、低碳生活和低碳社会为城市建设的发展标杆和蓝图的城市发展理念和模式。应对气候变化的各项挑战，客观上要求国家实现低碳转型。低碳经济通过更少的自然资源消耗和更轻的环境污染，获得更多的经济产出；低碳经济是创造更高的生活标准和更好的生活质量的途径，也为发展、应用和输出先进技术创造了机会，同时也创造了新的商机和更多的就业（潘苏楠等，2019）。改革开放以来，中国经济长期保持快速增长的态势，已经基本完成了工业化，城镇化也取得了巨大的发展。然而，伴随着经济的高速发展，工业化、城镇化也带来了相应的高耗能、高污染问题。

气候变化深刻影响着中国社会的稳定与发展，随着中国经济进入新常态，社会的方方面面都迫切需要转型，其中产业转型和能源转型刻不容缓，传统的粗放型产业急迫需要转型升级为低排放、高附加值的产业，煤炭等化石燃料带来高排放和高污染，急需向清洁低碳的可再生能源转型。在气候变化和产业转型两方面的压力下，中国将继续转变发展模式和能源结构，走出一条具有中国特色的低碳发展之路。中国的能源资源禀赋现状为“富煤贫油少气”，决定了中国煤炭在一次能源消费中的地位，但是，煤炭带来的环境问题也是最大的，雾霾问题就是其中之一。因此，大力发展可再生能源是中国能源转型和低碳转型的重要方向（雷子慧，2017；杜祥琬，2019）。

在低碳发展实践中，很多国家和地区明确提出了面向2050年的可再生能源转型战略，例如欧盟在其《2050 年能源路线图》中就提出，到 2050 年，可再生能源占欧盟全部能源消费的 55%以上。对于经济快速增长的发展中国家，尽管碳的边际减排成本较低，但经济增长必然伴随着能源消费的增长，导致温室气体排放总量继续增长，碳的减排成本也在增加（国家可再生能源中心，2014）。如果考虑相应的技术引进、基础设施建设、市场完善、能力建设与资金等措施因素，发展中国家减排的实际成本会增加很多。

在低碳转型以适应气候变化的过程中，就业问题一直是关系国计民生的关键问题（周笑霞等，2017）。随着市场化导向就业制度的确立，隐性失业逐步显性化，自 20 世纪 80 年代中期以来，中国城镇登记失业率基本呈现逐年攀升趋势，就业问题日益突出，主要表现在两个方面。

首先，是总量问题。中国就业弹性系数小且呈下降趋势，劳动力人口增长速度明显快于经济吸纳就业能力提高的速度，造成严重的劳动力供求矛盾。当前，中国面临着巨大的就业压力，包括数以亿计的农村剩余劳动力转移的压力，国有企业富余人员下岗的压力，以及高校毕业生初次就业率逐年下降的压力。

其次，是结构问题。就业结构问题主要表现为以下三个方面：一是就业结构升级严重滞后于产业结构升级。《国家统计年鉴 2019》的数据显示，2018 年中国三大产业占国民生产总值比重分别为 4.4%、38.9%和 56.5%，而三大产业就业人员所占比重分别为 26.1%、27.6%和 46.3%，其中第一产业就业人员比重虽然最低，但是与产业结构存在明显差距。二是劳动供给区域不平衡。中部地区、省会城市和特大型城市失业问题较为严重。同时，随着对外开放程度的加大，国外经济波动对中国就业的影响日益提高。2008 年金融危机以来，就业形势变得十分严峻，众多企业裁员，大量农民工返乡，大学生就业难度加大。在这种形势下，就业成为当前国民关注的焦点问题，中国亟须探寻促进就业和经济增长的良方，发达国家借低碳经济治理失业的做法为我们提供了可供借鉴的经验（徐冬青，2009；杨冬民等，2010）。三是就业结构与现代化的就业结构仍相差甚远。国家统计局的数据显示，2018 年中国第三产业就业人员比重为 46.3%，而发达国家和新兴工业化国家的第三产业就业人员比重一般达到 70%左右，和这些国家相比，中国调整就业结构的任务仍非常艰巨。

低碳经济对就业增长有促进作用，发展低碳经济是促进中国经济方式转型和就业结构调整的良好契机。能源系统中采取的减排措施会对社会经济带来深远的影响。其中，对于就业的影响也是广泛的，并且不同的措施带来的影响也不同，有些是积极促进就业的，有些则有可能减少就业机会。受益于可再生能源在中国的比重的增加，电力系统部门将在未来创造更多的工作机会。例如《2017 年光伏行业年度分析报告》指出，对于相同数量的发电量，太阳能光伏的需求岗位将远超核能和风能。虽然人为增加的减排措施会带来就业机会，但有一些冷静的研究也强调了潜在的高成本。

在建筑行业，研究发现该部门中可再生能源的大量使用和能效的提高已经产生了积极的经济效益，包括创造就业、经济成长、收入以及能源部门对于资本存量需求的增加（李泽，2015）。工业部门的研究表明，减少对化石燃料依赖的其他可能的好处包括增加就业和国民收入，化石燃料的减少还会创造新的商业机会，提高能效技术也能为就业带来积极影响。同时，工业减排的措施差别很大，对就业带来积极的影响的同时也有可能带来不利的影响。因此，提高积极影响，尽量减少不利的负面影响尤为关键（雷子慧，2017）。

因而，在应对气候变化带来低碳转型之时，为解决可能造成的就业问题。中国低碳转型应当关注经济发展方式和生产方式的转型这一问题。中国经济的发展不仅要从粗放型增长转变为集约型增长，而且还要从通常的经济增长转变为全面、协调、可持续的经济发展（杜平，2017）。转变经济发展方式，重点包括适度调整发展速度、提高内需对经济的拉动作用、加快发展第三产业和加大科技创新等资源投入对经济发展的拉动作用等。转变生产方式，就是要从目前的供给侧结构改革入手，走新型工业化和信息化结合的道路，充分利用要素投入手段全面拓展的机遇，走跨越式的和可持续的发展道路，其中包括调整产业结构，提高产品附加值，推动信息化与工业化结合，提高能源利用效率，降低污染物排放，发展循环经济，淘汰落后产能，促进传统工业与环保产业的结合与融合等（刘广龙，2012）。

三、气候变化对林业就业的影响

当前，全球气候变化已成为世界各国关注的重大问题。森林因具有重要的碳汇功能，历次联合国气候公约谈判都把林业作为应对气候变化的主要内容，许多国家都将发展林业作为增汇减排的重要途径。林业在应对气候变化中的地位越来越重要、作用越来越凸显。在全球经济发展低迷的大形势下，气候变暖无疑对林业领域和就业问题有着一定的影响。全球气候变化的压力可以成为林业长足发展的动力，控制或减排温室气体的阻力可以转换为植树造林和环境保护的推力。应对气候变化的造林行动能够为农村剩余劳动力创造出大量的绿色就业岗位，对应对全球气候变化和金融危机背景下的就业难题具有重要的战略意义（王刚等，2013）。

为了坚持可持续性发展，中国正积极开展退耕还林、植树造林的项目工程，将压力转化为动力。森林的固碳能力在全球气候变化中具有不可替代的地位和作用，数据显示，森林每生长 1 立方米的蓄积量，就要释放 1.6 吨的氧气（于洋，2016）。这表明造林就是固碳，绿化等同于排放之举。在造林就业方面，结合中国国情，具有如下特点：第一，劳动密集性，造林活动对农村劳动力的吸纳能力强；第二，绿色性，造林活动是典型的有利于环境优化的碳增汇活动，对于低碳发展具有显著的贡献；第三，季节性，春季是植树造林的最佳季节，因此对于就业的影响多为短期效应；第四，关联性，造林与前向、后向的活动关联密切，因此造林的就业效应不仅包括植树造林带动的短期直接就业，也包括造林产业链相关行业带动的间接就业

（柯水发等，2010）。

在全球经济衰退和城市失业农民工返乡潮的双重影响下，原本已经过剩的农村剩余劳动力市场面临着新的压力，因此造林不仅有利于改善环境以更好地应对气候变化，同时也为农村剩余劳动力的转移就业和缓解就业压力提供了新的解决路径。积极开发林业碳汇项目，不仅可以努力增加森林覆盖率和提高森林资源的经营水平，发挥林业在减缓气候变化以及促进可持续发展方面的积极作用，同时，实施林业碳汇项目可以增加更多的就业岗位，促进国有林区下岗职工再就业，在一定程度上缓解了国有林区职工就业问题（赵保滨，2014）。

国家通过启动相关林业生态工程建设项目，吸纳了大量劳动力就业，拉动并促进了林业就业，同时也促进了劳动力的转移和就业结构升级。在这一过程中，又催生了一些新的低碳产业，如林业碳汇产业、林业生物质能源产业、非木质林产品产业、生态休闲产业、森林培育和林业养护业等，延长了林业产业链，创造了一些新的就业机会，在未来必将吸纳大量的劳动力（梁志民等，2017）。实践证明，林业在中国是劳动密集型产业，吸收更多的农村剩余劳动力参与造林和经营林业，不仅可以增加森林生态资源储备，获得一定的经济效益，而且还能安置大量人员就业，创造巨大的生态效益和社会效益。

在可持续发展中，林业行动在林业创新改革中占据了极其重要的地位。木材的采集利用必须要讲究效率与合理性。林业行动包括植树造林、退耕还林、减少伐木等直接与木材采集相关的行动，还包括减少汽车尾气排放等降低对碳的利用率的间接行动。针对就业问题，林业行动是一个不可被忽视的重要举措，因为林业行动在很大程度上影响着林业行业的资源与积累问题，而就业问题就是按照林业资源来判定的。如果林业资源丰富，无疑对林业就业具有深远的好处（陆霁等，2018）。在现有经济发展与可持续性发展的大环境下，林业就业率受林业行动牵连。倘若林业保护得好，资源变得丰富，就会有更多的业内人士发展林业，林业行业的潜力无比巨大，林业必将取得长足发展（柏承凤，2016）。

通过开展林业碳替代行动，即发展新兴低碳产业替代传统高碳林业产业，发展耐用木质林产品替代能源密集型材料，利用可更新的木质燃料（如能源人工林）和采伐剩余物回收利用作燃料。在应对气候变化的上述行动框架中，最主要的林业行动就是大规模的造林活动。据估计，2000～2050 年全球最大碳汇（王岩等，2017）潜力为每年 15.3～24.7 亿吨碳，其中造林约占 28%，再造林约占 14%（缪富春，2016）。与工业直接减排相比，森林固碳投资少、代价低、综合效益大，更加具有经济可行性和现实操作性，国际社会也越来越重视利用森林固碳实现间接减排（张建龙，2017）。通过对林业的重新开垦，退耕还林等积极的林业行动已在减缓气候变化上取得了很大的进步，但气候变暖也同样影响着林业行动与就业问题。气候变暖会对林业资源利用率产生影响，而一旦资源出现了问题，林业行业的就业率就会随之发生变化（柏承凤，2016）。中国如果能够妥善处理三者之间的关系，林业行业将会实现持续性发展。

伴随着新中国 70 多年的社会经济建设，中国林业取得了长足的发展，森林植被恢复和自然生态系统保护成就巨大。大规模的植树造林，使中国成为全球森林面积增加最快、人工林保存最多的国家。最新森林资源清查数据表明，中国现有森林面积 2.2 亿公顷，森林植被总生物量 188.02 亿吨，总碳储量 91.86 亿吨，与新中国成立初期不足 50 亿吨相比，翻了一番。从世界范围来看，联合国粮农组织的最新数据表明：全球每年造林超过 1 000 万公顷，中国所占比重较大。来自美国国家宇航局（NASA）的卫星数据表明：全球 2000 年到 2017 年新增的绿化面积中，约 1/4 来自中国，贡献比例居全球首位（李怒云，2019）。

可以说，中国在增加森林面积、森林可持续经营管理、恢复和保护湿地、荒漠化治理以及生态保护等方面取得的诸多成果，为全球应对气候变化和维护人类社会可持续发展作出了巨大贡献。但纵观当前形势，应对气候变化、保护环境仍然是人类社会亟待解决的问题，中国的生态建设和自然保护任重而道远。在未来的发展规划中，应当更加关注气候变化对林业的影响，做好林业生态与环境保护工作，践行低碳生产和低碳生活方式，努力构建绿水青山永续发展的美好家园。

四、气候变化对贫困及移民的影响

就业问题往往与脱贫攻坚紧密相关（周力等，2014）。围绕减贫这一中心，应当探索将规范研究和实证研究相结合，质化研究与量化研究相结合，开展对民族地区资源开发负外部性，生态保护正外部性与贫困问题之间关联的研究。气候变化引发的“生态（气候）移民”问题也在加剧着中国社会内部的压力。气候变化背景下，自然灾害因素胁迫导致的灾害移民相关问题具有不确定性、性质转换性、往复性等特点，预计到2050年，全球范围内由于气候变化而被迫迁徙的人数将达到2亿～10亿（何生兵等，2019）。在中国，历史时期上就因气候变化及由此而引起的环境变化造成了多次大规模的人口迁移，影响路径为“气候变化→气候风险→气候灾害→环境变迁→人口迁移→人口分布变化→政治、文化、经济中心变更”（陈绍军，2012）。

自20世纪80年代以来，气候变化对部分地区人民的生计、生存造成重大影响，人们赖以维生的资源基础遭受破坏，陷入深度贫困甚至脱贫又返贫的恶性循环（刘长松，2019b；中国社科院可持续发展研究中心课题组，2018；曹志杰等，2016；陈绍军等，2013），中国在西部生态脆弱贫困地区（宁夏、山西、甘肃、贵州、广西等）和长江流域、东部沿海自然灾害频发地区开始了生态和气候移民规划（郑艳等，2016；王蓉等，2015；何志扬等，2014）。其中，宁夏三阶段移民工程共组织110万人搬迁（何志扬等，2014）；山西从2011年末起也计划投资1 280亿元、用10年时间组织279.2万人移民，仅洪涝灾害避险搬迁的就有 32 万人（陈绍军，2012）。

环境保护部 2005 年的统计数据显示，中国 95%的绝对贫困人口生活在生态环境极度脆弱的地区，而这部分地区对气候变化更为敏感。近年来，中国南疆部分地区由于气候变化引发的干旱缺水日益严重，生态环境不断恶化，加剧了当地居民的贫困程度和随之产生的移民问题。宁夏中南部干旱山区的很多村落十年干旱，从 20 世纪 80 年代开始，宁夏先后实施了多次“生态移民”工程，累计异地搬迁 66 万人（罗琪，2011）。《第三次中国荒漠化和沙化状况公报》（国家林业局，2005）显示，甘肃民勤虽然采取了许多防沙治沙行动，但资源利用不当以及气候变化导致的干旱，该地区的沙土化现象日益严重，在 1998～2008 年期间已有 2.65 万人被迫背井离乡（戴晟懋等，2008）。在气候移民搬迁安置过程中，气候移民的生计发展是面临的重点和难点问题，其中最关键的是人力资本。考虑到重新安置的做法反过来会增加农户对气候变化的脆弱性，搬迁后的安置是一项关键任务（Rogers *et al.*，2015；徐爽等，2018）。

为了坚持可持续性发展，中国正积极开展退耕还林、植树造林的项目工程，将压力转化为动力。森林的固碳能力在全球气候变化中具有不可替代的地位和作用，造林绿化是现在必不可少的一环。造林绿化可以加强林业对碳的吸收量，在现在高速发展的大形势下，造林绿化的好处不仅可以开发林业利用率的潜力，还能开发林业行业就业新的潜能。毁坏树林会增加碳的排放量，会使碳进一步增多，从而加剧气候变暖。相反，降低了毁林的频繁率，就会使大气中碳的浓度下降，从而减缓气候变暖速率。毁林引起的土地利用变化，以及对森林的采伐破坏等，对森林生物量和碳储量的影响巨大。过量伐木，不合理地规划与利用，将会给扶贫攻坚问题带来压力，因为资源在不断地消耗，人们的生活状况就会变得越来越不稳定，往往会导致更大的贫困（胥龙，2015；柏承凤，2016）。

为解决这一问题，就需要采取必要的市场化手段，而碳交易制度正是重要的实践手段之一。将碳交易制度作为一种新的政策制度设计，以市场化的方式解决脱贫攻坚中政府难以解决或解决不好的资源环境外部性问题。破解民族地区碳贫困问题的对策主要有五个：第一，减碳源，民族地区传统资源开发的转型升级；第二，增碳汇，民族地区加大生态环境保护力度；第三，优化生态补偿制度，民族地区碳贫困责任共担、利益共享；第四，实施碳交易减贫，民族地区碳贫困外部性内在化的新途径；第五，选择新的发展理念，民族地区以绿色发展破解碳贫困（付寿康，2018；田永，2019）。

碳交易是为促进全球温室气体减排，减少全球碳排放所采用的市场机制。碳交易本质上是发展低碳经济的动力机制和运行机制，基于科斯理论的排污权交易有助于消除“公共物品”的外部性特征，充分发挥市场机制的效率。根据世界银行的预测，2020 年全球碳交易总额将达到 3.5 万亿美元，规模超过石油市场而成为第一大能源交易市场，而中国将成为全球碳排放权交易第一大市场。近年来，碳排放权交易市场逐渐成熟，参与国不断增加、市场结构多层次化、市场规模迅速扩容（何建坤，2019）。

当前及今后一段时期，全球碳交易市场将不断壮大，制度不断健全，而中国的碳交易潜力与碳市场规模很大，挖掘碳市场的经济与社会价值很大（赵天等，2016）。2017 年中国要启动全国碳市场。在全国七个省市碳市场试点工作的基础上，确定了配额的分配办法，建立了核算与核查体系，建立了交易规则，完善了监管的体系和能力建设，基本形成了要素完善、特点突出、运行平稳的地方碳排放权交易市场（郑爽，2014）。

中国幅员辽阔，碳资源富集，碳汇潜力大，各地区积极参与碳交易，有利于减贫模式的优化；挖掘生态正外部效益，促进碳汇资源变扶贫效益；减小碳排放负外部效应，共享资源开发利益，实现共同富裕。因此，探索减贫和碳减排相结合的生态文明制度建设新模式，有助于将脱贫攻坚任务与五大发展理念有机结合，为实现全面建成小康社会和生态文明建设可持续发展这两大任务开辟新的道路。

参考文献

Achakulwisut, P. 2019. Climate Change Is a Public Health Emergency. Scientific American. https://blogs.scientificamerican.com/observations/climate-change-is-a-public-health-emergency/, January 23.

Araújo, M. B., B. Naimi. 2020. Spread of SARS-CoV-2 Coronavirus Likely Constrained by Climate. *MedRxiv*, 3.

Baker, R. E., W. Yang, *et al.*, 2020. Susceptible Supply Limits the Role of Climate in the Early SARS-CoV-2 Pandemic. *Science*, 369(6501).

Beck, U. 1986. *Risk Society*. Sage Publications Ltd.

Bohr, J. 2017. Is It Hot in Here or Is It Just Me? Temperature Anomalies and Political Polarization over Global Warming in the American Public. *Climatic Change*, 142(1-2).

Bonar, S. A. 2020. Coronavirus, Climate Change, and a Bit of Hope. *American Fisheries Society*, 45(5).

Brecher, J. 2018. Climate Solidarity: Workers Versus Warming. *New Labor Forum*, 27(1).

Brulle, R. J., J. Carmichael, J. C. Jenkins. 2012. Shifting Public Opinion on Climate Change: An Empirical Assessment of Factors Influencing Concern over Climate Change in the U. S., 2002–2010. *Climatic Change*, 114(2).

Buzan, B. 1983. *People, States and Fear*. Harvester Wheatsheaf.

Crimmins, A., J. Balbus, J. L. Gamble, *et al.* 2016. Executive Summary: The Impacts of Climate Change on Human Health in the United States. U.S. Global Change Research Program. http://dx.doi.org/doi:10.7930/J00P0WXS.

Eckelman, M. J., J. D. Sherman. 2017. Estimated Global Disease Burden from US Health Care Sector Greenhouse Gas Emissions. *American Journal of Public Health*, 108(S2).

Hill, M. 1999. Insecurity and Social Security. In: *Insecure Times: Living with Insecurity in Contemporary Society*. Edited by Hill, M., J. Vail, J. Wheelock. London: Routledge.

Hsiang, S. M., M. Burke. 2014. Climate, Conflict, and Social Stability: What Does the Evidence Say? *Climatic Change*, 123(1).

Huang, J., X. Pan, X. Guo, *et al.*, 2018. Health Impact of China's Air Pollution Prevention and Control Action Plan: An analysis of National Air Quality Monitoring and Mortality Data. *Lancet Planet Health*, 2(7).

Iskander, N. N., N. Lowe. 2020. Climate Change and Work: Politics and Power. *Annual Review of Political Science*, 23.

Jones, N. 2011. Heating up Tensions. *Nature Climate Change*, 1.

Lorentzen, H. F., T. Benfiel, *et al.* 2020. COVID-19 Is Possibly a Consequence of the Anthropogenic Biodiversity Crisis and Climate Changes. *Danish Medical Journal*, 67(5).

McMichael, A. J., E. Lindgren. 2011. Climate Change: Present and Future Risks to Health, and Necessary Responses. *Journal of Internal Medicine*, 270(5).

Monami, M., A. Silverii, E. Mannucci, *et al.* 2020. Potential Impact of Climate on Novel Corona Virus (COVID-19) Epidemic. *Journal of Occupational and Environmental Medicine*, 62(7).

Rogers, S., T. Xue. 2015. Resettlement and Climate Change Vulnerability: Evidence from Rural China. *Global Environmental Change*, 35.

Rüttinger, L., D. Smith, D. Stang, *et al.* 2015. A New Climate for Peace: Taking Action on Climate and Fragility Risks. International Alert, The Wilson Center, The European Union Institute for Security Studies, Germany.

Schleussner, C. F., J. F. Donges, R. V. Donner, *et al.* 2016. Armed-Conflict Risks Enhanced by Climate-Related Disasters in Ethnically Fractionalized Countries. *National Academy of Science*, 113(3).

Schneidemesser, E., P. S. Monks, J. D. Allan, *et al.* 2015. Chemistry and the Linkages Between Air Quality and Climate Change. *Chemical Reviews*, 115(10).

Shimelis, B., B. Bekele, E. Mamo, *et al.* 2015. Climate Vulnerability and Capacity Assessment for Planning Community-Based Adaptation, and Conflict Analysis for Prevention, Management and Resolution. Haramaya University.

Stark, J. 2014. Climate Change and Conflict: Findings and Lessons Learned from Five Case Studies in Seven Countries. http://www.fess-global.org/Publications/Other/FESS%20 Final%20 Synthesis%20Paper_Findings%20from%20Five%20Case%20Studies_CLEARED.pdf, July.

Steinbrune, J. D., P. C. Stern, Jo L. Husbands, *et al.*, eds. 2013. *Climate and Social Stress: Implications for Security Analysis*. The National Academies Press.

Uexkull, N., M. Croicua, H. Fjelde, *et al.* 2016. Civil Conflict Sensitivity to Growing-Season Drought. *PNAS*, 113(40).

U.S. NIC. 2009. China: Impact of Climate Change to 2030, A commissioned research report, Special Report by National Intelligence Council. https://www.dni.gov/files/documents/climate2030_china.pdf.

USAID. 2017. Lessons Learned from the Peace Centers for Climate and Social Resilience

Project. Technical Report Prepared by Adelphi and Chemonics International Inc., for the Adaptation Thought Leadership and Assessments (ATLAS). https://www.climatelinks.org/sites/default/files/asset/document/2019_USAID_ATLAS_Ethiopia%20PCCSR%20Assessment.pdf.

USAID. 2018. Pathways to Peace Series: Addressing Conflict and Strengthening Stability in a Changing Climate. Lessons Learned from Peace Ⅲ: A Mid-Cycle Portfolio Review. Technical Report Prepared by Adelphi and Chemonics International Inc., for the Adaptation Thought Leadership and Assessments (ATLAS). https://www.climatelinks. org/sites/ default/files/asset/document/2019_USAID_ATLAS_Lessons%20Learned%20PEACE%20Ⅲ. pdf.

USAID. 2019. Pathways to Peace: Addressing Conflict and Strengthening Stability in a Changing Climate. Lessons Learned from Resilience and Peacebuilding Programs in the horn of Africa. Technical Report Prepared by Adelphi And Chemonics International Inc., for the Adaptation Thought Leadership and Assessments (ATLAS). https://www.climatelinks.org/sites/default/files/asset/document/2020_USAID-ATLAS-Project_Lessons-learned-from-resilience-and-peacebuilding-in-the-Horn-of-Africa.pdf, January.

WHO. 2016. Ambient Air Pollution: A Global Assessment of Exposure and Burden of Disease. https://apps.who.int/iris/bitstream/handle/10665/250141/9789241511353-eng.pdf?sequence=1.

WHO. 2019. Health, Environment and Climate Change-Draft WHO Global Strategy on Health, Environment and Climate Change: The Transformation Needed to Improve Lives and Well-Being Sustainably Through Healthy Environments. https://apps.who.int/gb/ebwha/pdf_files/WHA72/A72_15-en.pdf, Apil 18.

Zou, Y., Y. Wang, Y. Zhang, *et al*. 2017. Arctic Sea Ice, Eurasia Snow, and Extreme Winter Haze in China. *Science Advances*, 3(3).

白莹："浅析我国绿色经济发展的路径选择"，《纳税》，2019 年第 32 期。

柏承凤："应对气候变化的林业行动及其对就业的影响"，《现代园艺》，2016 年第 22 期。

蔡闻佳、惠婧璇、宫鹏等："中国应对气候变化和改善公众健康的挑战与政策建议"，《科学通报》，2018 年第 13 期。

曹志杰、陈绍军："气候风险视阈下气候贫困的形成机理与演变态势"，《河海大学学报（哲学社会科学版）》，2016 年第 5 期。

陈绍军、史明宇、蔡萌生："气候变化与人口迁移关联性实证研究——以宁夏中部干旱地区为例"，《水利经济》，2013 年第 2 期。

陈绍军："气候风险视域下气候移民的迁移机理、现状与对策"，《中国人口·资源与环境》，2012 年第 11 期。

陈正洪、杨桂芳、扈海波：“气候变化背景下温度对人体健康影响研究进展”，《中国公共卫生》，2014 年第 10 期。
陈致远：“突破绿色就业的瓶颈”，《人民论坛》，2017 年第 29 期。
成金华、易佳慧：“构建绿色低碳循环发展的经济体系”，《中国社会科学报》，2020 年 7 月。
崔维军、杜宁、李宗锴等：“气候变化认知、社会责任感与公众减排行为——基于 CGSS2010 数据的实证分析”，《软科学》，2015 年第 10 期。
崔学勤、蔡闻佳、施小明等：“当前应对气候变化的力度决定未来中国的公众健康水平”，《科学通报》，2019 年第 5 期。
戴晟懋、邱国玉、赵明：“甘肃民勤绿洲荒漠化防治研究”，《干旱区研究》，2008 年第 3 期。
《第三次气候变化国家评估报告》编写委员会：《第三次气候变化国家评估报告》，科学出版社，2015 年。
杜平：“中国低碳经济发展现状及对策研究”，《农村经济与科技》，2017 年第 18 期。
杜祥琬：“对我国‘富煤、缺油、少气’的能源禀赋认识已跟不上发展了”，华夏能源网，2019 年 11 月 29 日。
杜焱强、刘平养、包存宽等：“社会资本视阈下的农村环境治理研究”，《公共管理学报》，2016 年第 4 期。
段居琦、周骥、黄大鹏等：“基于最大熵模型的中国血吸虫病传播风险评估”，《气象科技》，2019 年第 3 期。
段小丽、李屹、赵秀阁等：“‘十二五’我国环境与健康标准体系的思考”，《环境工程技术学报》，2011 年第 3 期。
付寿康：“民族地区碳贫困类型与碳交易减贫研究——以贵州六盘水市湖北恩施州为例”（博士论文），中南民族大学，2018 年。
干勇：“化石燃料时代向绿色能源时代的转变是必然的”，中国电动汽车百人会论坛（2018），2018 年 1 月。
葛文鑫、靳珂珂、孙丽娜等：“登革热流行与不同气象因素相关性研究进展”，《中国媒介生物学及控制杂志》，2019 年第 4 期。
国家可再生能源中心：《中国可再生能源产业发展报告 2014》，中国经济出版社，2014 年。
国家林业局：“第三次中国荒漠化和沙化状况公报”，2005 年 6 月。
国家统计局：《中国统计年鉴 2018》，中国统计出版社，2018 年。
国家统计局：《中国统计年鉴 2019》，中国统计出版社，2019 年。
何建坤：“积极推进中国特色全国碳排放权交易市场建设”，《中国环境报》，2019 年 9 月 27 日。
何生兵、朱运亮：“极端气候变化背景下灾害移民的社会适应策略探析”，《水利经济》，2019 年第 5 期。

何志扬、张梦佳：“气候变化影响下的气候移民人力资本损失与重构——以宁夏中南部干旱地区为例”，《中国人口·资源与环境》，2014 年第 12 期。
黄守宏：“扎实做好六稳工作 着力落实六保任务”，中华人民共和国中央人民政府网，2020 年 6 月 18 日。
金仲夏：“卫生工作方针：从‘预防为主’到健康融入所有政策”，《中国卫生杂志》，2018 年第 12 期。
柯水发、李周、郑艳等：“中国造林行动的就业效应分析”，《农业经济问题》，2010 年第 3 期。
寇江泽：“大气十条目标全面实现”，《人民日报》，2018 年 2 月 1 日。
雷子慧：“中国低碳转型发展道路及其对社会经济影响”，《现代商贸工业》，2017 年第 1 期。
李春斌：“社会公正、社会安全、人类发展：社会保障法制建设的三个价值基点”，《兰州文理学院学报（社会科学版）》，2016 年第 2 期。
李晶：“产业政策对产业结构变迁、二氧化碳排放的影响”（博士论文），山东大学，2014 年。
李丽华、丁姿、肖延辉：“社会安全问题研究新视角：大数据视域下的特征、挑战及对策”，《中国人民公安大学学报（社会科学版）》，2020 年第 1 期。
李鲁、刘学华：“中国产业结构变迁及其影响因素研究”，《上海行政学院学报》，2020 年第 4 期。
李明明：“社会安全理论探析”，《欧洲研究》，2006 年第 5 期。
李怒云：“林业应对气候变化，为人类社会可持续发展做贡献”，《可持续发展经济导刊》，2019 年第 2 期。
李荣涛：“新时代农村生态文明建设的路径探索”，《领导科学论坛》，2019 年第 17 期。
李玉洁：“我国城市公众低碳意识和行动分析——基于全国 2000 个样本数据”，《调研世界》，2015 年第 3 期。
李泽：“低碳经济背景下建筑行业发展路径探讨”，《山西科技》，2015 年第 1 期。
梁流涛、翟彬：“农户行为层面生态环境问题研究进展与述评”，《中国农业资源与区划》，2016 年第 1 期。
梁志民、常青、梁嫣：“生态文明制度创新视角下引导农村劳动力流向林业就业创业的战略思考”，《南方农业》，2017 年第 30 期。
林坚：“现代社会安全风险及其防范机制的构建”，《国家治理》，2016 年第 27 期。
林黎、钟鑫：“生态文明视角下的中国产业结构升级探索”，《生态经济》，2020 年第 8 期。
林落：“当公共健康遭遇气候变化”，《科学新闻》，2019 年第 8 期。
林小昭：“2018 国民经济成绩单：基建补短板加速 投资增速稳步回升”，第一财经网，https://www.yicai.com/news/100103229.html，2019 年 1 月 21 日。
刘柄麟、张超：“城市能源消耗碳足迹研究述评”，《绿色科技》，2016 年第 12 期。

刘长松："城市安全、气候风险与气候适应型城市建设"，《重庆理工大学学报（社会科学）》，2019 年第 8 期 a。
刘长松："我国气候贫困问题的现状、成因与对策"，《环境经济研究》，2019 年第 4 期 b。
刘广龙："发展循环经济高效利用资源"，《金川科技》，2012 年第 2 期。
刘绿柳、许红梅、马世铭："气候变化对城市和农村地区的影响、适应和脆弱性研究的认知"，《气候变化研究进展》，2014 年第 4 期 30 日。
陆霁、吴水荣："林业适应气候变化研究的现状及展望"，《林业经济》，2018 年第 8 期。
陆亚、尹可丽、钱丽梅等："气候变化的心理影响及应对策略"，《心理科学进展》，2014 年第 6 期。
罗琪："拉响新警报：气候移民"，中国网，2011 年 4 月。
缪富春："关于林业生态建设和气候变化的分析"，《农业与技术》，2016 年第 6 期。
潘苏楠、李北伟、聂洪光："中国经济低碳转型可持续发展综合评价及障碍因素分析"，《经济问题探索》，2019 年第 6 期。
彭向刚、刘振军："论我国社会安全治理现代化的推进路径"，《理论探讨》，2020 年第 4 期。
秦立强："首都社会安全环境评价"，见：北京市哲学社会科学规划办公室、北京市教育委员会、首都社会安全研究基地编：《首都社会安全研究报告》，同心出版社，2005 年。
屈芳、肖子牛："气候变化对人体健康影响评估"，《气象科技进展》，2019 年第 4 期。
申有军："社会学视阈下的社会安全建设"，《学术探讨》，2015 年第 6 期。
孙士昌、岳小文、杜国敏等："能源转型发展历程与趋势"，《石油规划设计》，2020 年第 4 期。
田永："低碳'三农'与碳交易抵消机制的关联性研究——基于碳交易驱动乡村振兴低碳化发展的分析"，《价格理论与实践》，2019 年第 8 期。
王菲瑶："全球'绿色新政'下的中国绿色就业发展"，《劳动保障世界》，2019 年第 14 期。
王刚、陈建成、胡明形："林业对绿色经济和绿色就业的作用研究"，《林业经济》，2013 年第 2 期。
王灏晨、路凤、武继磊等："中国气候变化对人口健康影响研究评述"，《科技导报》，2014 年第 2 期。
王华、吴晓东、陈义平等："气候变化对虫媒病影响的研究现状"，《现代生物医学进展》，2016 年第 25 期。
王丽萍："环境友好型产品的消费态度及影响因素分析——基于焦作市社区居民的调查研究"，《干旱区资源与环境》，2016 年第 2 期。
王龙、霍国庆："社会安全的本源影响因素及其作用机理实证研究"，《管理评论》，2019 年第 11 期。
王宁、李杰、李学文等："极端天气事件干旱对人类健康影响研究进展"，《中国公共卫生》，

2015 年第 31 期。
王盼盼、樊继福："转型时期中国公共安全问题的对策探析"，《西安邮电大学学报》，2011 年第 4 期。
王蓉、石惠春："生态脆弱的温带地区草原生态移民分析——以甘肃省古浪县为例"，《安徽农业科学》，2015 年第 30 期。
王世威："绿色发展、绿色金融与绿色就业创业"，《甘肃理论学刊》，2020 年第 2 期。
王岩、王岳："应对气候变化背景下的我国林业碳汇市场现状、问题及对策"，《北方农业学报》，2017 年第 5 期。
王尧、田永英："我国城市气候适应行动经验及启示"，《环境保护》，2020 年第 13 期。
谢良才、张燕燕："我国实施绿色职业教育的阻力与策略"，《当代职业教育》，2019 年第 1 期。
胥龙："应对气候变化的林业行动及其对就业的影响"，《现代园艺》，2015 年第 14 期。
徐冬青："发达国家发展低碳经济的做法与经验借鉴"，《世界经济与政治论坛》，2009 年第 6 期。
徐爽、胡业翠："农户生计资本与生计稳定性耦合协调分析——以广西金桥村移民安置区为例"，《经济地理》，2018 年第 3 期。
徐一剑："我国沿海城市应对气候变化的发展战略"，《气候变化研究进展》，2020 年第 1 期。
杨冬民、王卉："发达国家发展低碳经济的经验与借鉴"，《宏观经济管理》，2010 年第 12 期。
姚慧霞："生态环境保护与经济发展之间关系分析研究"，《中国科技博览》，2015 年第 13 期。
于法稳："新型城镇化背景下农村生态治理的对策研究"，《城市与环境研究》，2017 年第 2 期。
于宏源："城市在全球气候治理中的作用"，《国际观察》，2017 年第 1 期。
于洋："国有林场森林经营碳汇前景分析及方法对策"，《科研》，2016 年第 12 期。
余潇枫："安全治理：从消极安全到积极安全"，《探索与争鸣》，2013 年第 6 期。
岳鸿飞："全球绿色就业问题的聚焦于国际新动态"，《环境与可持续发展》，2017 年第 1 期。
张成、邓林密："国内外气候变化与健康应对的研究进展"，《中国医疗管理科学》，2019 年第 5 期。
张国兴、马玲飞："生态恢复视角下资源型区域产业转型路径研究"，《区域经济评论》，2018 年第 6 期。
张海滨："气候变化对中国国家安全的影响"，《国际政治研究》，2015 年第 1 期。
张建龙："发展林业是应对气候变化的战略选择"，《中国林业产业》，2017 年第 12 期。
张克俊、杜婵："从城乡统筹、城乡一体化到城乡融合发展：继承与升华"，《农村经济》，2019 年第 11 期。
张丽华、韩德睿："城市介入全球气候治理的内外动因分析——全球城市的视角"，《社会科学战线》，2019 年第 7 期。
张庆丰："保护自然是中国抗击长江特大洪水的关键"，国际环保在线网，https://www.

huanbao-world.com/a/zixun/2020/0818/169987.html，2020 年 8 月 18 日。
张轩、刘忠第、贺娟：“基于‘三年化疫’理论探讨北京地区几种呼吸道传染病与异常气候变化的关联性”，《中医药学报》，2014 年第 6 期。
张雪艳、何霄嘉、马欣：“我国快速城市化进程中气候变化风险识别及其规避对策”，《生态经济》，2018 年第 1 期。
赵保滨：“基于碳汇交易视角的东北国有林区绿色就业分析”（硕士论文），东北林业大学，2014 年。
赵成柏：“我国碳排放强度影响因素的实证分析”，《中国集体经济》，2019 年第 35 期。
赵康杰、景普秋：“新中国 70 年城乡互动与城乡一体化演进——基于对外开放视角”，《南开学报（哲学社会科学版）》，2019 年第 4 期。
赵群、王军芳：“气候变化影响公共健康的路径分析与应对模型建构”，《改革与开放》，2016 年第 17 期。
赵天、张晓萱：“中国碳市场交易元年：开启应对气候变化新时代”，《国家电网报》，2016 年 12 月 20 日。
郑爽：“七省市碳交易试点调研报告”，《中国能源》，2014 年第 2 期。
郑艳、孟慧新、谢欣露等：“气候移民动力机制：基于混合研究范式的宁夏案例”，《中国软科学》，2016 年第 3 期。
中国社科院可持续发展研究中心课题组：“气候贫困—气候变化对农村贫困的影响、认知与启示”，2018 年 2 月。
周力、郑旭媛：“气候变化与中国农村贫困陷阱”，《财经研究》，2014 年第 1 期。
周笑霞、张琰：“经济转型与低碳经济崛起探析”，《北方经贸》，2017 年第 9 期。
周亚敏、潘家华、冯永晟：“绿色就业：理论含义与政策效应”，《中国人口·资源与环境》，2014 年第 1 期。
朱玲：“中国社会保障体系的公平性与可持续性研究”，《中国人口科学》，2010 年第 5 期。
朱志萍：“大数据环境下的社会公共安全治理”，《上海公安高等专科学校学报》，2016 年第 1 期。
庄贵阳：“低碳消费的概念辨识及政策框架”，《人民论坛·学术前沿》，2019 年第 2 期。
邹才能：“能源转型，从世界到中国，正从资源为王向技术为王转变”，中国石油新闻中心，2020 年 7 月 29 日。
邹志鹏：“应对气候变化 贡献中国方案”，中华人民共和国中央人民政府网，2018 年 10 月 5 日。

第六章　气候变化对中国生态安全的影响

本章从水资源安全、森林资源安全和草原资源安全等三个方面，讨论了气候变化对中国生态安全的影响，主要结论如下：

第一，气候变化对中国生态安全的影响，总体上是显著和负面的。

第二，气候变化加剧了中国水资源分配不均的现实，增加了极端灾害出现的频率和强度，尤其是区域性大旱引发的澜沧江—湄公河等跨国界河流径流量减少，成为下游国家和美国等西方社会攻击中国水电开发的借口，影响中国周边关系和国际形象。

第三，气候变暖导致中国境内冰川数量持续减少，短时期内增加了发源于青藏高原等地区的河流径流量，但冰川消融到一定程度之后，澜沧江—湄公河、雅鲁藏布江—布拉马普特拉河、伊犁河等跨境河流将面临水资源短缺的问题，会影响到中亚、南亚和东南亚等 17 个河流共享国的水流量。

第四，气候变化凸显了林业的生态服务价值，提升了林业在中国应对气候变化和参与全球气候变化治理中的战略地位，中国政府的两次温室气体减排承诺都有林业目标，重视开展林业治理国际合作。

第五，气候变化导致草原生态系统的退化和生态价值下降，影响了边境牧民的生存和立地空间，对国家的经济、生态、社会和国家安全造成消极影响。边境地区的草原牧区连接着南亚和中亚等 11 个国家和地区，它们不仅是参加“一带一路”倡议的沿线国家，也是连接南亚、中亚、中东、欧洲等地区的重要陆路通道。草原生态系统的退化，例如土地沙化等，会超出边境线对周边国家甚至更远的国家造成负面影响，为西方社会炮制“中国威胁论”提供新借口。

生态安全与国家的生存和发展密切相关，是属于国家安全的重要内容。在统筹整个评估报告内容分布的基础上，本章将对生态安全的评估主要集中在水资源、森林和草原等三大生态系统要素之上，分析气候变化对其产生的重要影响。

第一节　基本概念与评估内容

一、基本概念

生态安全（Ecological Security，有时也称作 Environment Security）是国家安全的重要内容，2015 年习近平总体国家安全观明确将生态安全纳入国家安全体系之中，进一步提升了生态安全在国家生存与发展中的战略地位，体现出生态安全在国家实现长治久安与经济社会可持续发展过程中的重要意义。

“生态安全”一词于 20 世纪 80 年代提出。2000 年，中国在《全国生态环境保护纲要》中第一次明确提出了“维护国家生态环境安全”的目标。自此，“生态安全”开始在国内广泛使用，并逐渐成为学术界研究的热点议题。

从学科分类上讲，生态安全科学是一门自然科学与社会科学的交叉性学科。目前国际上尚无公认的关于生态安全的定义，国内外学者对生态安全概念的内涵理解，大体上分为两类：第一类是强调生态系统自身健康、完善和可持续性，第二类是强调生态系统对人类提供完善的生态服务或保障人类的生存安全（陈星等，2005）。关于第一类理解，代表性定义如 1997 年米歇

（Mische）在《21 世纪的生态安全——联合国的作用》中的定义，即广义的生态安全包括生物细胞、组织、个体、种群、群落、生态系统、生态景观、生态区（生物地理区）、陆（地）海（洋）生态，及人类生态。只要其中的某一生态层次出现损害、退化、胁迫，都可以说是其生态安全处于危险状态，即生态不安全。第二类理解比较有代表性的是曲格平（2002）在《关注生态安全之一：生态环境问题已经成为国家安全的热门话题》中的定义，即生态安全包括两层基本含义：一是防止由于生态环境的退化对经济基础构成威胁，主要是指环境质量状况低劣和自然资源的减少与退化削弱了经济可持续发展的支撑力；二是防止由于环境破坏和自然资源短缺引发人民群众不满，特别是因环境难民的产生影响社会安全，进而导致国家动荡。

关于生态安全的研究已经涉及各个学科领域，对其定义也是根据实际需要进行具体的内涵确定。本报告从气候变化对国家安全的影响评估视角来展开，对于生态安全的定义更倾向于后一类理解，因此将生态安全定义为“在人的生活、健康、安乐、基本权利、生活保障来源、必要资源、社会秩序和人类适应环境变化的能力等方面不受威胁的状态，组成一个复合人工生态安全系统”（陈星等，2005）。生态系统的内容是比较广泛的，水、土地、大气、森林、草原和海洋等是生态安全最基本的要素。

生态安全的特征鲜明而多重。首先是整体性与联动性。“同一个地球，同一片家园”形象地阐明了全球各国与民众因为自然生态环境的连通性而“命运息息相关”。局部生态环境的破坏有可能引发全国性的生态灾难，甚至危及周边国家的生态安全，例如跨国界河流污染、空气污染、海洋环境污染与生物多样性减少等。

其次是基础性。任何一个人、一个民族、一个国家的生存与发展，都离不开基础性的水、空气、土地等生态环境资源，生态系统的健康、完整和可持续性，直接关乎人类社会的生存安全、健康幸福与基本权利保证等。

最后是破坏后果的严重性。生态环境的支撑能力是有限度的，一旦超过环境本身的可承受值，就会造成非常严重，甚至不可逆的后果。某些生态环境问题虽然可以通过高科技、大量人力物力资金的投入等手段进行解决，但恢复期的持续时间通常会比较长。例如，排入水系统中的污染物达到一定程度，超过水生态环境的自我修复阈值时，水污染就会危及人类的健康与安全；草原、森林等资源退化，沙漠化的治理不是短时内可以解除的；生物多样性如果遭到破坏，某些珍稀动植物资源灭绝，就将永远从地球上消失；冰川一旦消融完毕，也将可能永久消失。

二、评估内容

在统筹整个评估报告内容分布的基础上，本章将对生态安全的评估主要集中在水资源、森林和草原等三大生态系统要素之上，分析气候变化对其产生的重要影响。

本章共分为三大部分。第一部分是对本章的核心概念——生态安全的界定与阐释。第二部分是关于气候变化对中国水资源安全影响的评估，主要是基于三个层面的考虑。第一，气候变化会导致中国不同区域出现降水差异，引发河流径流量变化，以及极端天气发生频率的增多会导致洪涝灾害等灾难事件发生次数上升，对国内的供水安全形成影响；第二，中国的国内河流水源供应很大一部分来源于冰川融水，气候变化对冰川的影响是明显的，因此该部分对气候变化如何影响冰川消融速度进行整体评估；第三，中国是世界上跨国界河流丰富的国家之一，气候变化对跨国界河流径流量变化的影响，会引起地处河流中下游的周边国家以及国际社会的关注，该节特别关注到“气候变化—跨国界河流—地区影响”这一现象并给予综合评估。第三部分是关于气候变化对中国森林和草原资源安全影响的评估，主要基于两个层面的考虑。第一，气候变化对中国森林资源安全的影响，从气候变化对森林分布、生态服务价值、林业经济和林业国际合作等四个维度进行评估。第二，气候变化对草原资源安全的影响，从气候变化对草原的生态系统安全、生态服务价值和边境安全等三个维度进行评估。

第二节　气候变化对中国水资源安全的影响

中国地处欧亚大陆的东部，太平洋的西侧，南北跨度大，东西距离长，地域辽阔，河流湖泊众多，水资源总量比较丰富。据 2018 年中华人民共和国水利部发布的《中国水资源公报》统计，全国水资源总量为 27 462.5 亿立方米，其中地表水资源量 26 323.2 亿立方米，地下水资源量 8 246.5 亿立方米，地下水与地表水资源不重复量为 1 139.3 亿立方米（中华人民共和国水利部，2019）。

东部地区陆地面积占到全国面积的 64.4%，水资源占全国总水量的 95.36%；西部地区水资源量只占据全国总量的 4.64%；南部地区的河流等水资源量为 80.9%；北部地区仅为 14%左右。中国水资源的主体是河川径流，其水资源量占到了全国总量的 96%，降水是径流量和地表水资源的重要来源。从中华人民共和国水利部公布的中国最近 20 年的水资源量来看，受气候变化、人类经济活动等因素的影响，无论是全国年平均降水量、全国水资源总量，还是与水相关的灾难事件，总体上都呈现明显的浮动，客观上加剧了全国水资源供需失衡的矛盾，水资源安全直接影响着国家的可持续发展与社会安全，中国与周边国家的水资源议题成为影响周边关系的重要因素。

一、降水与径流量变化差异与国内供水安全

气候变暖已经成为一个全球事实。据联合国政府间气候变化专门委员会（IPCC）发布的第五次气候变化评估报告显示，从 1880 年到 2012 年，全球

平均地面气温上升了0.65～1.06摄氏度，预计在2016年至2035年将升高0.3～0.7摄氏度，2081年至2100年将升高0.3～4.8摄氏度。中国地处北半球副热带和中纬度地区，过去50年间气候变化十分显著，但在北方地区、高原地区、南方地区之间表现出了较为明显的地区差异性。降水与径流量变化的差异会加剧地区之间水资源分布的不均衡性，加深国内水资源的供需矛盾，使中国国内的水资源安全问题更加严峻。

（一）降水差异对水资源南北分布的影响

由于气候和地形地貌的多样化与差异性，中国的水资源分布在南北地区呈现出很强的不均衡性。北方地区的水资源量只占据全国水资源总量的约14%。降水作为地表水资源的主要来源，自1981年以来，同属于北方地区的西北地区和东北地区表现出了不同的降雨量变化。西北地区干旱区年降水量呈显著增加趋势，干旱区面积减少，东北地区的半湿润区面积减少，而半干旱区面积扩大明显，最近30年的降水量和降水日数均多于1980年之前的20年。在北方地区，小雨和中雨量总计占全年降水量的75%，小雨频率有不同程度下降，而中雨频率呈升高趋势，干旱区表现尤其明显，其对作物生长季内降水有效利用影响较小。小雨、中雨等级增加幅度最大，干旱区与半干旱区内北疆地区及内蒙古东北部的强降水量、强降水日数大于区域内青海、甘肃、宁夏的中部和南部（高继卿等，2015）。

气候变化的预测结果表明，中国未来将普遍变暖，但不同地区降水变化不同。由于水资源贫乏和开发利用程度高，中国北方地区的供水安全将面临更高的风险。与南方湿润半湿润地区相比，北方干旱半干旱地区对气候变化更为敏感。当降水量增加10%时，北方地表水资源预计将增加19%～38%，而南方地表水资源将增加11%～16%。同样，当气温升高1摄氏度时，北方地表水资源减少6%～17%，南方地表水资源减少1%～4%。在不久的将来（2011～2050年），中国大部分地区（除辽中、倒界坝流域外）地表水资源将会减少，尤其是海河流域和长江中游地区。中国北方地区地表水资源的减少量大于南方地区。在 2011～2030 年和 2031～2050 年期间，中国北方的地表水资源预计将减少 12%～13%，而南方的地表水资源将减少 7%～10%。在气候变化的影响下，地表水资源的减少将威胁到一些地区的水安全，例如上述海河流域和长江中游地区。这些地区的人口密度和社会经济密度比较大，处于同一水平的缺水问题会造成更严重的影响（Yuan *et al.*，2017）。

青藏高原是中国的“水塔”区域，对气候变化的感知最为敏感，该地区的降水量的变化也是气候变化影响的一个重要表现。例如作为世界上海拔最高的盆地——柴达木盆地，是中国三大内陆盆地之一，气候属高原大陆性气候，常年干旱，年降水量自东南部的 200 多毫米递减到西北部的十几毫米。在 1996 年之后，盆地的平均气温曲线开始呈上升趋势，进入相对偏暖期。1966～2015 年，柴达木盆地年降水量、年降水日数呈现出东部多于西部的趋势（相守贵等，2018）。雅鲁藏布江流域的径流变化与降水变化具有明显的一致性（Liu *et al.*，2019），研究人员预测，在 2046～2060 年该流域的径流量呈下降趋势，2086～2100 年呈上升趋势。径流的季节性是明显的，预计春季径流将大幅增加，这可能是由于降水增加以及气候变暖导致雪、冰川和冻土融化增加的结果。在 2006～2020 年和 2046～2060 年间，整个流域的蒸散发量增加，上游地区土壤水分减少，中下游地区土壤水分增加。2086～2100 年，蒸散发量和土壤水分在上游和中游地区略有增加，在下游地区略有减少。

在新疆地区，除部分流域夏季降水减少外，近期总体呈现变暖润湿趋势，河流的总径流量、蒸散发量和冰雪融化量普遍增加，温度上升在各水文成分变化中所起的作用大于降水的增加。虽然目前水资源量呈现总体增长的态势，但在气候变化的影响下，此种趋势是不可持续的（Luo *et al.*，2019）。在西北部的黄土高原，气候变暖的大背景下，水资源短缺的现象将更为明显。从 1961 到 2016 年，黄土高原的季节性降水趋势存在空间差异，春秋两季黄土高原南部大部分地区降水呈下降趋势，季节性水循环已向春季强降水和夏季干旱转变，下降趋势的幅度意味着降水减少的地区可能会变得更干旱（Wang *et al.*，2019）。

在南方地区，20 世纪 90 年代以来，因太平洋海温异常，华南地区汛期时的极端降水显著增多（章开美等，2015）。以广西为例，广西的降水结构有向极端强降水转移的发展趋势。近 50 年以来，在气候变化的影响下，春夏季小雨雨量占总雨量的百分率在广西大部分地区呈减小趋势；中雨雨量百分率在春夏季有减小的变化趋势，秋冬季变化趋势不明显；大雨雨量百分率在春夏秋季变化趋势不明显，冬季有增大的趋势；总的来看，广西大部分地区暴雨雨量百分率在一年四季里均有增多的趋势，尤其在夏季增多趋势最明显（覃卫坚等，2014）。

近 50 年来，岷江上游流域年平均气温呈明显上升趋势，岷江上游流域平均降水量呈明显的下降趋势，由北向南变化趋势更为明显，平均下降速度为每十年 17.34 毫米。季节分布结果中，夏季降水减少趋势最明显，冬季降水边际增加。总径流量呈明显下降趋势。岷江上游流域径流量的减少将导致成都平原水资源竞争加剧。春夏季降水减少，旱季出现较早、持续时间较长，农业灌溉和城市供水的水资源将受到影响（Huang *et al.*，2014）。

（二）流域径流量差异与国内供水安全

气候变化是影响中国不同流域径流变化的一个重要因素，但存在明显的地域差异，造成水资源的时空分布不均问题更加突出，在气候变化的影响下，中国七大流域的年径流量已经在整体上呈现减少之势。全球变暖将使各流域平均蒸发量增大，尤其是黄河及内陆河地区的蒸发量不断增大，中国西北地区的河流径流量更是降低。不同流域对同一气候变化情景的响应不同：海河流域的敏感性最高；黄河、淮河、辽河、松花江、珠江、长江和东南诸河水位较低，敏感性按降序排列。对于年平均气温在 0.71～9.0 摄氏度之间的半湿润地区，如松花江、辽河、海河、黄河等流域，气温每升高 1 摄氏度，降水应相应增加 3.2%～4.0%，才能保持径流不变。然而，在湿润地区，如长江流域、东南诸河流域和珠江流域，同样的温度变化需要降水增加不到 2.8%就能保持径流不变。未来，大部分流域的径流可能会有不同程度的减少。径流下降速度在 RCP 8.5 情景下最快，在 RCP 4.5 和 RCP 2.6 情景下径流下降趋势减缓（Chen *et al.*，2014）。径流量的区域间差异会加剧国内地区之间的供水不平衡，影响国内的供水安全。

在黄河流域，过去 50 年时间里，包括黄河源区的平均温度升高接近 1 摄氏度，这样的速率是前所未有的。升温的同时，黄河源区的降水量在波动中呈下降趋势，有些地方的降雨量竟然减少了 20%（王莺等，2015）。降雨量的减少，将使黄河流域的水资源供需矛盾更加严峻。在长江流域，长江上游平均气温呈显著上升趋势，21 世纪末较 1986～2005 年将升高 1.5～5.5 摄氏度，降水总体呈增加趋势。长江上游年径流量及各月平均径流量也均有增加趋势，在 21 世纪 30 年代后将高于当前多年平均值，21 世纪中期将增加 4%～8%，21 世纪末将增加 10%～15%。预估径流年内分布的均匀性有所增加，但年际变化明显增大，极端旱涝事件的频率和强度明显增加（秦鹏程等，2019）。

淮河流域地处中国南北气候过渡带，未来气温将持续升高，在 RCP 2.6、RCP 4.5 和 RCP 8.5 情景下，未来 2021～2050 年较基准期（1961～1990 年）升幅分别约为 1.13 摄氏度、1.10 摄氏度和 1.35 摄氏度；流域降水可能呈现略微增加趋势，水文循环强度增加，流域水资源总量将可能呈增加趋势，王家坝站和蚌埠站断面洪水事件的发生可能性将增大（金君良等，2017）。

海河流域的水供应一直比较紧张，1951～2010 年，海河流域的年降水量呈显著减少趋势，达到了 5%的显著性水平，其中夏季降水减少的幅度最大（鲍振鑫等，2017）。预计未来 2021～2050 年海河流域水资源将呈现略微增加的趋势，其中流域北部水资源的增加趋势更为明显，但可以肯定的是未来海河流域水资源短缺的问题尚不能得到根本性改变（金君良等，2016）。

珠江流域在全球气候变化和人类活动影响下，近年来降水时空分布变化显著，流域全年、春季和冬季降水量呈微弱上升趋势。流域日平均降水量呈稳定上升趋势，降水时段趋于集中化。大雨、暴雨日数和95百分位值降水日数均呈上升趋势（陆文秀等，2014）。

在松花江流域，近年来，在气候变化等因素的影响下，流域水文过程与水资源时空分布发生了深刻的变化。松花江流域多年平均气温为3.48摄氏度，整体上以每十年0.41摄氏度的速率上升；流域多年平均降水量为562.9毫米，年代际上表现出减小—增大—减小的波动变化，整体上以每十年5.8毫米的速率减少。松花江流域内多数水文站点的年径流和最大、最小月径流在过去50年中呈现减少的趋势，空间上松花江干流区的下降趋势较为显著；就季节而言，春季径流的下降趋势更加明显；与1990年之前相比，松花江流域年径流减少，径流年内不均匀性增加（李峰平，2015）。

气候变化和人类活动是影响中国主要河流流域径流量的两大主要因素。在西南地区的澜沧江流域，从1987年到2007年，气候变化导致了57%的流量变化，在季节尺度上，气候变化在旱季（12月～次年5月）起着更为显著的作用，其中降水是气候变量中最重要的因素（Han *et al.*，2019）。永定河流域是北京的主要水源地区之一，该流域经历了温暖和干燥的气候，而径流在过去50年时间里显著减少。基于对永定河流域数据的结果分析，气候变化导致径流量减少了10.5%～12.6%（Xia *et al.*，2014）。

二、气候变化与旱涝等水资源极端事件

气候变化对于区域降水模式的改变会增加洪涝和干旱的风险。与1980～2009年相比，在升温1.5摄氏度时，中国的年降水量将增加约2.5%，而全球平均气温再增加0.5摄氏度时，中国的年降水量将减少约4.0%。在1.5摄氏度变暖情景下，微量降水日和轻降水日频数呈负向变化，而中、重、强降水日频数呈正向变化。在全球升温2.0摄氏度的情景下，所有降

水类别的日数都将减少，但强降水的强度将增加。在空间上，降水日数的减少预计将继续出现在中国中部和北部，而中国东南部已经遭受了严重的洪灾，预计随着全球平均气温增加 0.5 摄氏度，该地区将面临更严重、更强烈的降水。与此同时，华北地区强降水强度预计将增加，东南地区轻度和中度降水对年降水量的贡献预计将减少。因此，随着全球气温增温从 1.5 摄氏度上升到 2.0 摄氏度，中国北方的洪水风险和南方的干旱风险都在增大（Sun *et al.*，2018）。

郑国光等人（2014）研究发现，从全国的整体状况来看，从 1961 年到 2013 年，中国的降水在时间上没有表现出明显的线性变化趋势，但在年代际尺度上变化较大。华北、西南地区降水呈减少趋势，东北、西北、长江中下游和华南地区呈增多趋势。西部地区降水增加 15%～50%，东部地区频繁出现“南涝北旱”，华南地区降水增加 5%～10%，华北和东北大部分地区降水减少 10%～30%。2009 年以来，东北增加 86 毫米，华北增加 17 毫米，西北增加 7 毫米，华南增加 18 毫米，西南减少 36 毫米，长江中下游减少 1 毫米。夏季中国主雨带位置出现明显的年代际变化。20 世纪 80 年代，长江流域多雨；20 世纪 90 年代，雨带南移；2000～2008 年，雨带北移到淮河；2009 年以来，雨带进一步北移，淮河和华南进入少雨期。

降水极值的预测变化存在明显的空间分异，地区差异明显。总体而言，与东南地区的显著变化相比，北方地区的绝对变化相对较小，这意味着东南部可能会发生更严重的洪水，而北方（尤其是西北地区）降水的轻微增加将缓解干旱。然而，北方的变化百分比比南方大。此外，据报道，全国各地的暴雨频率和强度预计将增加，这意味着更频繁的城市洪水将成为中国发展可持续社区的一个重大挑战（Guo *et al.*，2018）。

中国平均降水量的显著增加主要是由降水强度增强引起的，降水强度增幅大于降水频数的减幅。极端降水量显著增加主要体现为极端降水频数的增多。已有的研究发现，在过去的 50 年当中，受气候变化的影响，中国极端强

表 6–1　中国各区域、流域降水量年际变化特征（1961～2013 年）

<table>
<tr><th colspan="2">地区或流域</th><th>年降水量（毫米）</th><th>最大与最小年降水量比值</th><th>标准差</th><th>变异系数</th><th>排序</th></tr>
<tr><td colspan="2">中国</td><td>626</td><td>1.3</td><td>32.7</td><td>0.05</td><td>—</td></tr>
<tr><td rowspan="7">分地区</td><td>东北</td><td>588</td><td>1.6</td><td>73.6</td><td>0.13</td><td>2</td></tr>
<tr><td>华北</td><td>458</td><td>2.1</td><td>70.2</td><td>0.15</td><td>1</td></tr>
<tr><td>华东</td><td>1 116</td><td>1.5</td><td>105.7</td><td>0.09</td><td>6</td></tr>
<tr><td>华中</td><td>1 205</td><td>1.6</td><td>128.4</td><td>0.107</td><td>5</td></tr>
<tr><td>华南</td><td>1 660</td><td>1.7</td><td>197.7</td><td>0.12</td><td>3</td></tr>
<tr><td>西北</td><td>385</td><td>1.8</td><td>43.5</td><td>0.113</td><td>4</td></tr>
<tr><td>西南</td><td>1 022</td><td>1.4</td><td>66.4</td><td>0.06</td><td>7</td></tr>
<tr><td rowspan="10">分流域</td><td>松花江</td><td>516</td><td>1.7</td><td>65.2</td><td>0.13</td><td>5</td></tr>
<tr><td>辽河</td><td>596</td><td>1.9</td><td>94.4</td><td>0.16</td><td>3</td></tr>
<tr><td>海河</td><td>533</td><td>2.4</td><td>98.9</td><td>0.19</td><td>1</td></tr>
<tr><td>黄河</td><td>479</td><td>2.1</td><td>66.8</td><td>0.14</td><td>4</td></tr>
<tr><td>淮河</td><td>815</td><td>2.1</td><td>130.5</td><td>0.16</td><td>2</td></tr>
<tr><td>长江</td><td>1 171</td><td>1.4</td><td>93.3</td><td>0.08</td><td>9</td></tr>
<tr><td>珠江</td><td>1 554</td><td>1.6</td><td>171.3</td><td>0.11</td><td>7</td></tr>
<tr><td>东南诸河</td><td>1 230</td><td>1.4</td><td>101.1</td><td>0.08</td><td>8</td></tr>
<tr><td>西北诸河</td><td>182</td><td>1.8</td><td>22.6</td><td>0.12</td><td>6</td></tr>
<tr><td>西南诸河</td><td>1 020</td><td>1.4</td><td>65.8</td><td>0.06</td><td>10</td></tr>
</table>

资料来源：郑国光等（2014）。

降水和严重干旱事件增多。房永生（2014）认为，极端降水对总降水的贡献大致以 103°E 为界，呈东高西低的位相分布，东侧受东亚夏季风的影响，东亚夏季风对极端降水有明显的提升作用，这种提升作用能达到全年总降水的10%左右。103°E 西侧，极端降水的趋势对总降水增长趋势的贡献率为 25%～50%；而东侧，总降水趋势受极端降水趋势的控制显著，极端降水趋势（包括增、减趋势）的贡献率达 50%～100%。通过对 1961 年到 2013 年的暴雨日监测，可以发现，自 20 世纪 70 年代以来，全国年暴雨日数和暴雨站数都呈现逐年增加趋势（图 6–1），局地突发性大暴雨事件明显增多（郑国光等，2014）。

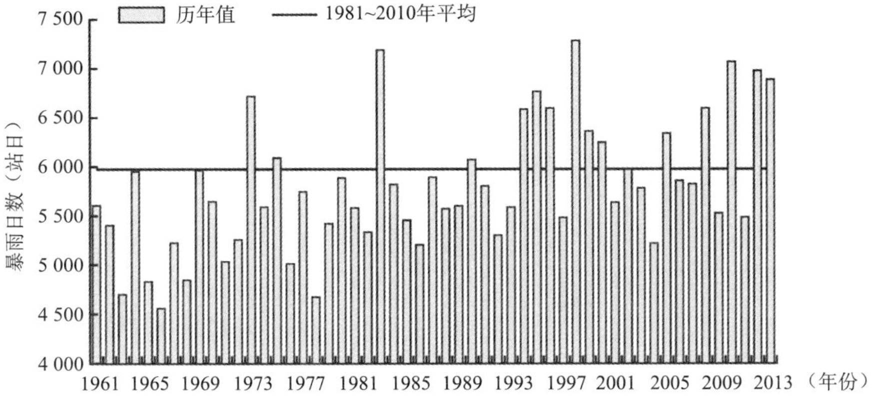

图 6–1　中国年暴雨日数呈现增加趋势

资料来源：郑国光等（2014）。

极端强降水事件增加，极端降水的强度和频率也将增强，到 21 世纪末，中国的暴雨洪涝风险可能随时间发展呈增加趋势。在区域分布上，未来暴雨洪涝风险较高的地区集中在中国中东部及沿海地区。西藏、新疆等西北地区风险较低，高风险区（Ⅴ级）位于辽宁南部、河北、华东、华中北部、四川的部分地区与华南沿海地区，这些地区城镇化进程较快，人口集中，土地利用类型单一，主要以耕地为主，抵御洪水能力差。中高风险区（Ⅳ级）主要位于东北中部、华北西部、华中南部、西南南部的部分地区与华南的大部分地区。中等风险区（Ⅲ级）主要集中在西南地区北部、东部，以及大部分中东部地区。不同情景下，暴雨洪涝风险的主要分布形态变化不大，从西向东风险增加、高风险区域主要位于中东部及沿海地区（李柔珂等，2018）。

与极端降雨量增多相对应的是，在气候变暖背景下，中国干旱发生的范围发生了明显的转移，北方干旱加剧的同时，南方干旱明显加重，尤其是大旱范围明显增加。干旱范围主要在黄河流域以南和长江流域以北地区。从干旱频次上看，北方明显高于南方，东部高于西部，长江流域以北干旱频次较高。中国干旱持续时间较长，而且四季都有可能发生干旱。中国在 20 世纪 90 年代中后期至 21 世纪初期，干旱范围最广，持续时间最长，造成的损失最严重。干旱强度、频次和持续时间南北差异性显著。气候变暖后，中国干旱强度加重、范围扩大、频次增加和持续时间增加明显（韩兰英等，2019）。由于 1950 年代以来的干旱趋势，华北平原的水资源短缺已经干扰了农业生产的稳定和可持续性，根据全球气候模型（Global Climate Model，GCM）的整体预测，到 2050 年代，全球变暖导致的作物需水量增加和潜在蒸发加剧，水资源供给量减少约 4%～24%，作物生长期灌溉需水量显著增加（Mo *et al.*，2017）。

气候变化可能会对水资源短缺、洪水灾害和水生系统的恶化产生严重影响。通过评估中国渭河流域对气候变化的水文响应发现，2046～2065 年及 2081～2100 年的年平均径流量较 1961～2008 年的基线分别增加了 12.4%和 45%。低流量会低得多，而高流量会高得多，这意味着会有更多的干旱和洪水等极端事件发生（Zuo *et al.*，2015）。极端降水事件的不确定度主要集中在南方大部分地区，而干旱事件的不确定度主要集中在新疆盆地。极端气候指数未来变化的不确定性程度随着排放情景的日益严重而增加（Xu *et al.*，2015），例如在江苏省的里下河地区，近年来因气候变化导致副热带高压强度异常，降水异常增多，暴雨发生频率升高，洪水灾害频繁发生，洪水淹没面积大大增加（Zhang *et al.*，2014）。在东北地区，根据 70 个气象站的长期（1960～2014 年）连续数据集，构建了 9 个极端气候指数，吉林东南部和辽宁东北部冬季较冷，年降水量高于其他地区。辽西、吉林、黑龙江高温、强降水的概率较高（Guo *et al.*，2018）。

总体来看，亚洲是对气候变化整体比较敏感的地区，旱涝灾害等极端水资源事件的增多会造成巨大的人员和物质损失，给国内的社会安全与经济发展带来显著的消极影响（Kundzewicz *et al.*，2014）。同时极端天气引发的干旱会影响到某些跨国界河流的径流量，成为下游国家和美国等西方社会攻击中国水电开发的借口，影响中国的周边关系和国际形象。

2019 年入春以后，云南省降水持续偏少，气温异常偏高，雨季偏晚。5 月，云南省气象台发布了 2019 年首个干旱橙色预警。根据监测，滇西东北部、滇中及以南大部分地区达到气象干旱重旱等级，其中普洱、西双版纳、昆明、曲靖等地的部分地区达到特旱等级。2019 年的干旱是全流域性的，澜沧江—湄公河从上游到下游均出现了严重干旱过程，对整个流域的生产生活造成了严重影响（夏婷等，2020）。在湄公河地区，从 6 月开始，泰国的干旱现象日益严峻，到了 8 月份，泰国南部属于极端干旱，柬埔寨洞里萨湖周围也呈现出极端干旱值。美国等国家借这一自然现象虚拟了一个不存在土壤湿度—水位相关关系的方法，炮制了一篇《在自然条件下监测湄公河上游流域水量》的报告，其中得出了湄公河下游的干旱是由中国在澜沧江段修建水电站所致的结论，认为在近 30 年时间里，中国修建的水电站阻挡了相当于 126 米的水位高度，改变了下游湄公河的天然来水特性，特别是 2012 年糯扎渡水电站修建以后，造成了 2019 年下游湄公河的超低水位纪录（Basist *et al.*，2020）。之后，美国智库史汀生中心（Stimson Center）研究员艾勒（Eyler）等人开始在网站和《外交政策》（*Foreign Affair*）等媒体上发表煽动性观点。例如，中国将水资源看作主权属性商品，是不会与下游国家平等分享水资源的（Eyler *et al.*，2020）；中国通过大坝来截留下游水量是中国的一个外交错误（Eyler，2020）；等等。西方诸多媒体，如《纽约时报》、美国之音、《每日电讯报》、《日本时报》等纷纷转引，大肆攻击中国水电站修建影响湄公河国家的水资源安全。这些都对中国的国际形象构成了严重的消极影响。

三、冰川变化与中国及周边水资源安全

冰川变化是气候变化的产物，在全球整体气温缓步上升的大环境下，冰川数量和面积的变化以及变化的速度，直观地反映了气候变化的影响。国内

外学者非常重视从冰川变化的角度研究气候变化对中国水资源安全的影响。从已有的研究结果来看，在气候变化的影响下，虽然有区域的差异性，但整体上中国境内的冰川数量在持续减少，冰川面积在不断缩小。冰川是冰冻圈的重要组成部分，作为高山固体水库，是极为重要的固态水储备资源，其经过消融形成的河川径流对中下游干旱地区农业畜牧业的生存和发展有着极为重要的作用。中国冰川数量的减少，不可避免地影响中国国内及周边地区的水资源安全。

（一）中国冰川变化的影响范围

中国的冰川空间分布主要集中在中国西部的 14 个山地和高原，昆仑山的数量最多，面积在 0.5 平方千米以下的冰川数量达 33 061 条，占中国冰川总数的绝大部分（66.07%）（Liu *et al.*，2015）。

青藏高原的冰川是北极和南极之外最大的淡水储存库，从表 6–2 中可以看到，作为淡水的仓库和地球八大河流系统的源头，青藏高原是"亚洲水塔"，是亚洲主要大河的发源地，为 15 亿多人提供水、食物和能源，几乎影响了四分之一的世界人口，涉及中亚、南亚和东南亚的 17 个国家。所以，青藏高原冰川的变化，不仅会直接影响中国国内的水资源供水安全，同样会影响到 16 个周边国家的水资源安全，如果处理不好，很容易引发中国和周边国家的水资源冲突。

表 6–2　发源于青藏高原的主要河流

河流名称	长度/千米	流经国家	对冰川融水的依赖程度
澜沧江—湄公河	4 350	中国、越南、老挝、柬埔寨、泰国、缅甸	6.6%
怒江—萨尔温江	2 400	中国、缅甸、泰国	8.8%
雅鲁藏布江—布拉马普特拉河	2 900	中国、印度、孟加拉国	12.3%
象泉河—萨特累季河	309	中国、印度、巴基斯坦	—

续表

河流名称	长度/千米	流经国家	对冰川融水的依赖程度
狮泉河—印度河	2 900	中国、印度、巴基斯坦	44.8%
长江	6 300	中国	18.5%
黄河	5 464	中国	1.3%
阿穆河	2 540	阿富汗、塔吉克斯坦、土库曼斯坦、乌兹别克斯坦	—
恒河	2 510	印度、尼泊尔、孟加拉国	9.1%
锡尔河	2 212	吉尔吉斯斯坦、塔吉克斯坦、乌兹别克斯坦、哈萨克斯坦	—
伊洛瓦底江	2 170	缅甸	—
塔里木河	2 137	中国	40.2%

资料来源：Wirsing *et al.*（2012）。

（二）冰川数量和面积的变化

气候变化所引起的冰川的任何变化都会对河流的水资源供应产生明显的影响（IPCC，2014）。在气候变暖的影响下，中国西部的绝大部分冰川均呈现出不同程度的持续退缩，尤其是近几十年更是处于加速退缩的状态，许多小冰川已经或者即将消失。从空间上来看，受典型西风系统和印度季风控制的喜马拉雅地区冰川在退缩，西风系统控制下的喀喇昆仑、西昆仑地区的冰川变化异常。近年来，东帕米尔高原和青藏高原地区冰川还出现了冰崩情况。1977～2017 年，这些冰川总面积减小了 10.51 平方千米，退缩了 45.72%，且冰川处于加速退缩趋势（王炎强等，2019）。

作为青藏高原主要山脉的念青唐古拉山，是青藏高原东南部最大的冰川区，在 1970～2011 年的 40 年当中，念青唐古拉山东段八盖乡地区关星冰川、麻果龙冰川、若果冰川、江普冰川和那龙冰川等 5 条冰川，都呈现出整体的萎缩态势，冰川总面积减小了 216.52 平方千米，其中 1970～1999 年各条冰川退缩速率（面积和末端）均大于 1999～2011 年，冰川退缩具有减缓的趋势（冀琴、杨太保、李霞，2014）。而在念青唐古拉山西段，近 40 年来冰川总体处于持续退缩状态，1970～2011 年间冰川总面积减少了 193.9 平方千米（冀琴、杨太保、田洪阵等，2014）。西藏雅鲁藏布江流域被称为西藏的“粮仓”，区内现代冰川发育，蕴含丰富的淡水资源，是流域重要的“固体水库”。高山区被大面积冰川沉积物和风化物覆盖，地表草甸厚、渗透作用较强，雨水与冰雪融水多渗透地下，形成地下水补给来源。近几十年来雅砻河流域降水量和蒸散发量都呈减少趋势，其速率分别为每年 0.37 毫米、0.72 毫米。气温以每年 0.03 摄氏度的速率显著升高，冰川面积从 1968 年的 20.1 平方千米减少至 1988 年的 14.2 平方千米和 2014 年的 10.1 平方千米，水资源量也相应减少了约 8.5×10^8 立方米。降水量减少和气温升高是造成区内雪线上升，冰川快速退化的主要原因（李彬权等，2017）。

新疆天山也是冰川重要的集聚地，冰川融水是新疆和中亚干旱地区旱季重要的水资源来源。在气温升高的影响下，天山冰川也处于持续性的缩减状态。从 1960 年到 2010 年，天山冰川的面积和体积分别每年缩小 0.7%±0.6% 和 0.83%±0.73%（Che *et al.*，2018）。在天山南部，1990～2011 年间，气温和降水均表现出升高和增加趋势，海拔最高的巴音布鲁克站线性升温率为每十年 0.25 摄氏度，降水增幅为每年 1.2 毫米，冰川面积减少了 13.2%。大规模冰川分解使得小规模冰川的总面积和条数均有所增加，朝西向的冰川退缩速率最大，为 15.9%。与 1990～2000 年时段对比发现，近 10 年来，海拔大于 3 800 米的冰川退缩速率加快（赵刚等，2014）。天山的博格达峰地区，冰川萎缩与该地区气温快速上升关系密切，气温上升导致的冰川消融在一定程度上抵消了降水增加对冰川的补给。1962～2011 年，研究的 112 条冰川总面积从 109.94 平方千米减少到 85.88 平方千米，减少了 24.06 平方千米，退缩率为 21.88%；冰川平均面积从 0.98 平方千米减小为 0.78 平方千米（牛生明等，2014）。

台兰河是阿克苏河的支流，是以冰川融水补给为主的河流，流域面积为 1 324 平方千米。气候变暖导致了 1972～2011 年的 40 年间，冰川总面积从 435.44 平方千米退缩到 385.38 平方千米，减少了 50.06 平方千米，退缩率为 11.50%，年均减少约 1.25 平方千米，平均单条冰川面积减小 0.31 平方千米；冰川总条数从 113 条减少到 109 条，消失冰川 10 条，有 3 条冰川分离成了 9 条，其余 100 条冰川都呈减小趋势（怀保娟等，2014）。

中国西北部的祁连山区，冰川规模河面积同样在持续缩减，1989～2013 年冰川面积缩减速率为每年 3.01 平方千米，年平均面积退缩率为 0.87%，冰川面积由快速缩减变为略微消融。其中，1989～2000 年冰川面积急剧退缩，缩减速率达到每年 4.49 平方千米，2000 年后冰川面积有较小的减少趋势，缩减速率为每年 0.09 平方千米（周祖昊等，2017）。

（三）冰川变化对中国及周边水资源安全的影响

冰川的加剧退缩影响着水资源的时空演化和利用，在短期内会使河水径流增加，但从长远和可持续发展的角度来看，河川径流在将来很可能会大量减少（王炎强等，2019）。大量的研究证实，天山山区冰川加速退缩，冰雪水储量呈减少态势，部分河流出现冰川消融拐点，由此导致水系统安全性降低，供需水矛盾会进一步加剧，尤其是伴随气温的高位震荡和地下水的超采，西北干旱区的生态隐忧和潜在风险加大（陈亚宁，2015）。在乌鲁木齐河流域，在过去的 60 年里，该区域的温度增加了近 1 摄氏度，降水量增加了近 66 毫米。气候变化是导致乌鲁木齐河流域流量变化的主要因素。

冰川融水对乌鲁木齐河（后夏）流量的贡献从 5%到 21%不等。2012 年全年，径流成乌鲁木齐河流域的水资源中降水比例为 17.6%，冰川融水比例为 14.7%。只有 5%的水流来自融雪水。因此，乌鲁木齐河流量的增加不仅是由于地下水，也由于降水和冰川融化增加了补给。随着全球气候变化的影响不断加剧，干旱冰川区冰川数量的减少，乌鲁木齐河流域的径流量也将会发生变化（Sun *et al.*，2016）。博斯腾湖是中国最大的内陆淡水湖，位于中国西北干旱地区，在新疆地区的城市、农业、工业和生态供水方面发挥重要作用。气温的显著升高加速了冰川的融化，增加了凯都河（凯都河的冰川融水是由722 条覆盖面积约 445 平方千米的冰川提供）的流量，最终流入博斯腾湖。增加的入流导致湖泊水深增加，水面面积增加 10%。随着温度升高，湖面面积增大，湖泊蒸散量增大。未来几十年博斯腾湖盆地的平均日气温将上升，而年降水量将下降，冰川将会缩小，积雪继续减少，博斯腾湖未来的流量将大幅减少（Zhou *et al.*，2015）。

青藏高原冰川的变化，使中国、印度、巴基斯坦、孟加拉国和不丹近 20 亿人将会因冰川消融导致的水流减少而面临水资源短缺的状况，水资源安全压力会不断上升。另外，20 世纪以来，在喜马拉雅地区冰川融化形成了数千个不稳定的冰川湖（堰塞湖），越来越多的融化水增加了冰川湖突然暴发洪水的风险，冰川湖引发的洪水将造成大量的水和碎片，导致许多人员伤亡，破坏关键基础设施，破坏农田，造成粮食不安全。从长期来看，气候变化影响下的水资源安全压力会相应增加（李志斐，2018）。

第三节　气候变化对中国森林和草原资源的影响

一、气候变化对中国森林资源的影响

IPCC 第五次评估报告认为，受气候变化或人类活动共同作用，陆地生态系统植被覆盖、生产力、物候或优势种群已经发生变化，这些变化反过来也会对局地、区域甚至全球的气候产生影响。基于森林资源对于国家经济和生态环境安全的重要意义，中国加大了国土绿化、生态保护与修复以及自然保护地体系建设力度（国家林业和草原局，2018）。

（一）气候变化对森林分布和生态服务价值的影响

中国的植被生长对气候变化的响应出现了显著的变化，对气候变暖的负响应增大（Chen *et al.*，2015）。森林物种向更高纬度和海拔分布的变化与气候变暖相关。有研究者基于不同时空尺度的森林群落平衡假设，利用物种分布模型和区域—区域关系对中国16个植被类型的204个森林群落在不同气候变化情景下的脆弱性进行了评价，确定了78.9%和61.8%的森林植被在低浓度和高浓度情景下相对稳定。在人为气候变化的影响下，东北和西南地区存在大面积的森林植被脆弱区。在气候变化下，亚热带阔叶林和常绿落叶混交林、寒温带和温带山地针叶林、温带针叶林和阔叶落叶混交林是最脆弱的植被类型。由于温室气体浓度高，森林植被的脆弱性可能会增加（Wan *et al.*，2018）。

气候变化对南北地区森林资源的影响也存在较明显的差异。在气候变化的影响下，北方地区的森林资源总体上出现消退的新趋势。近40年来，中国西北地区气候出现由暖干向暖湿转变的情况，而新疆在整个西北地区最为突出，新疆土地总面积166.49万平方千米，林地总面积1 096.71万平方千米，活立木总蓄积3.291 8亿立方米，森林覆盖率4.02%。因气温逐渐变暖，降水量增多，新疆的森林资源出现消退。为应对气候变化，新疆大力推进林业生态体系建设，提出了十大林业生态工程。随着林业生态工程的实施和推进，新疆在林地面积保持不变的情况下，森林覆盖率得到了显著增加（郭靖等，2015）。长白山地区是森林资源丰富的地区之一，气候变化导致长白山地区的温度整体上升超过0.5摄氏度，自2000年以来，该区域的夏季降水量呈现逐年递减的态势，冬季降水量也具有这一发展态势，土壤中的含水量下降，土壤肥力下滑。因此，在气候变化的影响下，长白山森林植被资源的灌木数量下降，其中最重要的表现为大量灌木在生长中出现消亡，乔木在生长中无法获取足量的水资源，降低了植物的生长速度。从人工林当前的发展来看，受到气候变化的影响效果很大，植物的成活率较低，人工林对肥力的要求更高，对于长白山生态系统中的一些区域来说，需要额外应用化学肥料辅助人工林的生长过程，提高了人工林的培育成本，并且由于降水量下降以及温度升高，虫卵的孵化速度大幅提高，病虫害的发生率增高（刘丽杰等，2019）。

气候变化还对同一地区的不同物种资源产生差异性的影响。在东北地区，白桦（*Betula platyphylla*）、兴安落叶松（*Larix gmelinii*）和红皮云杉（*Picea koraiensis*）是中国东北地区典型的森林树种，生态价值和经济价值很高。受气候变化的影响，兴安落叶松、白桦和红皮云杉的分布向北漂移，其中，兴安落叶松和白桦向西北方向漂移，而红皮云杉向东北方向漂移（晏寒冰等，2014）。而在南方地区的长江流域，气候变化对增强型植被指数（Enhanced Vegetation Index，EVI）年际变化的贡献为每年 0.000 8，占 EVI 总变化的 70.37%（Qu *et al.*，2020），植被覆盖面积呈现出增长的趋势。

气候变化对森林资源的分布影响以及地区之间影响的差异性，直接或间接地影响了不同地区之间的森林生态服务价值。基于 CEVSA（Carbon Exchange between Vegetation, Soil and Atmosphere）模型计算的植被净初级生产力（Net Primary Productivity，NPP）及科斯坦萨（Costanza）等提出的生态系统服务价值计算方法，分析了基准期（1971～2000 年）及未来（2021～2050 年）中国森林生态系统服务价值时空动态变化特征。结果表明，中国森林生态系统服务总价值均呈逐年增加趋势，年均值分别为 12.80（4.55～20.72）万亿元、14.81（5.26～23.97）万亿元和15.13（5.38～24.49）万亿元。总价值在空间上均呈现出西部、东北部低及南部高高的格局。未来总价值除了在少数地区（新疆中部、内蒙古西部、甘肃西北部、西藏东南部以及中国东北地区和南方地区部分森林边缘地区）将降低外，在其他地区均增加，且增幅东部大于西部，南方大于北方，其中华南地区增幅最大（徐雨晴等，2018）。

（二）气候变化影响森林碳汇储量

应对气候变化的核心问题是减少温室气体的排放，而温室气体排放减少的主要途径是碳固定。因此，作为碳库的森林生态系统在气候变化应对工作中的重要性进一步显现，林业成为了应对气候变化的重点领域（周训芳，2015）。森林资源是陆地生态系统重要的组成部分，它是陆地最大的贮碳库，占陆地生物圈地上碳储量的 80%和地下碳储量的 40%，在维护全球气候系统，调节全球碳平衡，减缓大气温室气体体积分数上升等方面具有不可替代的作用。由全球气候变化带来的各种非生物变化对森林生态系统的影响，一方面温室气体浓度的升高会刺激森林生产力增加，另一方面温度升高和降水减少且分布不均加剧，以及由此引起的海平面上升和森林火灾、病虫害与极端天气等事件的发生愈发频繁和严重，导致森林生态系统面临的风险增大（张清杉等，2016）。中国的森林资源是储存碳汇的物质基础，目前，中国的人均森林面积仅为世界平均水平的 1/4，人均森林蓄积量只有世界平均水平的 1/7，森林资源总量不足、质量不高，严重制约着林业碳汇功能的充分发挥（张建龙，2017）。

中国学者纷纷提出在应对气候变化框架下，大力推动林业碳汇市场建设，为建设全国统一碳排放权交易市场做前期准备，促进区域造林和提高森林经营水平，使全国森林面积和蓄积得到增长，使人类生存和发展环境得到改善。在亚洲范围内共有九个森林碳汇的项目，其中有三个属于中国，占项目总数的 1/3，而且亚洲第一个森林碳汇项目就是出自中国。同时，中国还在较大的几个城市建立了碳汇交易项目试点，并在很多环境相对较差的城市开展了大范围的植树活动，并与很多林业碳汇市场开展比较好的国家建立了合作关系（孙明轩等，2017）。

（三）气候变化影响林业经济等连锁性反应

气候变化影响森林资源，不仅会影响林业经济效益，还会引发连锁性的社会反应，例如林业贸易、水利行业就业、环境管理和制造业等。中国为应对气候变化，采取了增加林碳能量、林碳能量存储、林碳替代行动等发展林业的行为，不仅创新了中国林业发展形式，提高林业经济效益，同时也为其他行业的发展带来了巨大机遇。有关调查显示，随着林业行动的不断开展，中国建筑行业的就业率有了明显上升，已经高达 500 万就业量，水利行业就业量为 400 万人，制造业、环境管理的就业量为 200 万人。由此可见，林业行动发展的联动效果，极大地缓解了就业压力，为社会剩余劳动力提供了更多就业机会（赵静，2017）。

（四）林业国际合作是应对气候变化重要举措

中国积极推动气候变化治理与国际合作，其中林业合作是中国应对气候变化的重要举措。在 2016 年联合国巴黎气候大会上，中国政府宣布的“国家自主贡献”目标是：二氧化碳排放在 2030 年前后达到峰值并尽早达峰，单位 GDP 二氧化碳排放比 2005 年下降 60%～65%，非化石能源占一次能源消费比重达到 20%左右，森林蓄积量比 2005 年增加 45 亿立方米左右。中国政府的两次温室气体减排承诺都有林业目标，这表明林业在中国应对气候变化中具有重要的战略地位（李怒云，2017）。国家林业局成立了应对气候变化工作领导小组，倡议并设立了“亚太森林恢复与可持续管理网络”，成立了国内第一家以增汇减排、应对气候变化为主要目标的中国绿色碳汇基金，截至 2017 年累计募集资金 6.2 亿元。中国广泛开展中美、中德、中英、中韩等林业应对气候变化务实合作，提出了中美林业应对气候变化合作框架，并纳入第七轮中美战略与经济对话成果清单；完成了中德低碳土地利用项目合作，相关成果已在安徽、湖南、福建等省推广。积极推荐中国林业专家参与联合国政府间气候变化专门委员会评估报告编写，为争取国际话语权发挥了重要作用。联合国粮农组织发布的《全球森林资源评估报告》指出，在全球森林资源继续呈减少趋势的情况下，亚太地区森林面积出现了净增长，其中中国森林资源增长在很大程度上抵消了其他地区因森林高采伐率带来的资源减少（张建龙，2017）。

二、气候变化对草原资源的影响

气候变化直接关乎生态系统的稳定，地表植被对于气候变化的响应已经成为学术界关注的热点议题，分析草原资源的动态变化是目前全球变化研究的一个重要领域。草地是陆地生态系统的重要组成部分，约占全球陆地面积的 30%，主要分布于干旱及半干旱地区。中国是世界上拥有丰富草地资源的国家之一，天然草地面积近 4×10^8 公顷，占国土面积的 42%，是覆盖我国陆地面积最大的绿色植被和生物资源，具有重要的生态、经济和社会价值（罗瑞敏等，2018）。研究证实，气候变化会导致草原生态系统的退化，导致草原生态价值下降，影响边境牧民的生存和立地空间，对国家的经济、生态、社会和国家安全造成消极影响。

（一）气候变化导致草原生态系统退化，生态安全受到威胁

草原是对气候变化较为敏感的区域之一，从整个国家范围来看，气候变化对草原生态系统退化的影响是显著且巨大的。在气温升高的同时，年降水量呈降低趋势，严重影响了牧草生长和生态修复。天然草原退化后反馈调节能力下降，牧草生产对气候变化的调节能力减弱，气候波动的影响被进一步放大。同时，气候变暖又易诱发严重生物灾害，如产生鼠疫与虫害，会对土丘平整性以及草原植被带来严重影响（张家臻，2020）。气候变化对中国不同区域草地生态系统的影响是存在明显差异性的，“暖湿型”气候可提高草地气候生产力，“暖干型”气候使牧草气候生产力降低，“冷湿型”气候也有利于牧草气候生产力的增长（梁艳等，2014）。

在西北地区，由于区域水资源总量总体呈下降趋势，区域土地沙化持续扩大，水土流失十分严重，气候变化导致作物生长期和种植结构发生变化，种植区域北移，病虫害加重。尤其是草地退化的趋势加剧，草的数量和质量

都下降了（Zhao *et al.*，2014）。气候变化是1975年到1990年中国东北和西北地区荒漠化回归的主要原因之一，1990年至2000年呼伦贝尔、浑善达克、科尔沁、霍巴克、毛乌素沙漠和苏尼特草原的荒漠化，都是由气候变化引起。气候变化引发了整个地区的荒漠化变化（Zhang *et al.*，2020）。在国家“生态文明”战略背景下，内蒙古高原作为中国北方重要生态屏障的地位更加凸显。在1971年到2010年的40年时间里，内蒙古草原区年平均气温呈直线上升趋势，增温速率为每十年0.34摄氏度。气候暖干化使近12年内蒙古草甸草原、典型草原和荒漠化草原的牧草平均高度分别比20世纪90年代降低了2.4厘米、9.3厘米和9.8厘米；牧草平均盖度降低了11%、13%和4%；干草平均产量减少1 019.8千克/平方千米、671.4千克/平方千米和372.5千克/平方千米（李兴华等，2014）。

锡林郭勒作为内蒙古高原南端的典型内流区与生态敏感区，其草原植被覆盖变化规律在一定程度上能表征中国北方整体生态系统功能的变化态势。锡林郭勒草原国家级自然保护区是目前中国最大的草原生态系统自然保护区，在草原生物多样性保护方面占有重要位置。根据1956～2017年气候资料，发现锡林郭勒盟的年平均气温均值为2.76摄氏度，具有显著的上升趋势，年降水量均值为253.86毫米，具有微弱递减趋势，年蒸发量均值为2 164.75毫米，具有递增趋势（曹艳萍等，2019）。尤其是进入21世纪之后，年平均气温为3.5摄氏度，气温在逐年升高。气温升高、降水减少造成锡林郭勒草原近年来持续干旱，而且气温升高又造成其他气象要素一系列的变化，如蒸发量加大，大风日数增多，沙尘暴日数增加，导致干旱频率增加，锡林郭勒草原干旱、草场退化日益严重。在气候波动、自然环境脆弱性及人类活动的共同作用下，2000年到2015年的16年间，锡林郭勒草原的生长期植被覆盖率以每年0.0021的速率缓慢增长（阿荣等，2019）。锡林郭勒退化草原的面积已占全盟草原总面积的64%（赵晓英，2018）。

呼伦贝尔草原区是中国北方地区重要的生态防护屏障，也是目前受气候变化影响最为严重的区域之一。呼伦贝尔草原区位于内蒙古草原的最东端，同时受到北冰洋的高气压带和日本海低气压带影响，当地以放牧、刈割为主要利用方式的草原生态系统对气候变化非常敏感。从 1960 年到 2015 年的 56 年时间里，呼伦贝尔草原区呈现出暖干化的趋势，气温变化呈现显著波动增加的趋势，降水呈现出不显著的波动下降趋势，年降水减少中值 0.41 毫米，其中第三季度降水量显著减少，年降水减少中值 0.92 毫米（张钊等，2018）。未来呼伦贝尔地区干旱程度将会延续，草原畜牧业和旱作农业深受影响（张钦等，2019）。

1990～2015 年，鄂温克族自治旗≥0 摄氏度有效积温呈显著上升趋势，其年际变化率为每十年上升 112.14 摄氏度；生长季（5 月～8 月）降水量呈下降趋势，其年际变化率为每十年下降 13.24 毫米；日照时数年际变化不明显；天然草场牧草盖度呈显著下降趋势，其年际变化率为每十年减少 8.51%；地上生物量呈下降趋势，其年际变化率为每十年降低 23.5 克/平方米。鄂温克旗自治旗天然草原总体生态环境状况呈下降趋势（金磊，2016）。

在干旱半干旱区的黄土高原，气候变化对草原资源的影响同样明显。近 50 年来，黄土高原多次出现干旱、暴雨、沙尘暴和低温等异常天气，严重影响了草地资源的可持续利用。近 20 年以来黄土高原典型草原区云雾山草地气候生产潜力和实际生产力均呈现下降趋势。全球增温及降水波动，特别是植被生长旺盛期的夏季显著升温及干旱缺水是造成草地生产力下降的主要原因，如研究区 7 月气温每上升 1 摄氏度，草地生产力下降 204.5 千克/平方千米；降水每减少 10 毫米，生产力下降 41.3 千克/平方千米（罗瑞敏等，2018）。中国干旱半干旱地区的草地退化严重制约着生态系统服务功能，从 1994 年到 2015 年的 21 年间，乌鲁木齐市草地生态系统服务价值呈现波动性下降趋势，年均减少 270 万元。生态损失主要是由山地荒漠草地（7.44％）、山地荒漠草原草地（10.71％）、山地草甸草原草地（18.32％）和高寒草甸草地（40.69％）退化造成的（茹克亚·萨吾提等，2020）。

（二）气候变化导致草原生态服务价值下降，影响牧民基本生活

北方草原，地处北半球中纬度，是中国受气候变化影响的脆弱区。由于气候变化和过度放牧等不合理利用，北方草原 90%以上发生退化，据估算每年直接经济损失达 2 157.5 亿元，生态价值损失达 6 130.7 亿元，严重威胁中国生态安全、食物安全和社会经济安全（萨茹拉等，2018）。从 1985 年到 2014 年，占锡林郭勒草原国家级自然保护区面积 90%的草地在持续减少，减少的草地主要转化为沼泽地、耕地、沙地和盐碱地。草地地上生物量变化 52.5%的原因是气候变化引起降水量和温度的变化。保护区每十年因气候变化损失的生态系统服务价值至少为 9.5 亿元（王敏等，2015）。

中国的草原牧区多是少数民族聚集地区，在草地退化严重的牧区，有国家级贫困县 101 个，占全国贫困县 17.1%，贫困人口 1 500 万。荒漠化、草原生态系统的退化会缩小牧民的放牧范围，吞噬其生计来源，甚至使其被迫迁移，引发牧民贫困，影响社会的稳定，进而影响国家安全（盖志毅等，2006）。气候变化会加剧当地农牧民生计的脆弱性，增加其生产生活成本（Wang *et al.*, 2019）。内蒙古自治区的达尔罕茂明安联合旗，20 世纪 60 年代还是优良牧场，到 2007 年底全旗天然草原退化、沙化、盐渍化面积高达 85%，绝大部分草场已不具备载畜能力。草原生态系统的退化严重削弱了达茂旗经济发展的自然基础，也进一步恶化了当地居民的生存条件，人、草、畜矛盾日益突出，迫切需要调整人口和经济布局，截至 2014 年底，已有 2 065 人完成了生态移民搬迁（毕力格等，2016）。

（三）气候变化与边境安全和周边关系

气候变化对草原资源的影响，会直接或间接地影响到中国边境安全以及周边关系发展。西藏、新疆、内蒙古和甘肃等四省区境内的国境线，大部分位于地理位置边远的草原牧区。牧区边境线占新疆境内国境线的 98%，占内

蒙古境内国境线的78%，占西藏境内国境线的68%，甘肃境内的国境线全部位于肃北蒙古族自治县。牧区边境线总计达（约）1.15万千米，约占全国陆地边境线总长度的52%。西部四省区的边境牧区连接着印度、尼泊尔、不丹、克什米尔地区、巴基斯坦、阿富汗、塔吉克斯坦、吉尔吉斯斯坦、哈萨克斯坦、俄罗斯和蒙古国等11个国家与地区，它们不仅是参加“一带一路”倡议的沿线国家，也是连接南亚、中亚、中东、欧洲之间重要的陆路通道。边境牧区，既是关系国家领土主权和国防安全的前沿区域，又是少数民族牧业人口聚居区和典型的欠发达地区。在维护国家领土完整、维持西部边疆政治社会稳定、缩小区域差距与反对民族分裂主义等关乎国家治理体系的领域，边境牧区均有着不容忽视的重要地位（高永久等，2020）。草原生态系统是跨越国界的，因此其退化会影响中国的国家安全。某些西方国家的政府、智库和学者认为，中国的生态环境问题对地区和国际安全具有重要影响，甚至构成了威胁，成为西方近年流行的“中国威胁论”的又一新说。中国草原生态系统退化已经超出了边境线，对周边国家甚至更远的国家造成负面影响，如草原生态系统退化是导致土地沙化的重要原因，而沙漠化的后果会波及周边等其他国家（盖志毅等，2006）。

参考文献

Basist, A., C. Williams. 2020. Monitoring the Quantity of Water Flowing Through the Upper Mekong Basin Under Natural (Unimpeded) Conditions. Sustainable Infrastructure Partnership, Bangkok. www. mekongwater.org/reports, April 10.

Che, Y. J., M. Zhang, Z. Li, *et al*. 2018. Quantitative Evaluation of Galcier Change and Its Response to Climate Change in the Chinese Tien Shan. *Cold Regions Science and Technology*, 153.

Chen, A. F., B. He, H. Wang, *et al*. 2015. Notable Shifting in the Responses of Vegetation Activity to Climate Change in China. *Physics and Chemistry of the Earth*, 87-88.

Chen, J. X., J. Xia, C. Zhao, *et al*. 2014. The Mechanism and Scenarios of How Mean Annual Runoff Varies with Climate Change in Asian Monsoon Areas. *Journal of Hydrology*, 517.

Eyler, B. 2020. Sciences Shows Chinese Dams Are Devastating the Mekong. Foreign Affair. https://foreignpolicy.com/2020/04/22/science-shows-chinese-dams-devastating-mekong-river/, April 23.

Eyler, B., C. Weatherby. 2020. How China Turned Off the Tap on the Mekong River. The Stimson Center. https://www.stimson.org/2020/new-evidence-how-china-turned-off-the-mekong-tap/, April 13.

Guo, E. L., J. Zhang, Y. Wang, *et al*. 2019. Spatiotemporal Variations of Extreme Climate Events in Northeast China During 1960-2014. *Ecological Indicators*, 96.

Guo, J. H., G. Huang, X. Wang, *et al*. 2018. Future Changes in Precipitation Extremes over China Projected by a Regional Climate Model Ensemble. *Atmospheric Environment*, 188.

Han, Z. Y., D. Long, Y. Fang, *et al*. Impacts of Climate Change and Human Activities on the Flow Regime of the Demand Lancang River in Southwest China. *Journal of Hydrology*, 570.

Huang, X. R., J. Zhao, W. Li, *et al*. 2014. Impact of Climatic Change on Streamflow in the Upper Reaches of the Minjiang River, China. *Hydrological Sciences Journal*, 59(1).

IPCC. Climate Change 2014: Impacts, Adaptation, and Vulnerability: Working Group Ⅱ Contribution to the IPCC Fifth Assessment Report. http://www.ipcc.ch/report/ar5/wg2/.

Kundzewicz, Z. W., S. Kanae, S. I. Seneviratne, *et al*. 2014. Flood Risk and Climate Change: Global and Regional Perspectives. *Hydrological Sciences Journal*, 59(1).

Liu, S. Y., X. Yao, W. Guo. 2015. The Contemporary Glaciers in China Based on the Second Chinese Glacier Inventory. *Acta Geographica Sinica*, 70(1).

Liu, X. W., Z. Xu, W. Liu, *et al*., 2019. Responses of Hydrological Processes to Climate Change in the Yarlung Zangbo River Basin. *Hydrological Sciences Journal*, 64(16).

Luo, M., T. Liu, F. Meng, *et al*. 2019. Identifying Climate Change Impacts on Water Resources in Xinjiang China. *Sciences of the Total Environment*, 676.

Mo, X. G., S. Hu, Z. Lin, *et al*. 2017. Impacts of Climate Change on Agricultural Water Resources and Adaptation on the North China Plain. *Advances in Climate Change Research*, 8(2).

Mische, P. M. Assuring Ecological Security for the 21st Century—How Can the UN's Role Be Strengthened? http://www.globaleduc.org/ecologic.htm.

Qu, S., L. Wang, A. Lin, *et al*. 2020. Distinguishing the Impacts of Climate Change and Anthropogenic Factors on Vegetation Dynamics in the Yangtze River Basin, China.

Ecological Indicators, 108.

Sun, C. J., Y. Chen, W. Li, *et al.* 2016. Isotopic Time Series Partitioning of Steamflow Components under Regional Climate Change in the Urumqi River, Northwest China. *Hydrological Sciences Journal*, 61(8).

Sun, H. M., A. Wang, J. Zhai, *et al.* 2018. Impacts of Global Warming of 1.5 °C and 2.0 °C on Precipitation Patterns in China by Regional Climate Model (COSMO-CLM). *Atmospheric Research*, 203.

Wan, J., C. Wang, H. Qu, *et al.* 2018. Vulnerability of Forest Vegetation to Anthropogenic Climate Change in China. *Science of the Total Environment*, 621.

Wang, P., J. Yan, X. Hua, *et al.* 2019. Determinants of Livelihood Choice and Implication for Targeted Poverty Reduction Policies: A Case Study in the YNL River Region, Tibetan Plateau. *Ecological Indicators*, 101.

Wang, X. H., B. Wang, X. Xu. Effects of Large-Scale Climate Anomalies on Trends in Seasonal Precipitation over the Loess Plateau of China from 1961 to 2016. *Ecological Indicator*, 107.

Wirsing, R. G., D. C. Stoll, C. Jasparro. 2012. *International Conflict over Water Resources in Himalayan Asia*. Palgrave Macmillan.

Xia, J., S. Zeng, H. Du, *et al.* 2019. Quantifying the Effects of Climate Change and Human Activities on Runoff in the Water Source Area of Beijing, China. *Hydrological Sciences Journal*, 59(10).

Xu, Y., W. Jie, S. Ying, *et al.* 2015. Change in Extreme Climate Events over China Based on CMIP5. *Atmospheric and Oceanic Sciences Letters*, 8(4).

Yuan, Z., D. Yan, Z. Yang, *et al.* 2017. Projection of Surface Water Resources in the Context of Climate Change in Typical Regions of China. *Hydrological Sciences Journal*, 62(2).

Zhang, C. X., X. Wang, J. Li, *et al.* Identifying the Effect of Climate Change on Desertification in Northern China via Trend Analysis of Potential Evapotranspiration and Precipitation. *Ecological Indicators*, 112.

Zhang, P., J. Ye, G. Pan, *et al.* 2014. A Study on the Flood Risk Influenced by Climate Changes in the Lixiahe Region, China. *Desalination and Water Treatment*, 52(13-15).

Zhao, H. Y., J. Guo, C. Zhang, *et al.* 2014. Climate Change Impacts and Adaptation Strategies in Northwest China. *Advances in Climate Change Research*, 5(1).

Zhou, H. H., Y. Chen, L. Perry, *et al.* 2015. Implications of Climate Change for Water Management of an Arid Inland Lake in Northwest China. *Lake and Reservoir Management*, 31(3).

Zuo, D. P., Z. Xu, J. Zhao, *et al*. 2015. Response of Runoff to Climate Change in the Wei River Basin, China. *Hydrological Sciences Journal*, 60(3).

阿荣、毕其格、董振华："基于 MODIS/NDVI 的锡林郭勒草原植被变化及其归因"，《资源科学》，2019 年第 7 期。

鲍振鑫、张建云、严小林等："海河流域 60 年降水量的变化及未来情景分析"，《水利水运工程学报》，2014 年第 5 期。

毕力格、杜淑芳："内蒙古人口迁移对草原畜牧业及生态环境变迁的影响研究"，《前沿》，2016 年第 9 期。

曹艳萍、庞营军、庞肖杰："1956—2017 年锡林郭勒盟气候变化特征"，《干旱地区农业研究》，2019 年第 4 期。

陈星、周成虎："生态安全：国内外研究综述"，《地理科学进展》，2005 年第 6 期。

陈亚宁："气候变化对西北干旱区水循环影响机理与水资源安全研究"，《中国基础科学》，2015 年第 2 期。

房永生："中国极端强降水的时空特征及未来预估"（硕士论文），中国海洋大学，2014 年。

高继卿、杨晓光、董朝阳等："气候变化背景下中国北方干湿区降水资源变化特征分析"，《农业工程学报》，2015 年第 12 期。

高永久、邓艾："我国西部边境牧区地缘政治和社会治理分析"，《南开学报（哲学社会科学版）》，2020 年第 3 期。

盖志毅、包庆丰、杨志勇："草原生态系统可持续发展与国家安全"，《北方经济》，2006 年第 2 期。

郭靖、玉苏普江・艾麦提、张东亚等："新疆森林资源动态及应对气候变化对策"，《安徽农业科学》，2015 年第 33 期。

国家林业和草原局："2018 年全国林业与草原发展统计公报"，http://www.forestry.gov.cn/html/main/main_195/20190614150443122346063/file/20190614154955926393514.pdf，2019 年 6 月 21 日。

韩兰英、张强、贾建英："气候变暖背景下中国干旱强度、频次和持续时间及其南北差异性"，《中国沙漠》，2019 年第 5 期。

怀保娟、李忠勤、孙美平："近 40a 来天山台兰河流域冰川资源变化分析"，《地理科学》，2014 年第 2 期。

冀琴、杨太保、李霞："念青唐古拉山东段八盖乡地区近 40 年冰川与气候变化研究"，《水土保持研究》，2014 年第 2 期。

冀琴、杨太保、田洪阵等："念青唐古拉山西段近 40 年冰川与气候变化研究"，《干旱区资源与环境》，2014 年第 7 期。

金君良、何健、贺瑞敏等："气候变化对淮河流域水资源及极端洪水事件的影响"，《地理科学》，2017 年第 8 期。

金君良、王国庆、刘翠善等：“气候变化下海河流域未来水资源演变趋势”，《华北水利水电大学学报（自然科学版）》，2016 年第 5 期。

金磊：“近 25 年鄂温克草原气候生态环境分析”，《北方农业学报》，2016 年第 6 期。

李彬权、梁忠民、周伟等：“西藏雅砻河流域气候变化与冰川萎缩特征分析”，《人民珠江》，2017 年第 1 期。

李峰平：“变化环境下松花江流域水文与水资源响应研究”（博士论文），中国科学院研究生院东北地理与农业生态研究所，2015 年。

李怒云：“林业应对气候变化与碳汇交易”，《国土绿化》，2017 年第 1 期。

李柔珂、李耀辉、徐影：“未来中国地区暴雨洪涝灾害风险预估”，《干旱气象》，2018 年第 3 期。

李兴华、刘秀荣、曹艳芳：“气候变化对内蒙古草地牧草长势影响研究”，《第 30 届中国气象学会年会（论文集）》，2014 年。

李志斐：“气候变化对青藏高原水资源安全的影响性分析”，《国际安全研究》，2018 年第 3 期。

梁艳、干珠扎布、张伟娜等：“气候变化对中国草原生态系统影响研究综述”，《中国农业科技导报》，2014 年第 2 期。

刘丽杰、尹航、金慧等：“长白山森林植被资源对气候变化的响应分析”，《南方农业》，2019 年第 9 期。

陆文秀、刘丙军、陈俊凡等：“近 50a 来珠江流域降水变化趋势分析”，《自然资源学报》，2014 年第 1 期。

罗瑞敏、郭梁、程积民：“近 20 a 云雾山草地生产力对气候变化的响应”，《干旱区研究》，2018 年第 1 期。

牛生明、李忠勤、怀保娟：“近 50 年来天山博格达峰地区冰川变化分析”，《干旱区资源和环境》，2014 年第 9 期。

秦鹏程、刘敏、杜良敏：“气候变化对长江上游径流影响评估”，《气候变化研究进展》，2019 年第 4 期。

曲格平：“关注生态安全之一：生态环境问题已经成为国家安全的热门话题”，《环境保护》，2002 年第 5 期。

茹克亚・萨吾提、阿斯娅・曼力克、李虎等：“基于遥感与 GIS 的乌鲁木齐山地草地生态服务价值变化评估研究”，《生态学报》，2020 年第 2 期。

萨茹拉、丁勇、侯向阳：“北方草原区气候变化影响与适应”，《中国草地学报》，2018 年第 2 期。

覃卫坚、李栋梁：“近 50 a 来广西各级降水气候变化特征分析”，《自然资源学报》，2014 年第 4 期。
孙明轩、王岩、徐蕊等：“应对气候变化导向下的林业碳汇市场研究”，《中国林业经济》，2017 年第 3 期。
王敏、冯相昭、吴良等：“气候变化背景下典型草原自然保护区生态系统服务价值评估”，《中国沙漠》，2015 年第 6 期。
王炎强、赵军、李忠勤等：“1977～2017 年萨吾尔山冰川变化及其对气候变化的响应”，《自然资源学报》，2019 年第 4 期。
王莺、李耀辉、孙旭映：“气候变化对黄河源区生态环境的影响”，《草业科学》，2015 年第 4 期。
夏婷、张木梓、王伶俐：“事实岂可罔顾，旱情之过孰非？关于澜沧江水电开发对 2019 年湄公河下游干旱影响的分析”，东亚峰会清洁能源论坛，2020 年 5 月 29 日。
相守贵、张成毅、李生辰等：“柴达木盆地 1966～2015 年气候变化及降水特点分析”，《青海环境》，2018 年第 2 期。
徐雨晴、周波涛、於琍等：“气候变化背景下中国未来森林生态系统服务价值的时空特征”，《生态学报》，2018 年第 6 期。
晏寒冰、彭丽潭、唐旭清：“基于气候变化的东北地区森林树种分布预测建模与影响分析”，《林业科学》，2014 年第 5 期。
张家臻：“我国边境牧区生态安全与可持续发展”，《前线》，2020 年第 4 期。
张建龙：“发展林业是应对气候变化的战略选择”，《行政管理改革》，2017 年第 12 期。
张钦、唐海萍、崔凤琪等：“基于标准化降水蒸散指数的呼伦贝尔草原干旱变化特征及趋势分析”，《生态学报》，2019 年第 19 期。
张清杉、贺延梅：“全球气候变化对森林生态系统的影响及对策”，《黑龙江农业科学》，2016 年第 2 期。
张钊、陈宝瑞、辛晓平：“1960～2015 年呼伦贝尔草原气温和降水格局变化特征”，《中国农业资源与区划》，2018 年第 12 期。
章开美、李丽平、项连东等：“华南前汛期极端降水气候变化特征及其与太平洋海温相关关系研究”，《气象与减灾研究》，2015 年第 1 期。
赵刚、杨太保、田洪阵：“1990～2011 年南天山地区冰川面积变化对气候的响应”，《水土保持研究》，2014 年第 21 期。
赵静：“气候变化对林业行动的影响分析”，《农业研究》，2017 年第 7 期。
赵晓英：“锡林郭勒草原退化和干旱原因解析”，《农业灾害研究》，2018 年第 4 期。
郑国光、宋连春、高荣等：“中国降水资源概况与水安全战略”，载王伟光等编著：《气候变化绿皮书：应对气候变化报告（2014）》，社科文献出版社，2014 年。

中华人民共和国水利部："2018 年中国水资源公报"，http://mwr.gov.cn/sj/tjgb/szygb/201907/t20190712_1349118.html，2019 年 7 月 12 日。

周训芳："林业应对气候变化视域下的公众参与制度设计"，《中南林业科技大学学报》（社会科学版），2015 年第 3 期。

周祖昊、韩宁、蔡静雅等："祁连山区冰川演变特征及对气候变化的响应"，《冰川冻土》，2017 年第 6 期。

第七章　中国周边区域气候安全纽带风险和治理研究

本章评估中国周边地区的气候安全，本章的主要结论如下：

第一，气候变化安全远非单纯的非传统安全问题，它与经济、生态、资源、能源等其他问题紧密相连、相互作用。

第二，在气候变化影响下，全球在水、能源和粮食之间形成了一种彼此影响、相互制约并极具敏感性和脆弱性的安全纽带。气候变化将影响“一带一路”沿线地区特别是中国周边地区的发展和稳定。

第三，在中国周边，南亚地区水、能源和粮食问题突出，跨境水冲突频发，印度能源对煤炭依赖严重。整个区域在能源—粮食—水之间的安全纽带互动中具有极强的安全敏感性和脆弱性。加快能源转型和应对气候变化成为治理关键。

第四，东南亚气候变化下的安全纽带包括洪涝等极端灾害频发、土地盐碱化、水电—粮食开发冲突等，将气候变化下的安全纽带纳入澜湄等合作机制、区域发展机制是治理发展关键。

第五，中亚因气候变化导致粮食减产，能源开发与水资源冲突等安全问题突出，需要加强地区政治合作。

第六，中国国家安全建设需要防范气候风险转化成周边经济、政治和社会风险，与周边国家通过气候外交，促进区域气候合作和可持续发展是建设中国周边气候安全的关键。

气候安全使全球成为一个相互影响与依存的命运共同体，也通过水、能源和粮食使全球多个地区形成了一种彼此影响、制约并极具敏感性和脆弱性的安全纽带。政府间气候变化专门委员会第五次评估报告、第三次《美国气候变化国家评估报告》和美国国家情报委员会《全球趋势 2030》均指出，水资源—能源—粮食关系影响人类基本安全和生存条件，全球气候变化增加了水、能源和粮食三要素互动关系的不确定性，导致全球水资源—能源—粮食生态系统更加脆弱（IPCC，2014；NCA，2014；NIC，2012）。有别于传统环境安全仅强调环境资源和国际冲突间的因果关系，气候变化安全纽带研究则关注水、能源、粮食安全议题间的多重因果联系，其中水资源安全在纽带中扮演了中心角色。欧盟认为水、能源和土地是关系人类福祉与发展最为重要的因素，而跨大西洋学会（Transatlantic Academy）将土地、能源、粮食、水和矿物质视为关涉人类安全最为重要的资源（UNESCAP，2013）。水、能源与粮食作为人类生存与发展最为根本的因素，三者之间具有一种彼此影响与制约，并且极具敏感性和脆弱性的安全纽带关系，以水资源—能源—粮食为核心的安全纽带理论正是基于此而产生。

中国是世界上周边邻国众多、地缘环境复杂的国家之一，自中共十八大以来，习近平总书记多次强调，无论从地理方位、自然环境还是相互关系看，周边区域对中国都具有极为重要的战略意义。从中国周边区域气候安全纽带风险和治理研究对中国国家安全的意义来看，首先，从国家安全建设角度需要防范气候风险转化成经济、政治和社会风险；中国周边的气候安全纽带公共物品供给不足，存在水资源、能源以及粮食安全冲突升级的风险。其次，中国周边区域面对大国对亚太地区干预，已经逐渐认识到人类命运共同体建设的重要性，希望加强邻国共同治理抵御国际政治与经济的风险，使得协同安全走向必然。最后，区域气候安全纽带治理成为国际社会治理方式的重要路径，中国和周边国家共同建设气候安全公共物品以便支撑中国周边安全发展的战略空间，夯实亚太可持续增长的重要引擎（于宏源，2018、2020）。

周边区域和中国都是应对全球气候变化的重要利益攸关方。在东南亚地区，脆弱的生态环境与初级经济发展特征导致了该地区极强的环境安全敏感性和脆弱性。在中亚，资源分布不均衡与脆弱的生态系统导致了地区发展合作矛盾重重，甚至加剧了国家间传统地缘政治冲突。在中国和周边关系上，气候安全与经济、资源、能源等其他问题紧密相连并相互影响，气候变化日益引发了种种直接威胁，并催生了一系列间接和彼此关联的安全问题。本章认为气候安全远非单纯的非传统安全问题，它与经济、生态、资源、能源等其他问题紧密相连，相互影响、相互作用。在本章研究的中国的周边地区，气候变化是重要的非传统安全，它给人类生活和健康带来严重灾难已成为科学共识。本章仅综述列举气候变化与安全冲突之间存在的直接或间接因果机制，并非证明这些潜在因素导致冲突的必然性。在气候变化大背景下，确保周边区域的和平、稳定与可持续发展对于中国具有重要的战略意义。中国应积极参与周边区域应对气候变化国际合作，推动重视区域气候变化下的水资源—粮食—能源安全纽带研究。中国参与和引领周边区域气候安全治理具有必要性和可行性，需要谨慎谋划区域气候变化治理路径并建设综合系统、跨部门和跨学科的区域气候安全研究模式。

第一节　基本概念与评估内容

一、基本概念

2002 年南非约翰内斯堡世界可持续发展首脑会议提出“水—能源—健康—粮食—生物多样性”（Water, Energy, Health, Agriculture and Biodiversity,

WEHAB）纽带理念，强调全球资源的相互管理和系统管理，自此以后越来越多的研究机构和政策智库开始关注水、能源、粮食等不同资源要素之间的协同纽带关系（Nexus）问题，三者关系特征可归纳为三个方面：

首先，任一因素的恶化都会对其他领域产生传导效应。斯德哥尔摩环境所（Stockholm Environment Institute，SEI）的研究表明，能源生产离不开水，水的开采和运输将会耗费大量的能源，水资源的匮乏将导致全球粮食产量下降，而粮食安全和生物燃料生产处于竞争态势，粮食安全与能源安全关系日益密切，水资源匮乏将成为水—粮食—能源协同纽带关系的核心问题。政府间气候变化专门委员会第五次评估报告、第三次《美国气候变化国家评估报告》和美国国家情报委员会《全球趋势 2030》均指出，能源—粮食—水的关系影响人类基本安全和生存条件，全球气候变化增加了水、能源和粮食三要素互动关系的不确定性，导致全球能源—粮食—水生态系统更加脆弱。

其次，气候、水、粮食和能源的纽带关系意味着一个部门无法单独应对这些挑战。一个领域的问题对另一个领域具有直接影响，所以需要对因果关系进行综合分析，对相关利益交换有全面理解以及有跨越部门的协调措施。布罗姆维奇（Brendan Bromwich）等将达尔富尔地区的“能源—粮食—水”协同关系和内战及人道主义行动相结合，指出冲突的解决和水资源—粮食—能源协同关系的安排都需要与自然资源治理方式进行协调。

最后，水资源、能源和粮食的纽带关系通常同国内层面的政治经济与收益分配结构紧密相关，由此构成协同关系的国际国内双重博弈格局。斯瓦图克（Swatuk）、卡什（Cash）和斯皮德（Speed）等认为水、能源和粮食相互影响，其关系具有一定脆弱性，而三者关系实质上是全球治理和国内治理互动的问题。除了水、能源以及粮食相互之间的关联性之外，更重要的是通过相互传导和彼此影响，呈现出整体性、传导性的安全特征。国内水、能源与粮食的协同纽带关系往往与经济政治或者收益分配密切相关，进而影响国际互动进程，构成国际国内双重安全博弈格局。

安全纽带要素论是指水、能源、粮食三要素之间因果关系的缠结现象，分为双双关联和整体关联两个方面。

就双双关联而言，首先，是水—粮食互动关系。索尔（Sowers，2011）等分析了在水资源稀缺的中东和北非地区，粮食和水安全的政治经济学意义，该研究利用虚拟水贸易的视角来测定在过去的三十年中，当地的经济如何满足其日益上升的粮食—水需求，探索在中东和北非地区的干旱或半干旱国家中水、粮食安全和贸易之间的关系。该地区国家应对由水资源短缺引起的粮食挑战的能力也是参差不齐的，一系列的社会经济问题和环境问题组合在一起，有可能给原本已经十分紧张的水资源带来更多的负担，这也要求推动水资源管理可持续化。杜霍夫内（Dukhovny，2008）和斯图丽娜（Stulina，2008）研究了中亚地区的水和粮食安全，认为粮食可利用性取决于土地、水和投资；水政策框架包括水资源政策、灌溉的发展和支持、在政府和公共私人部门之间进行的供水和灌溉网络的分配责任、水资源保存、水资源稳定性、开垦工作的支持和责任等。邓克尔曼（Dunkelman）、克尔（Kerr）和斯瓦图（Swatuk）对东非地区的粮食和营养安全进行了分析。他们指出，粮食安全必须超越产量问题而转向对营养的分析和强调。如果营养成为重点，那么所谓的粮食生产本地化采水做法可能会复兴，这将同时促进粮食和水安全。其次，是水—能源互动关系，经合组织（Organisation for Economic Co-operation and Development，OECD）于 2015 年 6 月 4 日在经合组织部长级会议上通过了《经合组织水治理原则》报告。该报告指出，水治理政策是复杂的，健康、环境、农业、能源、空间规划、区域发展和减贫等对发展至关重要的领域都与水关系紧密。要提高水治理的有效性，需要采取诸多措施，鼓励通过实施有效的行业间协调，特别是水、环境、卫生、能源、农业、工业、空间规划和土地使用之间的协调，实现政策的连贯性。汉隆等（Hanlon *et al.*，2013）定义的能源系统包括发电、运输和分配电力所需的操作，以及必须采取生产和分配运输和工业满足燃料所需的步骤。全球各国的煤电厂、煤电联动生产和热电厂等需要大量的水来去除多余的热量。欧洲学者将投入产出分析（Input-Output Analysis，IOA）与生态网络分析（Ecological Network Analysis，ENA）相结合，分析了国际能源贸易中所体现的能源—水关系（Granit *et al.*, 2012）。

就“能源—粮食—水”整体传导性安全观研究而言，安全纽带各要素之间的多向互动模式成为众多学者研究的共同点。在波恩 2011 年水—能源—粮食资源安全纽带关系会议上，“水、能源和粮食资源安全纽带”（water，energy，and food security nexus）一词在国际上，特别是在学术、政治和商业领域得到推广。世界经济论坛强调“水—粮食—贸易”次纽带和“能源—气候变化”次纽带，并尝试将这两个次纽带融合成一个大纽带。在沙特阿拉伯阿卜杜拉国王石油研究中心和新加坡国立大学李光耀公共政策学院组织的一次关于“中东和亚洲国际关系中的能源—粮食—水关系面临的新问题”的研讨会中，21 位专家围绕四大主题（为农业调动水和能源、资助水和能源基础设施、水和能源的跨界管理以及世界经济论坛在中东和亚洲的关系所面临的新问题）共同探讨了中东和亚洲能源—粮食—水关系所面临的挑战和问题。2011 年，斯德哥尔摩环境研究所发布了一份关于“安全纽带关系”的报告，报告认为，水、能源和粮食安全可以通过关联来实现——这是一种将领域管理和跨部门治理协同的方法。鉴于不同部门之间以及时空之间的相互关系越来越紧密，经济、社会和环境负面影响的减少可以提高整体资源利用效率，提供额外收益并确保水和食物的基本人权。李（Lee，2016）指出，气候、水、粮食和能源的相互关联性意味着一个部门无法单独应对这些挑战。一个领域的问题对另一个领域具有直接影响，所以需要综合分析因果关系，全面理解相关利益交换，以及提出跨越部门的协调措施。我们应该加强系统的适应能力并提高我们的预测能力。

二、评估内容

能源—粮食—水的三位一体关联已成为研究的一个流行框架，旨在探索这三个资源领域之间的相互作用和相互依赖性。正是由于资源要素间的传导性与联系性，评估气候变化对水、能源、粮食的影响不再是单独的影响与被影响的单向关系，而应该是多领域共同参与的综合评估。

气候变化对各地能源、粮食、水资源要素在不同地区具有不同的影响，地缘是理解能源—粮食—水协同治理的重要视角。对能源、粮食、水的“抢夺”成为各国传统和非传统安全战略的重要布局，水、能源以及粮食对地缘政治稳定与发展产生了重要影响，所以除了三个要素内部关系外，应该关注安全纽带导致的地缘政治特点。

总体来看，以地缘为基础的安全纽带的风险评估内容应该包括以下内容：该地区总体气候安全风险；气候变化对安全纽带各要素的传导性评估体现；每个地区独特的气候变化—安全纽带风险体现，及其是否成为地缘政治的重要内容，并对国际关系的重要影响。

第二节　气候变化下安全纽带视阈下的周边气候安全

一、气候安全与安全纽带联系性

气候安全远非单纯的非传统安全，它与经济、生态、资源、能源等其他问题紧密相连，相互影响、相互作用。气候安全与环境安全概念紧密联系（Levy，1995）。达博科（Dabelko，2016）指出，环境安全是作为一个跨国性概念而出现的，其核心是强调主要由人为因素导致的环境恶化和耗竭对个体、团体、社会、国家、自然生态系统和国际体系的安全构成了根本威胁。张海滨（2008）认为，从狭义的角度来理解环境安全的威胁，主要指人为造成的环境变化，即环境污染、生态破坏和资源耗竭（包括环境恶化、资源稀缺两方面）。霍默-狄克逊（Homer-Dixon，1991）研究环境恶化与政治冲突的相关性，指出环境恶化、资源短缺已经在世界上的许多地方造成了暴力冲突。乌尔曼（Ullman，1983）认为发展中国家的环境破坏以及随之而来的对资源争夺的加剧和跨国移民的增多可能引发严重冲突。对日益减少的资源，如化石燃料的争夺可能是将来冲突的来源。罗德里格斯（Rodriguez）、德尔加多（Delgado）、索恩（Sohns）重点关注了能源—水系统中的气候变化因素，认为气候变化加强了水和能源之间潜在的联系，增加了对发展的威胁并使人们进一步陷入贫困（Rodriguez *et al.*，2016）。

气候变化和环境安全相比，其作为安全纽带和联系的作用更明显。气候变化推动各国之间的环境安全与资源安全、能源安全联系得更加紧密，而温室气体减排压力与经济发展间的相互制约又进一步加强了环境、资源、安全与发展之间的联动性（于宏源，2019b、2019c、2019d）。气候变化安全治理的范式逐渐从各部门间相对割裂的模式转变为一种综合系统的，跨部门、跨学科的纽带式的模式（Drechsel *et al.*，2016）。气候变化下的安全纽带思维主要起源于整体资源的日渐稀缺加强了资源间的相互关联性，近些年来全球范围内爆发的资源供给危机，以及对于以部门为主导的资源管理模式的质疑这三个方面。其中最为重要的是能源—粮食—水之间存在显著的相互依存关系（于宏源，2019）。

由于气候变化是地球生态系统的整体变化，其与生态系统各个组成部分都必然产生联系。2011 年，斯德哥尔摩环境研究所发布了一份题为《气候变化的安全纽带关系》的报告，认为水、能源和粮食安全可以通过联系来实现——这是一种将领域管理和跨部门治理协同的方法（SEI，2011）。随着气候变化趋势加剧，各种安全议题之间的相互联系，特别是水、能源和粮食安全三者之间形成了一种彼此影响、彼此制约并极具敏感性和脆弱性的生态安全纽带（于宏源，2013、2019）。联合国政府间气候变化专门委员会认为，如果在2030年前不能将温室气体的浓度控制在一定范围之内，全球经济和资源安全会受到损失（IPCC，2007、2014），而英国政府《斯特恩报告》则指出，气候变暖加剧的经济损失将高达全球GDP的5%～10%（Stern，2006）。卡巴莱罗-安东尼（Caballero-Anthony，2012）在著作《亚洲的能源与非传统安全》中提出增加气候变化视角来分析能源安全，强调能源安全的充足供应、可负担性与可持续性。

二、气候—安全纽带影响下的中国周边安全

在气候变化与传统安全治理层面，气候变化容易影响国内政治稳定，诱发跨国或者国内冲突，其中许多严重的冲突也会影响到中国的国家安全。比奇科瓦塔（Bizikovaetal，2017）认为资源、能源和粮食的纽带关系通常同国内层面的政治经济与收益分配结构紧密相关，由此构成协同关系的国际国内双重博弈格局。斯瓦图克（Swatuk）、卡什（Cash）和斯皮德（Speed）等认为，气候变化加剧了水、能源和粮食相互影响，其关系具有一定脆弱性，而三者关系实质上是全球治理和国内治理互动的问题。除了水、能源以及粮食相互之间的联系性之外，更重要的是通过相互传导和彼此影响，呈现出整体性和传导性安全特征（Swatuk *et al.*，2017）。

"一带一路"地区的气候安全和生态环境问题涉及国家之多、人数之广，将成为沿线国家及国际间的重要议题。在关于"一带一路"和全球治理的关系研究中，陈东晓认为当前全球经济治理正面临新旧动能转换及规则竞争加剧等复杂严峻的局面，需要凝聚新共识并激发新的合作动力（许闲，2017）。气候变化背景下，绿色"一带一路"是共建"一带一路"的重点议程之一，

绿色“一带一路”建设就是解决“一带一路”可持续发展“共建共享”问题和建设人类命运共同体的生动写照（于宏源，2018），也对中国战略机遇期和周边安全具有重要影响（郭树勇，2017a；杨剑等，2019）。

在本章研究的中国的周边地区，气候安全是重要的非传统安全。气候变化给人类生活和健康带来严重灾难已成为科学共识。总体上看，气候变化将会带来以下三方面影响，直接影响人类生存环境的安全（Manton *et al.*，2014）。第一，气候变化将导致水资源和领土资源锐减。2019 年 8 月政府间气候变化专门委员会特别报告《气候变化和陆地》（*Climate Change and Land*）指出，气候变化加剧了正在进行的土地退化过程，全球变暖已经引起了土地退化的频率、强度及数量增加（IPCC，2019）。全球变暖将进一步加剧土地退化，并导致洪水和干旱的频率和严重程度增加，以及造成强旋风和海平面上升。海平面上升将侵蚀沿海地区，并且是全球性的。在气旋高发地区，海平面上升和更强的气旋将导致土地退化，严重威胁这些地区人民的生计，这一气候风险具有区域性，包括中国周边的东南亚和中亚。第二，气候变化将导致中国周边地区的粮食安全危机与疫病传播（ADB，2013；于宏源，2019c）。气候变化导致海平面上升，将使沿海地区大量可耕种土地受损。同时受到领土和水资源减少的影响，许多地区将会出现粮食短缺和饥荒。气候变化带来的各种疫病将更广泛地蔓延，气候变暖导致了各种传染病媒介，动物生活空间不断扩大，将引起全球传染病的出现、复活和重新分布（ADB，2013）。第三，气候变化将加剧极端灾害事件，如全球厄尔尼诺现象和洪涝干旱灾害等的发生。由于气候变化在全球范围内是不均衡的，极地气温上升比赤道快，这将导致大气动力发生变化，其中主要表现是厄尔尼诺现象（UNEP GEO，2016）。联合国环境署《全球环境展望：地区评估》报告指出，亚太区域生态环境系统面临着考验，空气污染、水污染、垃圾过度排放、极端天气等将成为该区域的环境压力（UNEP GEO，2016）。根据多个全球气候模式集合预估的结果，21 世纪不同时期，洪涝灾害风险（flood risk）的高值区主要集中在中国周边的中南半岛南部地区、印度群岛南部和菲律宾群岛中南部，这些地区在2026～2035年、2046～2055年、2090～2099年洪涝灾害风险都维持在V级，这些气候变化引发的风险将影响中亚、东南亚国家的发展和稳定，可能导致人口减少、财产损失和经济发展能力减弱等一系列严重后果（SRCCL，2019）。

此外，《美国气候安全评估报告2020》的分析涵盖了主要“一带一路”沿线地区（NSMIP，2020），报告认为，“印度—亚太地区包括东亚、南亚和东南亚国家、太平洋岛屿国家、澳大利亚和新西兰，它们以不同方式经历了目前的暖化水平”。这个地区的巨大多样性、地区内崛起的大国及对全球经济贸易和活动的战略重要性，使确保其稳定成为全球安全的关键。然而，区域地理和气候模式使该地区特别容易受到气候变化的影响，许多国家在目前的变暖水平上面临着高风险或生存风险。粮食生产的主要决定因素是全球耕地、土地和水生产力。在气候变化、农业集约化等影响下，土地生产环境面临巨大的可持续发展问题，应该以跨学科方法进行粮食安全保障研究（Acevedo，2011）。政府间气候变化专门委员会将这个地区确定为水和农业压力、洪水、风暴和疾病的特别危险区。印度—亚太地区拥有确保全球经济和军事稳定的一些最具战略意义的基础设施。这些沿海基础设施在洪水、侵蚀和灾害等气候变化恶果影响下存在风险，可能在不久的将来无法使用。气候灾害带来的民用基础设施的风险也将产生持久的安全后果。如果沿海特大城市的港口和工业中心因极端洪水或风暴潮而关闭，整个世界经济都将面临影响。该地区电网、交通基础设施和农业部门的崩溃将影响全球市场的稳定（IPCC，2014）。《美国气候安全评估报告2020》认为，在气候变化叠加效应下，美国推动的印度—太平洋地区的安全联盟导致围绕海洋资源的竞争日益激烈（NSMIP，2020）。随着各国试图在日益变化的太平洋环境中捍卫自己的航行权利，鱼类种群的迁徙或深海石油勘探可能会在东南亚国家，或美国、俄罗斯和中国等大国之间引发新的冲突。

三、周边地区气候—安全纽带可持续发展绩效

气候变化引发的安全纽带还带来了中国周边的可持续发展绩效挑战[①]。可持续发展行动网络（Sustainable Development Solutions Network，SDSN）在《可持续发展目标指数和指示板报告》（*SDGs Index and Dashboards Report*）中提到气候变化对东南亚带来可持续发展建设的挑战。

根据 SDSN 发布的全球报告，2016～2019 年南亚国家可持续发展目标指数的整体评分尚低，排名位于全球排名的中低位置。根据历年 SDSN 报告可以发现，不丹与斯里兰卡可持续发展水平在南亚区域内较为靠前，而尼泊尔、印度、孟加拉国、巴基斯坦四国可持续发展水平在区域内排名靠后（SDSN，2016、2017、2018、2019）。在全球气候变暖背景下，南亚各国的生态环境、水安全和能源等问题长期面临着异常气候灾害的威胁，因此区域内可持续发

① 随着 2030 年可持续发展目标的确立和发布，联合国可持续发展行动网络（Sustainable Development Solutions Network，SDSN）致力于整合全球技术与政策领域的经验，为国家、区域和全球层面可持续发展目标的落实提供帮助。联合国可持续发展行动网络已经发布了 2016～2018 年的《可持续发展目标指数和指示板报告》（*SDGs Index and Dashboards Report*），报告由包括联合国官员、学术界人士、非营利机构代表在内的 150 多名专家共同研究撰写，旨在帮助各国了解全球范围内可持续发展目标的落实进度和本国在可持续发展目标落实进程中需要优先解决的问题，督促各国在本国范围内尽快出台并执行与可持续发展目标相符的政策，并专业性、综合性和系统性地评估了世界 157 个国家可持续发展目标的落实情况，对这些国家进行可持续发展目标指数（SDGs Index）全球排名，并进行了地区比较。SDSN 是 2012 年在联合国秘书长潘基文（Ban Ki-moon）倡议下建立起的全球网络性组织，其成立初衷是通过联合全球范围内科学和技术领域的专家，为可持续发展进程中存在的潜在问题提出切实可行的解决方案，其中就包括可持续发展目标的设计和落实。随着可持续发展目标的正式确立和发布，该组织目前致力于整合全球技术与政策领域的经验，为区域、国别、全球层面可持续发展目标的落实提供帮助。具体数据参见：*SDGs Index and Dashboards Report*，http://sdgindex.org.。

展长期受气候问题制约。

根据SDSN全球报告2017～2019年的数据，东南亚国家可持续发展目标指数的整体评分较低，排名在全球中后位置，可见气候变化对东南亚国家在完成可持续发展目标方面带来障碍（SDSN，2017、2018、2019）。2019年随着气候变化灾害频发，菲律宾、泰国、越南、印度尼西亚在可持续发展绩效排名略有下降。

在中亚，土库曼斯坦的可持续发展目标指数的得分最低，排名也相对落后。与中国相比，该地区大多数国家在该指数上得分在2016年略高于中国，在2017年高于中国并且幅度拉大，2018年和2019年得分却都略低于中国。近年来在气候变化背景下，SDSN四次报告均认为，中亚气候变化灾害叠加的生态退化情况日益显著，水资源短缺和水质污染、大气污染、固体废弃物污染、土地退化、生物多样性损失等生态环境问题频繁出现，已成为影响中亚国家经济社会发展和地区稳定的风险因素（SDSN，2017、2018、2019）。

第三节　“一带一路”沿线安全纽带气候风险和治理现状

一、“一带一路”沿线安全纽带气候风险现状

气候变化将影响“一带一路”沿线地区，特别是中国周边区域的发展和稳定。全球气候变暖带来的安全纽带问题则将进一步影响“一带一路”沿线地区的水资源、能源、粮食安全，进而导致贫困、人口减少、财产损失和经济发展能力减弱等一系列妨碍地区可持续发展的严重后果。玛德莱（Madeley）和恩道尔（Engdahl）等指出，“一带一路”地区农业分布两极分化。南亚、

东南亚作为传统农业地区，粮食生产在经济结构中一直占据很大比例。相反，中东与非洲地区深受气候影响，农业土壤缺乏，导致粮食需求依靠进口。气候变化大背景下，“一带一路”地区中的中东与中亚成为水—能源—粮食纽带地缘安全研究的集中区域。格里菲斯（Griffiths）提出中东和北非地区正处于生态系统和能源转型时期，并充满不确定性。坎梅特等人（Cammett *et al.*, 2018）所著的《中东的政治经济》（*A Political Economy of the Middle East*）提出中东和北非地区国内粮食需求、水资源分配机制存在危机，并出现区域非传统安全冲突。目前，对于“一带一路”沿线地区地区的水资源—能源—粮食安全现状研究依然以单部门为主。“一带一路”沿线的水资源—能源—粮食协同治理程度不够。虽然水作为三者纽带中心，对能源以及粮食都有重大的影响，但是完全以水为治理中心的模式不利于跨部门合作。协同治理需要打破单纯一个中心治理模式，加强不同部门之间的联系、增强政治互信。

全球变暖导致海平面上升，融化的冰盖和冰川增加的水以及海水变暖时的膨胀则将为21世纪海上丝绸之路的环境安全带来困扰。

二、非洲安全纽带与可持续发展现状

“一带一路”倡议虽然开始于中国与周边区域，但是非洲地区国家同样也是“一带一路”建设带。与世界其他地区相比，非洲整体相对落后，基础设施水平较低，经济结构以依赖型为主，为中国加强在非洲地区水资源—能源—粮食协同发展的引领作用提供了现实基础。目前全世界共有48个最不发达国家，其中非洲国家为33个，协同治理缺乏领导。非洲素有“热带大陆”之称，水资源匮乏，耕地退化严重，且尼罗河灌溉能力持续下降，造成粮食用水紧张。电力供需缺口大、能源结构单一、以生物材质能源为主的能源现状加剧了非洲安全困境。水资源、能源以及粮食作为基本生存要素，对于非洲而言，依然处于生存安全困境阶段。虽然三要素的不平衡也加剧了非洲国防安全、社会安全、经济安全面临的挑战，但是对于该地区的协同治理应该在战略上有先后顺序的调整。联合国 2006 年发布的《非洲的弱点和改进》报告指出，气候变暖给非洲带来的灾害将超过世界其他地区（于宏源，2013）。非洲大陆气温上升速度快于全球平均水平，因此全球变暖对于非洲的影响是毁灭性的。考虑地理环境和发展阶段等因素，非洲地区是对气候变化脆弱性最大的地区，其受到的安全纽带影响也较为突出。

非洲的最不发达国家和小岛屿国家都在气候变化中承受日益严峻的安全威胁。在水资源方面，受降雨量地区分布不均衡影响，非洲有 3/5 的地区属于干旱、半干旱气候区，干燥面积居各大洲之首。气候变化可能严重影响撒哈拉以南非洲的降雨，增加干旱频率，使平均气温升高并威胁清洁水源的获取。在西非，可耕地面积的 65%面临沙漠化的威胁；在东非，气候变暖导致 2011 年“非洲之角”地区的严重干旱。在粮食安全方面，政府间气候变化专门委员会认为，气候变化会导致非洲耕地退化（IPCC，2007）。报告指出，撒哈拉以南非洲大约 40%的国家因为气候变化的影响将面临农业和畜牧业产量严重下降的风险。除非洲本身炎热、干旱的气候特征外，水资源供给和需求的矛盾日益扩大也极大地加剧了非洲缺水的困境。非洲拥有丰富的水资源，但由于缺少资金和应有的设施，目前只有 4%的水资源得到开发利用，非洲的东部地区淡水资源占整个非洲的 4.7%，但该区域人口占整个非洲的 19%。东非水资源也尚未得到最大限度的利用。85%的人口仍不能得到清洁和安全用水。农业生产占撒哈拉以南地区国家 GDP 的 30%，而气候变化加剧了非洲干旱缺水的现状，导致了以灌溉为主的耕地持续退化，非洲的粮食安全受到的威胁愈加严重。由于缺乏基础设施投入，非洲大多数地区依靠降雨来维持农业，农业又严重依赖灌溉，因此极具脆弱性。

第四节　南亚地区安全纽带的气候风险和治理现状

一、南亚地区安全纽带气候风险现状

在气候变化大背景下，南亚生态环境、水和能源等问题长期以来困扰区域发展（Taniguchi *et al.*，2017；Swatuk *et al.*，2018），南亚地区 7.8 亿人缺乏安全饮用水（WHO，2012），大约 13 亿人没有用上电（IEA，2014），且对于南亚绝大多数生活在农村地区的人而言，可耕种土地是他们生活的主要来源。受内外环境制约，南亚经济社会发展整体落后，域内合作水平较低（李燕青，2018）。南亚地区水争议集中在布拉马普特拉河，涉及中国西藏、印度和孟加拉国，流域地区长期交织着经济落后、能源贫困、自然灾害和水资源主权争议等问题（于宏源，2019c）。印度在南亚水问题上大致居于中心，其他国家位于边缘，南亚各国在涉水领域互信不足，政策冲突，矛盾突出（曾祥裕等，2019）。气候变化危机加剧了资源、环境和社会经济问题的相互冲突，影响该地区可持续发展（Bromwich，2015）。奥兹图克（Ozturk，2015）进一步研究探讨了金砖国家（巴西、俄罗斯、印度、中国和南非）与粮食—能源—水关系的长期可持续性相关的生态指标。他认为可持续性问题源于环境库兹涅茨曲线（Environment Kuznets Curve，EKC）假设和生物多样性，需要适当的资源分配以在金砖国家之间提供粮食安全。

二、南亚安全纽带可持续发展现状

南亚安全纽带也和联合国 2020 年可持续发展目标的诸多方面息息相关。“一带一路”沿线国家绿色发展能力结构性短板突出且差异性显著，同时呈现出明显的“俱乐部”空间格局（李师源，2019）。其中南亚区域的水、能源和粮食问题突出。南亚首先在能源自给率上面临着问题。南亚三国能源自给率均非常低，其中印度能源结构依靠煤炭，是世界上主要的温室气体排放国之一（许闲，2017）。除煤炭和民用核电以外，水电对印度来说也是十分重要的。流经南亚的河流很多都是发源于青藏高原，如雅鲁藏布江流入印度以后，再流经孟加拉国入海。

化石燃料一直是印度能源结构中的主要来源，煤炭占主要地位。交通、工业和城市住宅领域对石油和天然气的需求增长最快。印度缺乏足够的国内能源资源，印度 3/4 的石油和近 1/3 的总能源消耗是进口的。这些增加的进口量加大了能源安全风险。埃斯科巴（Escobar *et al.*，2009）等人认为生物燃料的消费增加是不可避免的，国际合作必须建立在有关土地使用、生物燃料生产、环境保护等多重价值选择基础上。由于农村和城市郊区对作为家庭能源的生物燃料的依赖，生物燃料在印度能源系统中占有重要地位。家庭使用生物燃料是室内空气质量差的主要原因，特别是对妇女和儿童的影响大，导致严重的健康问题和死亡。由于基础设施和收入不足，将近 3 亿人（即印度农村人口的 1/3）无电可用。国际可持续发展研究表明，气候变化背景下南亚国家可持续发展相对落后、能源处于短缺状态，导致气候变化叠加灾害更加严峻（SDSN，2019）。

可持续发展行动网络的报告指出，南亚能源自给率长期不足（SDSN，2019），同时水资源的合作开发争议频繁，另外对于传统化石燃料具有高度依赖等因素都限制了南亚国家发展，导致气候变化叠加灾害更加严峻。在南亚地区，环境安全纽带风险已日益凸显。南亚脆弱的生态、尚不完善的经济结构以及人口特征都决定了该地区在水—能源—粮食之间的安全纽带互动过程中具有极强的安全敏感性和脆弱性。

第五节　东南亚地区安全纽带气候风险和治理现状

一、东南亚地区安全纽带气候风险治理的紧迫性

在气候变化背景下的东南亚区域，环境安全纽带的重要性已日益凸显。季玲（2016）认为，东南亚是世界上气候变化风险极高的地区之一。佩奇（Pech，2013）认为湄公河地区是极易受到气候变化负面影响的地区。气候变化导致湄公河区域水资源面临很大的安全隐患，加上近些年来的水电项目建设，加剧了水、能源，以及以大米、鱼类为主的粮食之间的安全传导性。2015 年 12 月，德国观察（German Watch）发布了《全球气候风险指数 2016》（*Global Climate Risk Index 2016*），指出在 1995～2014 年的 20 年间，受气候变化影响最大的 10 个国家中包括了湄公河流域的缅甸、越南和泰国，气候变化的趋势已不可逆转，影响将继续存在并可能恶化（Kreft *et al.*，2015）。湄公河委员会预测的结果为，至 2030 年，湄公河地区的平均温度将上升 0.8 摄氏度，与此同时，年降水量将增加 200 毫米（MRC，2017）。亚洲开发银行也指出，湄公河流域各国面临着不同程度的粮食安全和水资源安全问题（ADB，2013）。安全纽带视角为湄公河区域的安全治理提出了一个更广的治理框架，不仅强调安全议题间的连带性，而且注重政治、经济与社会手段的结合。因此重新设计的安全纽带治理框架，对于解决水、粮食和能源的安全纽带至关重要。为此，需要从战略上认识到三个议题间安全共生共存的特性（于宏源，2013）。

有大量研究证明气候变化对于该区域的安全具有某种程度的威胁（ADB，2016）。气温的上升将产生两方面影响：其一，湄公河三角洲地带海平面上升。近些年来有研究表明，至 2050 年该地带海平面至少将上涨 0.3 米，而到 2100 年，涨幅或将达 2 米。如果应对不当，湄公河三角洲大部分区域将被海水淹

没（WWF，2016），这将对该地区造成超过15%的GDP损失，超过2 000万人口将被迫转移，粮食减产25%（WWF，2016）。其二，海水入侵和海岸线侵蚀的现象也将加重，三角洲的淡水水质将恶化、耕地盐碱化将加剧。

二、东南亚地区安全纽带治理现状

东南亚地区电力消耗的快速增长将导致未来几十年温室气体排放量剧增。在应对气候变化的全球行动中该地区能源—气候的关联是重要问题（Huber，2015）。湄公河区域的经济社会发展目标将加剧对于电力资源的需求，目前电力供给与需求间存在巨大赤字，湄公河下游的缺电现象尤为严重。世界自然基金会报告开展该区域气候变化和水电的关联性研究，指出从能源和水的相互影响角度来看，湄公河水资源状况恶化和水电发展之间的矛盾加剧。

不少学者认为澜湄区域需要一个全流域性的宏观规划，否则流域内生态相关的各种产业将面临严重挑战；同时一些研究者也积极探索是否存在可控的治理模式，以减缓对澜湄区域生态造成的人为损害（Cogels，2014；Ho，2014）。世界银行报告指出湄公河流域国家共同面临着城市化、产业升级、减贫等多重发展任务，因此也将面临着气候变化与节能减排和经济发展与环境资源治理的双重制约。2019年度SDSN全球报告《可持续发展目标指数和指示板》进一步显示，东南亚国家作为全球应对气候变化的积极参与者，在涉及全球气候变化、生态环境等因素的相关发展目标的改善方面进展仍不容乐观，换言之，这也意味着东南亚国家普遍面临着环境与发展之间的张力与冲突（SDSN，2019）。东南亚国家一方面需要将2030可持续发展目标融入自身的发展战略之中，另一方面也亟待国际社会援助东南亚多数国家的气候变化适应能力建设。另外，湄公河区域还是最易受气候变化影响的地区，湄公河流域国家面临着不同程度的粮食和水安全问题，而湄公河流域各国间日益增强的互联互通性又决定了安全之间的传导性有所加强（World Bank，2015）。

第六节　中亚地区安全纽带气候风险和治理现状评估

一、中亚地区气候安全问题的纽带传导性

中亚是一个内陆地区，气候形态多样，从干旱的沙漠到降雨量大的山脉，地区内国家间和国家内部气候差异明显。中亚是受气候变化影响最为严重的地区之一，《联合国气候变化框架公约》（*United Nations Framework Convention on Climate Change*，UNFCCC）秘书处2008年发布的报告称，气候变化在中亚地区导致的变暖程度将超过全球平均水平（UNFCCC，2008）。中亚国家虽然拥有丰富的能源资源，但是不合理的开采和使用引起了很多的生态问题，包括土壤和里海污染，碳、硫和氮氧化物的排放和辐射污染（Dahl *et al.*，2001）。郝林钢等人分别计算了中亚各国水资源利用与经济社会发展在时间和空间上的匹配度，认为1997～2014年中亚地区时间匹配度呈先上升后下降的趋势，空间匹配度大小分布不均（郝林钢等，2018）。曾向红等人认为，中亚地区大部分的水资源集中在跨国河流的上游国家，而油气和战略资源开发却集中在下游国家，上下游之间的能源与水资源分布的地缘政治使得国际合作成为可能，水资源和能源资源之间的互易也对中亚粮食安全产生重要影响（曾向红等，2017）。

中亚地区的气候安全问题具有纽带传导性、资源议题联系性和跨国威胁双源性的特点（于宏源，2019c）。气候变化会导致中亚水资源进一步稀缺，加剧分配矛盾，从而进一步加剧粮食和能源的安全隐患。中亚地区目前是全

球生态系统恶化最为严重的地区之一，气候变化加剧了这一地区生态系统的脆弱性。泽夫（Ze’ev）和斯派特（Spetter）认为咸海地区的干旱将触发一种“生态多米诺效应”（Eco-domino Effect），它将最终形成一个从斯堪的纳维亚半岛到黑海的社会生态退化的统一地带（Ze’ev *et al.*，1991）。大量研究表明，气候变化已对该地区构成了潜在的安全威胁。气候变化并非冲突的直接诱因，往往是冲突的催化剂（Nordås *et al.*，2015；Burke *et al.*，2009；Buhaug，2010；Theisen *et al.*，2012；Theisen *et al.*，2013）。气候变化的直接影响会导致降雨不均、冰川融化、极端天气、虫害加重，从而造成水资源的减少、粮食减产。在技术改进和治理水平滞后于气候影响的情况下，这些维持生计的资源的减少要么会引发受影响群体对于稀缺资源的争夺，要么迫使受影响人群迁移，从而增加环境难民的人数（Nordås *et al.*，2015）。

二、气候变化对中亚水、粮食和能源的纽带影响

气候变化将会对中亚地区的水、粮食和能源以及可持续发展产生一系列纽带影响。2019 年《可持续发展目标指数和指示板报告》显示，中亚五国在可持续发展目标 15（陆地生物）上均被标注为“橙色”，表明该地区生态环境保护的严峻性。生态环境恶化进一步阻碍了这些国家对于公民健康与福祉的维持，构成了这些国家在实现可持续发展目标 3（良好健康与福祉）方面的挑战。从长远角度看，如果中亚地区生态环境治理能力无明显改善，将使中亚地区的资源环境承载力进一步下降，导致中亚地区生态功能持续退化（SDSN，2019）。气候变化会导致中亚水资源进一步稀缺，加剧分配矛盾。而水资源的减少会影响地区内的粮食和经济作物产量，粮食减产又会引发粮食价格上涨，加剧地区内贫困人口的生计负担。水是中亚国家的生命线，水资源的稀缺严重制约了中亚国家的经济发展。水资源分配的矛盾阻碍了中亚一体化的进程，而且还隐含了很大的安全风险。气候变化导致中亚地区水资

源分布严重失衡（Dahl *et al.*，2001）。加之全球变暖导致降水的减少，以及帕米尔高原冰川减少[①]，这些因素都加剧了中亚地区的水稀缺。水资源是中亚最为稀缺的资源，水资源的稀缺与分布不均使中亚各国关系处于一种经常性的低度紧张状态。水成为中亚地区国家间关系紧张的核心原因之一。各国普遍面临水资源保障问题。中亚的水危机不仅影响中亚地区的安全和稳定，而且牵涉到域外大国利益角逐（路煜，2018）。在中亚广袤的区域内，仅有两条主要河流，即阿姆河和锡尔河，地区内四分之一以上的土地是荒漠。由于自然地理条件特殊，生态环境脆弱，政治关系敏感复杂，中亚地区正面临严重的跨境水合作挑战。气候变化下中亚的人口增长及城镇化的发展进一步加剧了中亚的生态危机，这种巨大的变化对中亚地区生态环境的影响是非常严重的，甚至是灾难性的（许涛，2016）。

气候变化背景下，中亚地区水资源—粮食—能源安全纽带问题对各国的挑战不断增大（Shenhav *et al.*，2017），中亚地区能源与水资源分布极不均衡，这导致了地区资源开发合作矛盾重重（许涛，2016）。

三、中亚地区安全纽带的地缘政治意义

中亚是受气候变化影响最为严重的地区之一，也是全球生态系统恶化最为严重的地区之一。气候变化加剧了这一地区生态系统的脆弱性和地缘政治风险。面对气候安全挑战，中亚地区的气候能源治理始终处于一体化和制度化水平较低的状态（Swatuk，2017），环境资源治理仍处于弱制度化的状态（马

---

① 自 1930 年至今，由于气候变暖，中亚地区约有三分之一的冰川已经消失。数据来自 USAID. 2018. Climate Risk Profile: Central Asia. Region Risk Profile. https://www.climatelinks.org/sites/default/files/asset/document/2018-April-30_USAID_CadmusCISF_Climate-Risk-Profile-Central-Asia.pdf.https://www.climatelinks.org/resources/climate-risk-profile-central-asia.

峰，2019；杨涛等，2016），治理主体间的协调、治理机制间的对接，特别是议题间的兼顾的问题尚待解决，需要采取一种环境安全纽带的治理手段。这主要是因为，各国间仍在地缘政治经济利益中相互制衡，缺乏互信，地区公共利益难以超越国家私利。从经济利益方面来看，对于能源丰富的下游国家来说，向地区外国家出售天然气和电力要比向其贫穷的上游邻国供应天然气和电力更有利可图。从政治利益方面来看，各国以水和能源作为战略手段相互制衡，甚至遏制彼此的发展（Dahl *et al.*，2001；杨宇等，2015）。

参考文献

Acevedo, M. F. 2011. Interdisciplinary Progress in Food Production, Food Security and Environment Research. *Environmental Conservation*, 38(2).

ADB. 2013. Thinking about Water Differently: Managing the Water-Food-Energy Nexus. https://www.adb.org/publications/thinking-about-water-differently-managing-water-food-energy-nexus, September.

Bizikova, L., L. Pinter. 2017. Indicator Preferences in National Reporting of Progress Toward the Sustainable Development Goals. International Institute for Sustainable Development Goals briefing note. https://www.iisd.org/system/files/publications/indicator-preferences-national-reporting-progress-toward-sdgs.pdf, June.

Bromwich, B. 2015. Nexus Meets Crisis: A Review of Conflict, Natural Resources and the Humanitarian Response in Darfur with Reference to the Water-Energy-Food Nexus. *International Journal of Water Resources Development*, 31.

Buhaug, H. 2010. Climate not to Blame for African Civil Wars. *PNAS*, 107(38).

Burke, M. B., E. Miguel, S. Satyanath, *et al*. 2009. Warming Increases the Risk of Civil War in Africa. *PNAS*, 106(49).

Caballero-Anthony, M. 2012. *Energy and Non-Traditional Security (NTS) in Asia*. Springer.

Cammett, M., I. Diwan. 2018. *The Political Economy of the Arab Uprisings*. Routledge.

Cogels, O. 2014. Hydro-diplomacy: Putting Cooperative Investment at the Heart of Transboundary Water Negotiations. In: *Hydro Diplomacy: Sharing Water Across Borders*. Edited by

Pangare, G. Academic Foundation, pp. 67-74.

Dabelko, G. 1996. Ideas and the Evolution of Environmental Security Conceptions. Paper submitted to the International Studies Association Annual Convention, p. 2.

Dahl, C., K. Kuralbayeva. 2001. Energy and the Environment in Kazakhstan. *Energy Policy*, 29(6).

Drechsel, P., M. A. Hanjra. Green Opportunities for Urban Sanitation Challenges through Energy, Water and Nutrient Recovery. In: *The Water, Food, Energy and Climate Nexus: Challenges and an Agenda for Action*. Edited by Dodds, F., J. Bartram. Routledge, pp. 204-218.

Dukhovny, V. A., M. G. Horst. 2008. Transition to IWRM in Lowlands of the Amu Darya and the Syr Darya rivers. In: *Transboundary Water Resources: A Foundation for Regional Stability in Central Asia*. Edited by Moerlins, J. E., M. K. Khankhasayev, S. F. Leitman, *et al*. Springer.

Escobar, J. C., E. S. Lora, O. J. Venturini, *et al*. 2009. Biofuels: Environment, Technology and Food Security. *Renewable and Sustainable Energy Reviews*, 13(6-7), pp. 1275-1287.

Granit, A., A. Lindström, J. Weinberg. 2012. Policy and Planning Needs to Value Water. *The European Financial Review*, pp. 22-26.

Hanlon, P., R. Madel, K. Olson-Sawyer, *et al*., 2013. Food, Water and Energy: Know the Nexus. GRACE Communication Foundation. https://www.watercalculator.org/wp-content/ uploads/ 2018/10/knowthenexus_final_051513.pdf, January.

Ho, S. River Politics: China's Policies in the Mekong and the Brahmaputra in Comparative Perspective. *Journal of Contemporary China*, 23.

Homer-Dixon, T. F. 1991. On the Threshold: Environmental Changes as Causes of Acute Conflict. *International Security*, 16(2).

Homer-Dixon, T. F. 1994. Environmental Scarcities and Violent Conflict: Evidence from Cases. *International Security*, 19(1).

Huber, M., A. Roger, T. Hamacher. 2015. Optimizing Long-Term Investments of a Sustainable Development of the ASEAN Power System. *Energy*, 88.

IEA. 2014. World Energy Outlook 2014. https://www.iea.org/reports/world-energy-outlook-2014, November.

IPCC. 2007. *Climate Change 2007: Impacts, Adaptation and Vulnerability. Working Group II Contribution to the Intergovernmental Panel on Climate Change Fourth Assessment Report*. Cambridge University Press.

IPCC. 2007. *Climate Change 2007: The Physical Science Basis. Working Group I Contribution to the Fourth Assessment Report of the Intergovernmental Panel on Climate Change*. Cambridge University Press, pp. 23-35.

IPCC. 2014. *Climate Change 2014: Mitigation of Climate Change. Contribution of Working Group Ⅲ to the Fifth Assessment Report of the Intergovernmental Panel on Climate Change*. Cambridge University Press.

IPCC. 2019. Climate Change and Land: An IPCC Special Report on Climate Change, Desertification, Land Degradation, Sustainable Land Management, Food Security, and Greenhouse Gas Fluxes in Terrestrial Ecosystems. https://www.ipcc.ch/srccl/.

Kreft, S., D. Eckstein, L Dorsch, *et al.*, 2015. Global Climate Risk Index 2016: Who Suffers Most From Extreme Weather Events? Weather-related Loss Events in 2014 and 1995 to 2014. Briefing Paper, German Watch. https://germanwatch.org/en/11366, p.5.

Lee, S. 2016. Natural Resource Security in an Uncertain World. In: *The Water, Food, Energy and Climate Nexus: Challenges and an Agenda for Action*. Edited by Dodds, F., J. Bartram. Routledge, pp. 138-146.

Levy, M. A. Is the Environment a National Security Issue? *International Security*, 20(2).

Manton, M., L. A. Stevenson, eds. 2014. *Climate in Asia and the Pacific: Security, Society and Sustainability*. Springer Netherlands.

MRC. 2017. The Effects of Chinese Dams on Water Flows in the Lower Mekong Basin. http://www.mrcmekong.org/news-and-events/news/the-effects-of-chinese-dams-on-water-flows-in-the-lower-mekong-basin/, June 6.

MRC. 2018. Water Loss from Reservoir Development in the Lower Mekong Basin. http://www.mrcmekong.org/assets/Publications/Water-loss-from-LMB-reservoirs-Technical-note.pdf, Mar 28.

NIC. 2012. Global Trends 2030: Alternative Worlds. https://info.publicintelligence.net/GlobalTrends2030.pdf, December.

NSMIP. 2020. A Security Threat Assessment of Global Climate Change. Climate and Security. https://climateandsecurity.org/wp-content/uploads/2020/03/a-security-threat-assessment-of-climate-change.pdf, February 24.

Nordås, R., N. P. Gleditsch. 2015. Climate Change and Conflict. In: *Competition and Conflicts on Resource Use*. Edited by Hartard, S., W. Liebert Springer International Publishing, pp. 21-38.

Ozturk, I. 2015. Sustainability in the Food-Energy-Water Nexus: Evidence from BRICS (Brazil, the Russian Federation, India, China, and South Africa) Countries. *Energy*, 93.

Pech, S. 2013. Water Sector Analysis. In: *The Water-Food-Energy Nexus in the Mekong Region:*

Assessing Development Strategies Considering Cross-Sectoral and Transboundary Impacts. Edited by Smajgl, A., J. Ward. Springer, pp.26-27.

Rodriguez, D., A. Delgado, A. Sohns. Adding to Complexity – Climate Change in the Energy Water Nexus. In: *The Water, Food, Energy and Climate Nexus: Challenges and an Agenda for Action*. Edited by Dodds, F., J. Bartram. Routledge, pp. 176-194.

SDSN. 2016. SDG Index and Dashboards 2016. Sustainable Development Report. https://www.sdgindex.org/reports/sdg-index-and-dashboards-2016/, July 20.

SDSN. 2017. SDG Index and Dashboards 2017. Sustainable Development Report. https://www.sdgindex.org/reports/sdg-index-and-dashboards-2017/, July 6.

SDSN. 2018. SDG Index and Dashboards 2018. Sustainable Development Report. https://www.sdgindex.org/reports/sdg-index-and-dashboards-2018/, July 9.

SDSN. 2019. SDG Index and Dashboards 2019. Sustainable Development Report. https://www.sdgindex.org/reports/sustainable-development-report-2019/, June 28.

SEI. 2011. The Water-Energy Nexus in the Western States: Projections to 2100. https://www.sei.org/publications/the-water-energy-nexus-in-the-western-states-projections-to-2100/, February.

Shenhav, R., D. Domullodzhanov. 2017. The Water-Energy-Food Nexus in Tajikistan: The Role of Water User Associations in Improving Energy and Food Security. *Central Asian Journal of Water Research*, 3(2).

Sowers, J., A. Vengosh, E. Weinthal. 2011. Climate Change, Water Resources, and the Politics of Adaptation in the Middle East and North Africa. *Climatic Change*, 104.

Stern, N. 2006. Stern Review on the Economics of Climate Change. http://www.hm-treasury.gov.uk/independent_reviews/stern_review_economics_climate_change/sternreview_index.cfm.

Stulina G., C. 2008. Senecal. Gender, Water, and Agricultural in Central Asia. http://www.gender.cawater-info.net/publications/pdf/stulina_senecal_e.pdf.

Swatuk, L. A., C. Cash, eds. 2018. *Water, Energy, Food and People Across the Global South: "The Nexus" in an Era of Climate Change*. Palgrave Macmillan.

Taniguchi, M., A. Endo, J. J. Gurdak, *et al.*, 2017. Water-Energy-Food Nexus in the Asia-Pacific Region. *Journal of Hydrology: Regional Studies*, 11.

Theisen, O. M., H. Holtermann, H. Buhaug. 2012. Climate Wars? Assessing the Claim That Drought Breeds Conflict. *International Security*, 36(3).

Theisen, O. M., N. P. Gleditsch, H. Buhaug, 2013. Is Climate Change a Driver of Armed Conflict? *Climatic Change*, 117.

Ullman, R. H. Redefining Security. *International Security*, 8(1).

UNEP GEO. 2016. Global Environment Outlook 6. https://www.unep.org/resources/ global-environment-outlook-6?_ga=2.63936747.519822334.1622800654-1840176721.1622800654, March 4.

UNESCAP. 2013. Water, Food and Energy Nexus in Asia and the Pacific. Discussion Paper. http://www.unescap.org/sites/default/files/Water-Food-Nexus%20Report.pdf.

UNFCCC. 2008. Climate Change: Impacts, Vulnerabilities and Adaptation in Developing Countries. Working Papers, pp. 68.

WHO. 2013. Water Quality and Health Strategy for 2013-2020. https://www.who.int/water_sanitation_health/publications/water_quality_strategy/en/, April.

World Bank. 2015. Cambodia: The Agriculture, Irrigation, and Rural Roads Sectors—Public Expenditure Review. https://openknowledge.worldbank.org/handle/10986/22509.

WWF. 2016. Mekong River in the Economy. http://greatermekong.panda.org/our_solutions/mekongintheeconomy/, November 11.

Yokubzod, S. 2011. Food Security and the Improvement of Water Use Efficiency. In: *Water and Food Security in Central Asia*. Edited by Madramootoo, C., V. Dukhovny. Springer, pp. 53-58.

Ze'ev, W., H. Spetter. 1991. Ecological Aspects of East-West Integration Trends. *Environmental Policy Review*, 1.

陈东晓、叶玉："全球经济治理：新挑战与中国路径"，《国际问题研究》，2017 年第 1 期。

郭树勇："试论全球治理对我国战略机遇期的影响"，《国际展望》，2017 年第 6 期 a。

郭树勇："全球治理领导权问题与中国的角色定位"，《人民论坛 · 学术前沿》，2017 第 14 期 b。

郝林钢、左其亭、刘建华等："'一带一路'中亚区水资源利用与经济社会发展匹配度分析"，《水资源保护》，2018 年第 4 期。

季玲："安全观与东盟气候变化认知及政策"，《国际安全研究》，2016 年第 3 期。

李燕青："南亚局势新动向对'一带一路'在南亚推进的影响"，《国际论坛》，2018 年第 3 期。

李师源："'一带一路'沿线国家绿色发展能力研究"，《福建师范大学学报》，2019 年第 2 期。

路煜："'一带一路'框架下中亚地区水资源治理研究"，《常州大学学报（社会科学版）》，2018 年第 2 期。

马峰："'一带一路'倡议的全球治理意义"，《中国发展观察》，2019 年第 8 期。

许涛："中亚地区非传统安全潜在风险的多元化趋势"，《国际安全研究》，2016 年第 5 期。

杨涛、郭琦、肖天贵："'一带一路'沿线自然灾害分布特征研究"，《中国安全生产科学技术》，2016 年第 10 期。

杨宇、刘毅、金凤君："能源地缘政治视角下中国与中亚—俄罗斯国际能源合作模式"，《地理研究》，2015 年第 2 期。
杨剑、郑英琴："产权明晰与'一带一路'公共产品提供——关于纯公共品和分享品组合模式的探讨"，《太平洋学报》，2019 年第 8 期。
于宏源："浅析非洲的安全纽带威胁与中非合作"，《西亚非洲》，2013 年第 6 期。
于宏源："城市在全球气候治理中的作用"，《国际观察》，2017 年第 1 期。
于宏源："湄公河环境安全纽带治理与中国的参与"，《国际关系研究》，2018 年第 6 期。
于宏源："地缘安全中的体系均衡：新时期中国能源安全的挑战与应对"，《西亚非洲》，2019 年第 4 期 a。
于宏源："论全球气候治理的共同治理转向"，《国际观察》，2019 年第 4 期 b。
于宏源："南亚国家的环境安全纽带对落实联合国 2030 年可持续发展议程的影响"，《区域与全球发展》，2019 年第 5 期 c。
于宏源："全球气候治理伙伴关系网络与非政府组织的作用"，《太平洋学报》，2019 年第 11 期 d。
于宏源："自上而下的全球气候治理模式调整：动力、特点与趋势"，《国际关系研究》，2020 年第 1 期。
曾向红、杨双梅："大国协调与中亚非传统安全问题"，《俄罗斯东欧中亚研究》，2017 年第 2 期。
曾祥裕、朱宇凡："'五通'建设对南亚水安全的促进作用"，《南亚研究季刊》，2019 年第 4 期。
张海滨："有关世界环境与安全研究中的若干问题"，《国际政治研究》，2008 年第 2 期。
张宁："简析哈萨克斯坦的绿色发展战略"，《欧亚经济》，2020 年第 2 期。